せりかクリティク Serica Critique

伊藤 守 編

メディア文化の権力作用

せりか書房

メディア文化の権力作用――目次

Ⅲ　グローバル化するメディア文化の地政学

メディア研究の新たなステージへ

伊藤　守

本書を手にした「あなた」に

本書を手にしたあなたは、「メディア文化の権力作用」という本書のタイトルから、何をイメージするだろうか。たぶん、これまでの読書経験の違いに応じて、そのイメージも異なるだろう。ひとつは、この分野に以前から関心を寄せていて、すでに何冊もの関連図書を読んでいる人たちのイメージや期待である。そうした読者は、「メディア文化の権力作用」というタイトルに執筆者が込めた意味をほぼ理解した上で、個々の論文にどんな内容が記述されているか、そこに関心や興味を抱いて本書を手にするだろう。もうひとつは、この分野に以前から関心はあるのだけれど、まだそれほど読書量が多いとは言えず、「メディア文化の権力作用」というタイトルに「面くらい」、なぜ「メディア文化」なのか、なぜ「メディア文化」が格助詞の「の」を介して「権力作用」と結びつけられているのか、よく理解できないという読者の印象だ。

本書の執筆者は、このふたつの異なる印象を抱かれたどちらの人たちにも読んでほしい、と思っている。個別具体的な事例の分析を試みている各論考は、初学者にとっても十分読みこなせる内容になっているはずだ。また、読了した後にますますメディアに対する問題関心を広げ深める内容になっていると自負している。他方で、多くの読書経験を積まれた人たちにとっても、欧米の研究を踏まえながら、斬新な視点に立って日本のメディア文化を論じた各論考から、現在のメディアの問題を再考するチャンスを得ることができるだろう。編者は、期待を込めて、そう想像している。

初学者にも、メディア研究を志す人にも、メディアに幅広い関心をもつ方々にも、そして実際にメディア産業の中で取材や編成に従事している方々にもぜひ読んでいただきたい、そしてともにメディア文化を再考する時空間を共有したいと願っている。

なぜ「メディア文化の権力作用」なのか

タイトルに執筆者が込めた意味を理解している読者には、現在のメディア研究の大事なひとつの方向を再確認するという意義があるだろう。初学者には本書全体の輪郭を知ってもらうという意味もある。あらためて本書「メディア文化の権力作用」が意図した狙いを明らかにしておこう。

第一の狙いは、現在日本社会のもっとも重要な文化装置のひとつであるメディア、とりわけテレビジョンの問題を正面から論じることにある。メディア、表象、文化といった概念で指示される分野では、今日数多くの本が刊行され、歴史学、社会学、文化研究といった領域を横断するかたちで、表象の権力性にかかわる問題を歴史的な広がりのなかで論じる魅力ある空間が拓かれつつある。しかし、実のところ、現代社会の「メディア的リアリティ」を編制するにあたってもっとも大きな機能を果たしているテレビジョンの表象の問題を正面から論じた本は意外な程少ないと言わざるをえない。もちろん、メディア研究の分野には、ジャーナリズム論、メディア法／制度論、メディア産業論といった分野が近接しており、そうした視角からテレビの問題を論じる文献が数多く出版されていることは事実である。だが、それらの多くは、衛星のデジタル化に続いて地上波のデジタル化が目前に迫る中での産業論や制度論の視点からのものや、狭義の「報道」「ニュース」の生産に焦点を当てて、送り手のジャーナリズム活動や倫理性を問題化するジャーナリズム論の視点からのものである場合がほとんどである。しかし、それだけで、テレビの問題が言い尽くされるわけではもちろんない。

各章で分析されているように、テレビは、スポーツ、ドラマ、ワイドショー、ドキュメンタリーなど、あらゆる社会領域の情報をテレビ独自の形式で編成し直しながら、各種の番組を構成する。こうした新しい報道スタイルや娯楽の形態を日々つくりだす活動を通じてテレビは、われわれの「生きられる世界」のリアリティを構築し、個人のアイデンティティの構成に決定的な効果を及ぼしている。日本の現在のコンテクストに照準しながら、このテレビの「言語」「言説」実践を真正面から取り上げること、ここに本書の第一の狙いがある。

第二の目的は、このメディア文化を、現代におけるもっとも卓越した権力装置、文化装置として読み解いていくことである。かつてフーコーは、権力を、「一つの固有性としてではなく一つの戦略として理解されるべきであり、その権力支配の効果は、一つの占有に帰せられるべきではなく、素質、操作、戦術、技術、作用などに帰されるべき」であると規定していた。晩年に書かれた『性の歴史Ⅰ　知への意思』においても、「権力は、一つの制度でも、一つの構造でもない、ある種の人びとが持っているある種の力でもない、それは特定の社会において、錯綜した戦略的状況に与えられる名称なのである」と述べている。理解されるように、かれによれば、権力とは、禁止し、抑圧するようなネガティブなものではない。それは、ある事柄について「語り得ること」の領域を確定し、その仕組みの構造化のなかで機能し効果をもつような言説を産出することを通じて、人びとの身体的ふるまいや行為を積極的に編成し組織するところの力と考えられている。そしてこのプロセスを通じて、あるフォーマットに従って社会的な「出来事」が継続的に産出されていくのだ。テレビジョンというテクノロジーもけっしてその例外ではない。

たとえば、昨年の衝撃的な九・一一テロ事件を考えてみよう。あの事件はテロであった。しかし、政府、メディア、市民などさまざまな社会的主体がからまり合う戦略的状況のなかで、あの事件は「戦争」と名づけられ、この言説の産出にそって、軍事介入への「合意」がつくり出されていった。つまり、ある状況を定義し、そしてそれ以外の定義が許されない仕組みが構造化されていったのである。ここには、「言われることの管理」があり、「言表行為そのものの統制」がある。この権力のメカニズムにとって、メディアの作用／戦術／技術は決定的な位置を占めており、テレビはその中でももっとも重要な、「状況の定義付けを行う言説の主体」であったと言わざるをえないだろう。しかも、このメディアは、人びとをして、地球の裏側で起きている戦争をリビングルームでリアルタイムで視聴することを「日常の風景」にしてしまうほどの特異なテクノロジーなのだ。したがって、このメディアの権力が作動する位相は、言説として表現される言語と、それによって構成され召還される主体の内面世界に限定されるものではない。むしろ、視聴するという行為自身を組織化すること、この行為の組織化を可能ならしめる空間そのものの構成にかかわっているというべきなのだ。ブロードキャスティングといわれる二〇世紀のメディア・システムが登場する以前とそれ以後で、われわれは決定的に異なる現実世界に生き出したのであり、この特異な空間を造形する権力装置としてメディア・テクノロジーを捉え直さねばならない。

第三の狙いは、今述べた点と深く関わる。それは、ブロードキャスティングといわれる二〇世紀のメディア・システムが全く新しい空間を構成するにあたって、このシステムが制度化されてきた歴史的なコンテクスト、言い換えればこのメディア装置の存立のモードを明らかにするという狙いである。すでに指摘したように、フーコーは権力が単一の社会的エージェントに占有されるようなものではなく、テクノロジー、身体、行為、言説といったつねに緊張し、つねに活動する諸連関がつくる関係の網の目のなかに権力が作動していること、この関係はつねに不安定で多くの対立点と争いを内に含んだせめぎあいのなかにあることを示唆していた。ブロードキャスティングの今日あるような制度や実践の形態も、けっして最初から一元的に確定されたものとしてあったわけではなく、それを定義付ける複数の論理や利害あるいは構想力が時には拮抗し、時には接合しあう複雑なプロセスを通じて生成してきたとみることができる。本書で、ほぼ八十年近くにわたるブロードキャスティングの歴史の連続性と不連続性を体系的に解き明かすことなどできないとしても、ブロードキャスティングをめぐる複数の論理や構想力に光を当てることで、「制度化されたブロードキャスティング」の自明性を問題化し、それを新たに組み換えていく手がかりを考究したいと考えたのである。それは、ブロードキャスティングという制度が、テクノロジーの革新、グローバル化といわれる経済的、政治的環境の激変と深く連動しながら、流動化し、再編を余儀無くされている今だからこそ、ぜひとも行われなくてはならない作業だろう。

本書の構成

以上指摘した三つの狙いを生かすために、本書は、第Ⅰ部「メディアのアルケオロジー」、第Ⅱ部「メディア・ポリティクスの現在」、第Ⅲ部「グローバル化するメディア文化の地政学」という三つの領域を設定した。

第Ⅰ部「メディアのアルケオロジー」は、ブロードキャスティングをめぐる言説が多数の対立点を内包し、さまざまな社会的想像力を喚起していた時代に照準しながら、この新たなメディア・システムが日常世界に組み込まれ、集合的身体が編制されるプロセスのありようを問題化している。

山口論文はここで、「放送」という社会的コミュニケーション様式がいかなる社会条件と接合して成立可能となったか、という中心問題を設定した上で、当時の知識人言説や「民衆」中心の平等主義言説、さらに今日の「放送局」という形式とは異質な「放送観」をつぶさに検討し、ラジオという当時のニューメディアをめぐる言説、構想力がどのような布置連関を示していたのかを鮮やかに分析している。重要なのは、山口が繰り返し指摘しているように、「放送局」史からでは見えない、聴取空間をめぐる拮抗の関係を精緻に跡付けることであり、その力関係が「国民主義」への思考様式へと水路付けられていくプロセスを丹念に読み解くことである。この論考はその第一歩を記すものだ。

映画というメディアが「言文一致」という新しい言語環境のなかに導入されるなかで、映画がいかなる社会的想像力を喚起したのか、この問題を、浅草、汽車、顔というメタファーを通して考究した北野の論考は、映画そのものが妖しい存在、モダンな装置以上のものとして形象化される一方で、帝国主義的な想像力、そして感覚主義的な想像力とも接合される過程を追跡したものである。「映画出現以降のエクリチュールとそのパトス」そして「映画を語るエクリチュール」がどう変貌したか、その変貌がもつ政治的な意味と限界をえぐり出すこの試みは、正確に、ブロードキャスティングをめぐる言説のコンステレーションの生成と解体の過程をまなざす山口論文と交叉している。

いずれにしても、この一九一〇年代二〇年代という、テクノロジーも散乱し、それを語るべき言説も未だ体系化されていない、制度化されざる時期に照準したこの二つの論考は、キットラーの論考を手にした後に書かれるべき、今後のメディア・スタディーズ、メディア史の方途を指し示す重要な論文であるといえる。

第Ⅱ部「メディア・ポリティクスの現在」では、ブロードキャスティングが制度化されたなかでの（正確にいえば、つねにブロードキャスティングを確固とした制度たらしめている日常的な言語実践のなかでの）、権力作動のモードが多角的に論じられている。丹羽は、この論文で、ドキュメンタリー番組の歴史を洗い直す作業を通じて、実験的な手法を縮減しながら「わかりやすさ」を追い続けたテレビのリアリティ構成力が今日いかに巨大な権力を発揮しているのかを明晰に論証している。注目すべきは、丹羽が示唆するように、六〇年代後半から七〇年代前半にかけて、メディア・テクスト構成という点でも、テレビを見る身体の配置という点でも、産業的な基盤の変化という点からも、それ以前のテレビとオーディエンスをめぐる構造化の論理が微妙に変容し、新たなフォーマットのもとでテレビを見るという行為が「出来事化」されていったということだ。新たなメディア史展開のための重要な視点を提供する論文といえる。

阿部論文は、スポーツ・ドキュメンタリーを問題化する。彼によれば、スポーツ・ドキュメンタリーとはスポーツの勝敗の結果を伝え、アスリートの奮闘を伝える「透明な」情報などではない。そこでは、アスリートの奮闘や努力を通じて、視聴者の生き方にかかわる特定のモデルが提示され、ナショナリティの感覚を強化するような編集が行われる。その意味で、それは、身体的な水準からナショナルな水準にまで至るさまざまな係争的な論点を孕んだテクストなのだ。しかし、彼は、現在、スポーツ・ドキュメンタリーのなかに、従来の「語り」に係留させてしまうベクトルがある一方で、「ヒューマンなもの」「ナショナルなもの」を内破する新たな「語り」を誘発する力が働いていることを示唆する。それは、人工的な装置と化した「スポーツする身体」の「凄さ」であり、そこにスポーツ・ドキュメンタリーの「批判性」を読みといていく。

田中は、これまでその分析の重要性が幾度も指摘されていながらほとんど分析が行われてこなかったワイドショー番組を対象に設定し、これらの番組が、表象の力を通じて「主婦」というカテゴリーで名指されるような主体を構築し配備する様子を克明に論じている。と同時に、彼女が注目するのは、この一見すると安定しているように見えるカテゴリーの境界線を揺るがし、撹乱する力が、メディア・テクストの内部にも、視聴者が生活する社会空間にも、つねに、すでに、出現する可能性に拓かれていることだ。彼女は、この裂け目、亀裂に、注意深いまなざしを向けることで、制度化されているにもかかわらず、あるいは制度化されているからこそ噴出してしまう力の「危険さ」とメディアとオーディエンスのダイナミックな関係を捉えようと試みる。

伊藤、田仲、そして黒田の論考は、日本の戦後史の記憶、沖縄をめぐる表象、大阪をめぐるイメージの問題という、それぞれ異なるテーマを論じているように見えるかもしれない。しかし、この三つの論文は、一方でポストコロニアルな状況に直面し、他方でグローバル化というその内部に格差と偏差を孕む新たな世界システムの構成が進展するなかで、日本のメディア空間を構築しはじめている、これまでとは異質な複数の力や規則をなんとか析出しようとしているという点で共通しているといえる。

伊藤は、テレビが公共の記憶を編成するにあたって決定的な影響力をもっていること、しかもこのメディアの権力が、コロニアルな状況に終止符を打つという意味での、「ポストコロニアル」な機制とは、真っ向から対立するような欲望に支えられており、その自閉化したメディア空間の内部にテクノロジー開発を核とした、ポスト・フォーディズム段階の社会システムに即応した、ナショナルな主体が産出されていることを示唆する。

田仲は、二重三重に内的植民地化の状況に置かれている沖縄が、「南国の楽園オキナワ」「癒しの島」としてその「文化的異質性」が強調されて表象される一方で、その「異質性」が「日本」の多様性を保障する項として容易に「中心／周辺」の図式に中に回収されていること、またさらに沖縄の人びとのまなざしもこのメディアによって侵食されていることを鋭く指摘する。このメディアを通じた表象の図式は、グローバル化の論理とナショナルな論理が交錯する沖縄の政治的経済的な「異質性」を隠蔽してしまうだろう。メディアによって戦略的に構築されている政治的文化的構図が、日本国家の有り様そのものをも指し示していないか。田仲はきわめて重要な問いを発している。

黒田は、そもそも国民国家を前提としたブロードキャスティングが「大阪」という「他者」の表象を構築するなかで、「中央」たる「東京」そして「国民国家」という「想像の産物」が相補的に立ち上げられてきたプロセスを豊富な事例の検討を通じて問題化している。しかも見過ごせないのは、黒田の指摘によれば、こうした「大阪」「関西」という「他者」の表象が、「われわれ」のアイデンティティの核心を、「オリエント」「アジア」をまなざす西欧の視点に同一化し重ね合わせるようなレトリックを内包し、「日本」をも他者化する機制を孕んでいることである。

これら六つの論考が照らし出す、日本のメディア空間の編制の規則はいかなるものであり、またそこに埋め込まれた中から産出される主体とはいかなる主体だろうか。

第Ⅲ部は、今後ますます重要となる、このローカル、ナショナル、グローバルな空間が重層化するメディアの空間の編制が孕む問題を、九・一一テロ事件をめぐる報道の分析から論じている。伊藤によれば、現在の日本の文脈に即して見る限り、メディアのグローバル化は世界システムの中心と周辺で極端なまでの情報の生産／移動／消費の不均衡を産出しており、テレビを視聴するオーディエンスの身体をこれまでにはないようなテレビ的リアリティに接続させているのだという。この作用の場は、日本国家の再定義を承認し、国家による「外の世界」への「侵攻」を承認する「主体」を召還するような場として構築されている。伊藤は、日本のメディアが表象する政治文化の遠近法を厳しく批判する。もし、メディアの文化的機能が、伊藤が指摘するようなものであるとするなら、この権力装置を組み換える方途はどこにあるのだろうか。

本書の執筆者が共に考え続けてきたのは、まさにこの最後の問題であった。そして、多くの読者と一緒に問いかけ、考えていきたいのもこの問題である。この本が、そうした問題関心をもつ多くの読者のさまざまな思考を促すメディアの役割を果たすことができればと願っている。

さて、この『メディア文化の権力作用』を刊行するところまで、ようやく辿り着くことができた。この間一年以上にわたり研究会を重ねてきたが、そこで議論した濃密な内容は、わたし自身にとって、そしてたぶん執筆者全員にとっても、わくわくする、貴重なものであった。その成果がこの本で十分に反映できなかったと感じている執筆者がいるかもしれない。しかしそれは、次の課題とすることにしよう。執筆を快諾され、メディア研究の新たなステージを拓く充実した論考をよせていただいた執筆者全員に、心から感謝を申し上げたい。ありがとうございました。そして、われわれの試みを辛抱づよく見守っていただいた編集者の船橋純一郎さんにも。

I　メディアのアルケオロジー

「放送」以前のラジオをめぐる多様な欲望

山口　誠

1　方法としての「放送」史

放送を考えるとはどういうことか。たとえば「放送」という概念の現在形は、どのような輪郭をもっているのだろうか。現在の日常生活で「放送を観る／聞く」という表現は、ほとんど見聞きしない。むしろ「テレビを観る」や「ラジオを聞く」という、個別のメディアを名指した表現のほうが一般的であろう。ここには、テレビとラジオが「放送」という一つのカテゴリーでは捉えられていない日常感覚、言い換えればテレビとラジオが別個のメディアとして認識されている現状が垣間見える。

これと対をなすかのように、現在のマス・コミュニケーション研究では多くの場合、テレビとラジオは切り離されて論じられている。たとえば最近の放送論あるいは放送研究の文献を書架から取り出せば、それらはほとんどの場合、テレビの研究であることがわかる。（いつごろから放送研究がテレビを中心として構成され、ラジオ研究が後景化されたのか、それは改めて問うべきテーマである）。

いまや「放送」という言葉が頻繁に、かつテレビとラジオの両者を統括する概念として意識的に使用されるのは、日本放送協会の刊行物と、最近多くなってきた通信放送政策を論じた新聞記事や政策文書ぐらいである。

ここで注意したいのは後者である。一九九〇年代後半から携帯電話とインターネットに代表される新しいメディアが社会的な力を持つようになり、それまでのテレビ中心のメディア時代に陰《かげ》りが見え始めた時、皮肉にも「放送」という言葉は蘇ったのだ。「放送」は「通信」との対比、あるいは一対不特定多数の〈マス・コミュニケーション〉を基本とするオールド・メディアの代名詞として使われている。しかし、ここで言及されている「放送」も、テレビ中心の概念である。

いわば「放送」という言葉がいつのまにか宙に浮いたまま、あるいは「透明」になったまま、テレビ全盛期が一九五〇年代から約四〇年間続き、その舞台裏でラジオはいつの間にか周縁化され、「放送」概念から退場させられていったのである。

だが、テレビの四〇年間の前には、ラジオの三〇年間があった。それは短く見積もっても一九二五年の三都市開局から一九五三年のテレビ放送開始までの時間である。そしてラジオが創出してきた「日常的な聴取」という社会的習慣を引き継いでテレビ事業が開始されたことは、レイモンド・ウィリアムズほか多くのコミュニケーション史の論者に指摘されている。それにも拘わらず、いつの間にかラジオとテレビは切り離されていった。日常生活のレベルでも、研究のレベルでも。

もちろんテレビとラジオが「放送」という単一の上位概念では統括できなくなった現状は、両者の社会的使用の変化と、それと連動する集合的なコミュニケーション様式の変化を表わしている。よって現代メディアを論じるマス・コミュニケーション研究がテレビとラジオを切り離して論じる傾向を持つのは、ある意味で現状と連動して発展してきた結果ともみられる[1]。

しかし、ラジオの三〇年間を経てテレビの四〇年間が来た、という時系列の連なりは、ラジオとテレビの関係に連続性を見る者はもちろん、そこに断絶を見る者も、あるいはそれらと映画や総合雑誌との親和性を強調する者も、ひとたび正面から考察することを避けて通れない「連なり」である。とくに「放送」という様式のコミュニケーションの成り立ちに関心を持つ者には、この「連なり」を意識して、「放送」概念を通時的に分析する必要がある。

本論では、こうした「放送」概念を問題化するため、そして現在形の「放送」概念がテレビ中心の概念であることに注意するため、意識的に「放送」という言葉を使い、「放送」概念が現出する以前の「ラジオ」像の分析に照準を当てる。

本論は、たとえば「ラジオがテレビを用意したのだ」という単純な結論を主張するものではない。「放送」という様式のマスなコミュニケーションがいつ、どのようにして誕生し、いかなる成長を経て、現在形の「放送」に至ったのかを問うことが、本論が最終的に目指すところである。

かつて「放送」は、テレビとラジオだけではなかった。あるいはラジオの可能性は「放送」だけではなかったし、初期のテレビも「放送」の中心ではなかった。

あるいは、初期の「放送」概念も、現在の我々が知っている「放送」というマス・コミュニケーションの様式とは異質なものだったのかもしれない。これらは、次節以降で具体的に例示する諸資料からも、部分的ながら、明らかになるだろう。そうして問題化したいのは、「放送」という様式の集合的なコミュニケーションの一様式が、いかにして近代日本において成立可能になり、日常的風景として定着したのか、という社会編制の過程である。換言すれば、異なる生活圏に属する不特定多数の身体が、いったいいつ頃から、どのようにして一つの情報に耳を傾ける習慣を「当り前」なものとしておこなうようになったのか。あるいは「放送」というコミュニケーション様式は、いかなる社会的条件と節合して成立可能となったのか。

こうした視座に基づいて本論が試みる「放送」史は、ラジオとテレビだけを放送として前提し、一九二五年を放送が生まれた年として指定し、日本放送協会を中心に放送の歴史を記述する日本放送協会製の放送史とは、自ずから異なる。これを放送協会史、あるいは「放送」を前提とした放送史とするならば、ここで試みるのは「放送」を前提としない放送史である。

「放送」の源流を探り、やがて豊かな水を湛えて流れはじめた本流を追うだけでなく、そのかたわらで涸《か》れていった支流たちの痕跡をつぶさに追い、後に「放送」と呼ばれる流れが向かった方角を知ることは、現在形の「放送」の輪郭と深度を知ることにつながり、その限界と可能性を思考する材料となる。

このような問題意識を持ち、次に「放送」の源流、すなわち言説としての「放送」が現出する以前の、不ぞろいな「放送」たちを、具体的に見てみよう。

2 「騒音」の条件

「私はラヂオの音から逃れるため、昼間のうちだけでも間借りすることにして新聞に貸間さがしの広告を出した」というのは、井伏鱒二の短編『ラヂオしぐれ』の語り手である。[2] たった七尺たらずしか離れていない隣家で一日中鳴らされるラジオに業を煮やした彼は、静かな書斎を求めて自宅を飛び出した。

同じように「板塀一枚を隔てた隣家から聞こえてくるラジオの音を嫌い、それを避けるように家を出た」のは、『墨東綺譚』の永井荷風であった。[3] 吉見俊哉によれば、「荷風の都市風景のなかで、ラジオは紛れもなくもっとも嫌悪されるべき何物かであった」という。

昭和初期のラジオは、まるで騒音を発生するための装置のようだ。いや、新しい音声メディアとして登場したラジオの存在そのものが、ある種の「騒音」だったのかもしれない。

ラジオを扱った昭和初期の文学作品は、この他にも数多く残されている。たとえば海野十三の探偵小説『ラヂオ殺人事件』のなかで描かれた奇妙なラジオ像を分析し、そこから「メディアが内包する暴力的で権力的な一方通行性」を問題化してみせた坪井秀人によれば、「日本では放送開始当時、ラジオが好奇のまなざしにまして異和感や反発をむしろ招いていたことが色々な証言からうかがえる」という。[4]

坪井は、荷風のラジオ嫌いをはじめ、水島爾保布や吉村冬彦らが昭和初期に表わしたラジオへの不快を「色々な証言」として提示し、こうした反発や異和感が「ラジオの一方通行的な暴力性に対する当時のきわめて自然な反応であったことが推察できる」と解釈して、「市民感覚としての〈ラジオフォビア〉」が存在したことを指摘している。

たしかに一九二五（大正一四）年に開始された放送局によるラジオ事業は、同時代の音景《サウンドスケープ》に深く介入していき、旧来の音景が表象していた公共圏の在り方を大きく変換していったと推測できる。こうした音景への介入が、ある種の人々の反発や違和感を引き出したことは理解できる。

たとえば冒頭に引いた井伏の『ラヂオしぐれ』の語り手は、同郷の友人たちとの宴席で、「ラヂオの騒音」について次のように語っている。

> このごろ物々しい抑揚をつけて報道されるニュースをきいてゐると、世情騒然とした感じが強張され不安な気持にされてしまふ。ところが同じニュースを新聞で読みなほしてみると、ときによつては落ちついたゆとりのあるニュースであつたことに気がつくこともある。たとへば迷ひ子が警察の手で救はれたといふ一市井事件を、物々しく抑揚をつけ天下の一大事だといふかのやうに万国の人に訴へる必要がどこにあるだらう。[5]

これは、同じ情報でも音声のメディアと文字のメディアでは異なる心象を産み出す、というメディア文法の違いを観察した、比較的早い時期のラジオ論としても読める。

しかし視点を変えれば、活字メディアによって構築され維持されてきた公共圏の論理に自らの身体性を同調させてきた一主体が、音声メディアの介入によって公共圏が揺らぎはじめた状況に直面し、強い不快感を表明している言説としても読めるだろう。いわば活字文化に主体化してきた知識人が、新しく出現した音声メディアの軽薄さや感情へ訴えかける手法を批判し、活字時代の音景を懐かしむことで、自ら習得した思考の権威を担保してくれた旧来の公共性を守ろうとする言説としても読み取れるのだ。

すると、いったい誰が、どういう理由でラジオを嫌っていたのだろうか。あるいは、ラジオ放送を「騒音」として感知し嫌悪することは、昭和初期の「市民感覚」だった、と言えるのだろうか。

たとえば、初期のラジオは市民に受け入れられなかったのだろうか。大正一四年一〇月、東京放送局は一〇万四一五五件の聴取契約を数え、初年度の目標だった契約一〇万件を放送開始からたった半年で突破した。同時期の大阪放送局は四万三六三七件、名古屋放送局は一万二一〇五件の契約を得た。それから半年後にあたる初年度末では、三局を合計すると二五万八五〇七件の聴取契約が集まったという。[6]二五万件という数字は、既に百万部を突破していた『大阪朝日新聞』や『大阪毎日新聞』に比べれば、微々たるものかもしれない。

あるいは、最も多く読まれていた新聞の四分の一にあたる契約件数を、たった一年間で集めたラジオの波及力には驚くべきかもしれない。さらに聴取契約を結ばず「盗聴」していた人々や、スピーカー付き真空管ラジオの前に集まった複数の人々もカウントすると、ラジオ放送に向けられた好奇のまなざし（耳？）の数は二五万をかるく超え、想像できないほどの相当数にのぼるだろう。ちなみに同時期の人気雑誌の流通実数は、『キング』が約三〇万部、『改造』が一〇万部、『文芸春秋』が七万部だったという。[7]独占事業だった放送と、激しい競争が繰り広げられていた新聞や雑誌を単純に比較することはできないが、当時のラジオの社会的位置価を推測する一つの参考にはなるだろう。少なくとも、ラジオを「騒音」ととらえず、毎月一円もの聴取料を支払う人が『キング』（当時五〇銭）の購買者とほぼ同じ規模で存在していたことは、留意しておきたい。

ラジオをめぐる「市民感覚」を問う時、このような聴取空間の規模だけでなく、その質についても問う必要があるだろう。ここで注目したいのは、ラジオを「騒音」として感知したある種の人々が確かに存在した一方で、ラジオを「福音」として歓迎した言説も広く流通していたことである。あるいは、ラジオの音から逃げ出す文士がいたのと同じ頃、ラジオの登場に社会変化への期待を託した一群の人々が存在していたことも、忘れるべきではない。

たとえば大正一三年五月四日の国民新聞は「御兄弟揃ってラヂオの宮さま　空中架線を設けて　山階三若宮の御研究」と報じた。記事によれば、山階宮の息子である藤麿、萩麿、茂麿の三兄弟が「ラヂオに非常な御趣味を持たせられ、最近麹町富士見町の宮邸内には空中線《あんてな》まで設けられ、……殊に兵学校に在らせられる萩麿王殿下の無電に御精通なされてゐることは、専門家も驚嘆する程である」という。これは一見すると、若い皇族たちがラジオ無線に熱中している様子を伝えているだけのベタ記事にも見える。

しかし、この記事が書かれた時期が問題である。大正一三年五月とは、放送局の準備組織さえ出来ていない時期であり、現在の「ラジオ放送」に該当する電波は無かった。よって三人の皇族たちがラジオ無線機で捉えていた電波は、たとえばアメリカやイギリスの放送局が発信するジャズ放送だったかもしれないし、あるいはロシアや上海のアマチュア無線家たちが発信する「様々なメッセージ」だったかもしれない。また、新聞社や百貨店が期間限定で発信したラジオ放送だったかもしれないし、国内のアマチュア無線家たちが発する無数の声だったかもしれない。

さらにこの記事には、無線電話を操る若い皇族たちが、一般国民と直接に会話する可能性が読み取れてしまうのだ。当時、海軍兵学校に在学していた萩麿は「無電に御精通」というのだから、少なくとも無線電話機の操作方法ぐらいは知っていただろう。この時期、ラジオに熱中する皇族の姿を伝える記事が他にも散見できる。たとえば山階宮の三兄弟のラジオ熱は他の皇族にも広まり、伏見宮や竹田宮の住居にもラジオが設置されたという。

ラジオのような新しい技術を紹介する時、皇族や後藤新平のような時代の権威を持ち出して市民権を得ようとする宣伝手法は、特に珍しくもなく、今日も繰り返し使われている手法だといえよう。だが、ここで注視したいのは、そうした陳腐なスタイルではなく、それを援用して語られる「期待」の向かう先である。

たとえば雑誌『現代』の大正一四年九月号の記事では、やはり皇族がラジオを聴取していることに格別の意味を与えている。とくにこの記事の場合、「期待」はより具体的に表現されている。「一度放送局から放送せられたものは、聴取設備さへあれば、同じ時に、同じものをもつて、上は皇室のお耳を汚し、下は裏長屋の熊公八公の耳に入れることが出来」る、という「電波の平等性」を強調した後、次のような「請願」を皇族に向けて発しているのだ。

> 宮内省の名義をもつて御加入遊ばされてゐる皇室に於かせられても、一般民衆と同様、毎月一口につき一円づつの聴取料をお支払ひになるに至つて、愈々上下楽しみを同じうするの所以と云わねばならぬと同時に、その間に残りなく民衆の事情を聞え上げて、民衆と喜びを共にせんことを願い奉り、民衆と憂ひを共にせんことを請い奉ることが出来るのを思ふ時、皇室として民間事業にその御一員に御加入遊ばされたこと、これをもつて嚆矢とする高き光栄のみならず、無線放送の使命愈々重きことを感ぜずにはゐられないではないか。[8]（強調は引用者）

ここに現れた「請願」は、皇族を含めた「同じ」あるいは「共に」という社会統合への欲望へと向かっているのが特徴的である。それは、一方に「皇室」を、他方に「一般民衆」をおいた社会把握において、「一般民衆」が修養し立身出世して「皇室」の極みに近づくような社会的上昇を前提とした平等イデオロギーではなく、むしろ「皇室」の側が「一般民衆」の声をとらえ、喜びや憂いを「同じうする」ことで達成されるような平等性を想定している。つまりここでいう平等性の軸足は、「皇室」の側ではなく「民衆」の側に置かれているのだ。

ラジオの出現に「民衆」中心の平等主義への欲望を託す言説が観察できるのは、何も日本だけに限らない。むしろそれは一九二〇年代の世界各地でほぼ同時に湧き起こった言説であり、D.L. LeMahieuが指摘するように、日本の放送局が多くを学んだイギリスのBBCのラジオ放送にも観察できる。[9] ただしこうした「民衆」主義（populism）は、間もなく国民国家を前提とした民主主義へと接続し、「民衆」を国民国家の主体へと強要する「国民」主義（nationalism）の思考様式と出会うことで、日本の「放送」とは別種の「ナショナルな放送」を実践していくのだが。[10]

ラジオというテクノロジーがいかなる社会的欲望たちと接続していったか、という問題は詳しく検討したいテーマだが、ひとまずここでは、次のことを確認しておきたい。すなわち、ラジオを「騒音」として捉えない多数の人々が存在したこと、そしてラジオの出現に社会変革への欲望を託した一群の言説が存在したことである。

近年の放送研究でしばしば言及されてきた永井荷風をはじめ、井伏鱒二や海野十三など、ラジオを「騒音」として嫌悪する語り手たちは、みな活字時代の知識人であり、いわばエクリチュールの身体性にあわせて自己を訓育してきた表象専門家（symbolspecialists）たちである。さらに「ラヂオ文明の原理」（『改造』一九二五年七月号）という有名なラジオ論文を発表した室伏高信も、あるいは幾編かのラジオ論を遺した長谷川如是閑や清沢洌といった著名なジャーナリストたちも、放送史では頻繁に引用され言及されてきたが、彼らもまた活字の公共性に自らの身体性を同化させた主体である。

つまり、近年の放送研究で繰り返し参照される「放送」言説は、その大半が活字の公共性に自らの身体性を同化させてきた知識人による言説ばかりであった。そうした知識人言説の論調が総じて「ラジオ嫌い」になるのは、音景をめぐる上述の理由から理解に難くない。

しかし、知識人の言説だけから初期のラジオ放送をめぐる社会的位置価を測定するのは、至難である。それは、知識人言説が「不正確」だから、あるいは「政治的に不正（politically incorrect）」だからではなく、そうした知識人言説が持つ、同時代の社会文脈における社会的位置と価値が不明だからである。

ここで、カルチュラル・スタディーズのメディア研究（とくにオーディエンス研究）を誤用し、知識人言説を捨てて「オーディエンス」とその声をどこかから発掘しようと試みることは、同じ間違いを繰り返すだけである。問題なのは、発話者の資格や立場ではなく、それぞれの発話者たちの社会的位置と価値（位置価）である。

換言すれば、知識人の言説から初期のラジオ像を抽出するだけでは、不正確あるいは過ちではなく、不十分なのだ。同様に、「オーディエンス」や「民衆」の聖跡を新聞投稿や雑誌談話から探し集め、従来とは異なる「放送」像、あるいはオーディエンスの「放送」観なるものを再構築するだけでは不十分であり、本論の問題関心には無用である。なぜなら、知識人言説からも、ラジオの位置価を推定することは可能だからである。

たとえば芥川龍之介がその死の直前に発表した『河童』（一九二七年）という作品には、ラジオが出てくる。物語の語り手である「第二十三号」は、偶然河童たちの国（それは同時代の社会を風刺したユートピアあるいはディストピアとして描かれる）に迷い込み、そこでしばらく生活した後に帰還し、ある精神病院に収容されている。病棟の外部から取材に訪れた「僕（書き手）」に対し、「第二十三号」は、医者のチャックや哲学者のマッグや大学生のラップや詩人のトックといった河童たちとの交流について、事細かに話してみせる。

河童の国に紛れ込んだ人間は、法律の定めるところにより、「特別保護住民」となる。そのためかどうか、「第二十三号」が交流した河童のほとんどが、職業芸術家や専門家といった知識人ばかりであった。だが、ここで注目すべき一人（一匹？）の登場人物がいる。「第二十三号」を河童の国に偶然連れ込み、彼が帰還して精神病院に収容された後にも最初にお見舞いに現れた、バッグという漁師の河童である。バッグは他の河童と異なり、自由に人間社会と河童社会の境界を行き来し、そして「へい」という返事を使う。

次の会話は、帰還後に精神病院に収容された「第二十三号」が、それでも河童の国のことを想いつづけていた或る日、バッグの見舞いをうけた場面のものである。

こんな追憶に耽っていた僕は思わず声を挙げようとしました。それはいつの間にかはいって来たか、バッグという漁師の河童が一匹、僕の前に佇みながら、何度も頭を下げていたからです。（中略）

「おい、バッグ、どうして来た？」

「へい、お見舞いに上がったのです。何でも御病気だとか云うことですから」

「どうしてそんなことを知っている?」
「ラディオのニュウスで知ったのです」
バッグは得意そうに笑っているのです。[11]

そう、河童の国にはラジオもある。蓄音機や硝子工場や裁判所やピストルもある文明国なのだから、ラジオがあっても不思議ではない。しかし、「第二十三号」の描写のなかで、ラジオを聴く河童が出てきたのは、この一場面だけである。

「第二十三号」が河童の国で交流していた河童たちは、ラジオを聴かなかった。その理由は芥川の作品には明示されていない。他方、「第二十三号」が河童の国に住んでいた間、漁師のバッグとは交流していない。そしてバッグはラジオのニュースを聴いていた。これらのことから推測できるのは、ラジオは作家や詩人や哲学者といったエクリチュールの身体性を持つ知識人たちのメディアではなく、漁師のバッグ、あるいは非文字圏の住人たちのメディアとして描かれている、ということである。

芥川龍之介が一九二七年に描き出したこのラジオ像と、井伏鱒二や永井荷風が示したラジオ像から明らかになるのは、単にラジオ・オーディエンスの階級差だけではない。たとえ、ラジオは労働者階級のメディアであり知識人はラジオを見下し嫌悪していた、という仮説が成り立つとしても、注視すべきはその先の状況である。

即ち、ラジオを聴かない人々がいた一方でラジオを聴いていた人々がいた、という当たり前の状況観察の先には、ラジオを聴く/聴かないにかかわらず、ラジオというニュー・メディアの登場によって、社会的なコミュニケーションの様相が大きく影響され変化していった状況が見えるのである。

ラジオを聴かない人々(井伏、荷風、「第二十三号」)は、ラジオを聴く人々(二十五万以上の聴取加入者、あるいは『キング』に掲載された例の記事の書き手、そして漁師のバッグ、などなど)とともに生きねばならず、後者が日々実践していくコミュニケーションの様式と集合的なリアリティが変化していくのと連動して、前者のそれも変化させられていく。日常生活におけるさまざまな位相において、聴かざる者と聴いた者は交渉(コミュニケーション)を持たざるを得ないからである。それはちょうど、ラジオ聴取の習慣を持たない「第二十三号」を最初に見舞った者が、他ならぬラジオ聴取者(バッグ)であったように。こうしてラジオを聴かない者も、ラジオ時代のリアリティ変容に巻き込まれていくのである。

それでは、ラジオを「騒音」ととらえなかった人々は、いかなるラジオ像を想い描き、いかなる社会的コミュニケーションの様式を欲望したのだろうか。次に、ラジオの出現に希望を託した幾つかの言説を分析し、それらの「希望」が内包する欲望のベクトルを考察したい。

とくに本論が注目するのは、放送局および日本放送協会とは直接の利害関係を持たないのに「放送」を普及しよう欲望した人々の言説である。いったい彼らは「放送」の出現に何を期待して、何を欲望したのだろうか。

3 「放送」以前のラジオ像たち

一九二三（大正一二）年の年末に「放送用私設無線電話規則」が公布されたことをうけて、翌年から新聞社、百貨店などの商業資本、逓信省などの公的研究機関、そしてアマチュアの無線研究家たちが、ラジオの公開実験を盛んにおこなった。

無線技術史の水準からみれば、これ以前から無線電話の送受信実験は様々な主体によって、私的に、あるいは非合法に実施されていた。既に一九二三年までには無線電話に必要な機器も市販されており、それらは都市部では容易に入手できた。

よって、無線電話の誕生期は、技術史の水準と社会史の水準でズレている。本論が照準を当てるのは後者の社会史の水準であり、とくに無線技術の専門家ではない人々、より多くの人々の前に出現した最初のラジオ像に着目したい。一体いつごろから、ラジオは日常生活に姿をあらわし始めたのだろうか。

日本放送協会が編集した『二〇世紀放送史』によると、一九二四年の「一月に大阪朝日新聞社が東宮（皇太子）御成婚奉祝式典をラジオで紹介、四月には東京朝日新聞社が小石川の中学校と日比谷公会堂でラジオの実験を公開、五月には大阪毎日新聞社が本社と百貨店との間で折からの衆議院議員選挙の開票状況をラジオで公開、八月には実業之日本社が本社と上野精養軒・日比谷公会堂・鍛治橋の中山太陽堂を結んで公開実験を行った」という[12]。

放送局の開設以前に行われていた様々な実験放送についての同様の記述は、放送協会が編集した他の資料（『放送五十年史』十二頁など）にも見られる。これらの放送協会史（とそれを参照する放送史研究）では、「実験放送」の紹介に続いて三都市の放送局の誕生が記述されるのが定説である。

だが、こうした記述には、ある前提が見てとれる。それは、二五年以前に行われた数多くの、そして散発的で場当たり的な「実験放送」を総括し整理した帰結として、あるいはそれらを束ねる決定版として、翌年に三都市の「放送局」が発足したと見る史観である。

たしかに結果からみれば、政府と財界が協力して「放送局」をつくる前と後では、「実験放送」の数は激減している。ここから、「実験放送」は「放送局」という定時サービスを準備する実験だった、とみることもできる。

　しかし、放送局が開設される以前に表れたラジオ言説の一次資料をつぶさに見てみると、放送協会編の二次資料では見られない、後の「放送局」という形式とは異質な放送観が幾つも存在していたことが明らかになる。とくに初期のラジオ像の中には、後の「放送」とは似ても似つかないメディアとして期待されていた言説も数多くある。

　たとえば「実験放送」に積極的だった新聞社の一つである国民新聞は、一九二四（大正一三）年四月一七日から「ラヂオの話」という特集記事を一五回にわたって掲載した。この特集は、無線技術を持たない人々に対してその発達の歴史と技術特性を紹介し、さらに実際に鉱石ラジオを製作する方法を伝えるものだった。連載第一回目の冒頭には、次のようにある。

　遅ればせながら我国でも近頃無線熱が高くなりラヂオとかブロードキャストとかいふ言葉が流行しいはゆるラヂオ・ファンが沢山出てきたので、逓信省では数年来の懸案であった無線電話放送《ぶろーどきゃすちんぐ》に関する規則を昨年一二月一九日やっと発布したのでいよいよ実行期に這入った。

この文では、「ラヂオ」「ブロードキャスト」「無線電話放送《ぶろーどきゃすちんぐ》」という三つの語が使われている。さらに連載第五回では「放送無線電話《ぶろーどきゃすと》」という語が出てきて、第十回で「放送」という単語が出てくる。また、連載第一回目は「無電の話」というタイトルだったのが、第二回以降には「ラヂオの話」と改題されている。

　つまり現在「放送」と呼ばれる出来事に対して、この時期には実に多様な言葉が割り当てられ、状況に応じて不規則に使い分けられていたのである。言い換えれば、現在の我々が理解している「放送」という出来事を名付ける以前の、不安定で流動的な状況が観察できる。

　この国民新聞の連載の見出しと記事内容をまとめると、表1のようになる。

　記事内容によって分類すれば、第一回から第四回が無線理論の概説（電波の発見からその実用化までの説明）であり、第五回から第九回が技術解説（放送用無線電話の技術説明）、そして第十二回から第十五回は実験手順の紹介（十円ぐらいで製作できる鉱石式受信機の部品入手の方法と組み立ての実際）というように、三つの主要なパートにわけることができる。

　しかし、ここに二つ、どこにも分類できない、あるいは前後のパートとは異質な内容の記事が挿入されているのである。

回	記事の見出し	記事内容
一	無線電話はどうして聞えるか	無線技術の発明史
二	電波は一秒間に地球を七廻り半	電波の科学的特性
三	電波の断続放射　それが無線電信	電波を応用した無線技術の解説
四	電波発生に四ツの原動力	真空管による電波発生の説明
五	簡単なアンテナ　竹竿でも丸太でも	アンテナ（受信部）の種類と特性
六	家庭用の受信は枠型空中線が便	検波器（鉱石・真空管）の説明
七	音声に応じて豆電球が明滅	送話器（発信機）の紹介
八	二ツの受話装置	鉱石式受話器（受信機）の紹介
九	電池を好い加減に	真空管式受話器の紹介
十	遠い場所の話も大勢が聴く時も	拡声器（スピーカー）の必要性
十一	学理は難しいが取扱はやさしい	蓄音器や写真器《ママ》とラジオの比較
十二	出鱈目器械や奸商に御注意	受信機の相場価格
十三	十円位で出来る手製の受話装置	鉱石式受信機の組立（一）
十四	受話装置は断して製作する	鉱石式受信機の組立（二）
十五	その製作費五円	鉱石式受信機の組立（三）

表１　国民新聞の連載

それはスピーカーの必要性を強調した第十回と、ラジオを他のメディア（蓄音器やカメラ）と比較した第十一回である。連載の流れからみれば、この二つの回は必ずしも「ラジオ」を紹介するうえで必須のテーマを扱った記事とはいえず、むしろ実践編に入る前の付記とも、あるいは話の流れを遮断している邪魔なものにも思える。逆にいえば、この取って付けたような二つの回こそ、この新聞連載のラジオ観を色濃く表わしている部分である。

第十回の副題は、「拡音器がぜひ必要」である。前回まで説明した方法で「市内のブロードキャストを聴くことが出来るがそれより遠い場所のブロードキャスト又は多くの人が一緒に聞きたい場合には拡音器《アンプリファイヤー》を使用すればよい」という。さらに「それを高声器《ラウドスピーカー》に接続すると普通の蓄音器のやうに多人数が一緒に聞くことが出来る」わけで、アンプとスピーカーの必要性を訴えている。

初期のラジオ受信機は鉱石式のものが多く、そのほとんどがスピーカー（高声器）を備えずにヘッドフォンで聴くタイプの受信機だった。この連載でも真空管式ではなく鉱石式受信機の製作を推奨している。いわばヘッドフォンを使って一人で聴くスタイルが大多数だった時代に、国民新聞のラジオ特集ではラジオを蓄音器とのアナロジーでとらえ、家族や集会所の仲間と共に聴く「集団聴取」を提唱したのである。

後に放送協会は、家族を単位とした聴取はもちろん、農業補習学校などのより大きな単位による「団体聴取」を推進していった。石川明の研究によれば、「本格的な『団体聴取』は、一九三四（昭和九）年四月に、ラジオの普及率の低い農村の青年層を対象に放送された講座番組『農村への講座』によってはじめられた」という。[13] これよりも一〇年以上前、まだ個人聴取が主流だった時期に、スピーカーを使用して集団で聴取することを理想のラジオ像として提示したことは、留意しておくべきである。

では、後に放送局が実践していったラジオ像は、既に「放送局以前」に出揃っていたのだろうか。たとえば、集団聴取のためのスピーカーの必要性を説いた記事には、次の一文が続いている。

更に一言したいことは現在の受話装置では有線電話のやうにベルのような信号装置、即ちベルが鳴って初めて電話がかかって来たことを知らせるやうな装置が無いから、受話器を終始耳にあてて置くか時間をきめて放送するのを聞かねばならぬ欠点がある。（強調は引用者）

ベル（呼び鈴）がないラジオは不都合だ、というのである。さらには「尤も絶対に信号装置は出来ないのではないが、それには可なり莫大の費用がいる、要するにまだ経済的に完成されないのである」と結ばれている。つまり費用面から呼び鈴がついていないだけで、将来ラジオには呼び鈴が必要だというのである。

この記事で前提とされているラジオは、いわば現在のわれわれが理解している電話とラジオの中間に位置するようなメディアであり、パーソナルなコミュニケーションやマスのコミュニケーションとは異なるコミュニケーションを志向している。それは「放送局」という発信専門の組織が一端にいて、他方の端には無数の聞き手がいる、という放送観とは異なるラジオ像である。

国民新聞の連載を実際に執筆したのは、伊藤止水という記者である。彼は社内に「ラヂオ班」をつくり、上記の連載を皮切りに、新聞読者からの質問に答える「ラヂオ問答」欄をほぼ毎日掲載した。さらに国民新聞のラヂオ班は、東京放送局が仮放送を本格始動する直前の一九二五（大正一四）年二月一日に、無線電話機に関する講習会を開催したという。

このほか、伊藤止水個人の活動だけを見ても、たとえば雑誌『婦人倶楽部』の大正一四年五月号に「無線電話と其取扱ひ方」と題した記事を執筆し、講習会活動を継続して行うなど、放送局とは異なるチャンネルで積極的に「ラジオ」の普及に務めていた。

だが、そうした伊藤のラジオ像は、既に見たように後の放送局製のラジオ像とはズレを含んでいる、いわば集団電話のようなラジオ像だった。これを単に伊藤個人の短慮や不理解のためと切り捨てることはできない。なぜなら、伊藤が精力的に活動していた一九二五年の前後にかけて、放送局製のラジオ像とは異なる、さまざまなラジオ像が語られ、また期待されていたからである。

たとえば雑誌『キング』の大正一四年七月号には「ラヂオの将来」と題した北畠利男の記事が掲載されている。この記事では、八種類のラジオの将来像が紹介されている。

一	新聞も学校も不必要	（遠隔地への無線教育）
二	姿見ラヂオ	（テレビ電話）
三	ラヂオと医者	（遠隔施療）
四	ラヂオ電力輸送	（電力を無線で送受信する）
五	風浪発電機	（風浪発電の電力をラジオで送信する）
六	ラヂオ操縦	（交通機関の遠隔操作）
七	ラジオの特殊教育	（睡眠中の講義学習）
八	植物電力栽培	（赤外線による早期栽培）

表２「ラヂオの将来」の見出し
（『キング』大正14年７月号）

『キング』という雑誌の性質上、四や五のような無根拠な使用方法も含まれているが、これらを荒唐無稽な夢物語と切り捨てることが、果たして出来るだろうか。

たとえば一の「新聞も学校も不必要」では、「ラヂオの発達のために世界中の学問は全く統一的になつて来るだらう。東京帝大の講堂に於て、伯林大学でアインシュタイン教授の講義しているのをそのまま聴くことも出来る」と述べられている。これよりはスケールが小さいものの、東京高等師範学校の英語科教授である岡倉由三郎が講義したラジオ番組『英語講座』は日本放送協会によって朝鮮半島や台湾島を含む「全国」に発信されており、ある意味でこの点は実現されている。[14]

さらに遠隔施療の実現を期待する三の「ラヂオと医者」などは、現在でもインターネットや携帯電話といった新しいメディアが出現するたびに繰り返されるメディアの将来像である。たしかに五や六のような非科学的な使用方法も含まれているものの、『キング』に列挙された「ラジオの将来」は、「ラジオ」という新しいメディアの出現に対する一つの期待の表れとしてみることができるだろう。それは、「局（station）」という形式に必ずしもこだわらないラジオ技術の社会的利用を期待する一例であり、現在の「放送」とは異なるコミュニケーション様式の「放送」へと成長していったかもしれない、「放送」の源流の一つである。

こうした多様な「放送」像の乱立は、過渡的で瑣末な現象なのだろうか。あるいは、無責任な筆者たちによる、無知識ゆえのたわ言と切り捨てるべきなのだろうか。だが、これらの記事とまさしく同じ時期、逓信省が規制していた「ラジオ」像が、今日の我々から見ると同じように奇妙なものだったとしたら、どうだろう。しかも逓信省の「ラジオ」像は、省令によって現実のものとなり、初期の「放送」の輪郭を実際に形成していたのだ。

それゆえ、これまで見てきた「ラジオ」をめぐる言説との相関関係において逓信省の「ラジオ」像を次に分析し、さらにそれら複数の「ラジオ」像たちが、受信機という形あるものにいかに現れていったのかをみてみたい。

4 「放送局」外部のラジオ像たち

既述のように、逓信省は一九二三（大正一二）年一二月二〇日付の省令で「私設無線電話規則」を発表したのだが、その第一四条には「聴取無線電話ノ機器及其ノ装置ハ左ノ各号ニ適合スルコトヲ要ス」として、次の規則が定められていた。

一　受信機ハ電気試験所ノ型式試験ニ依リ其ノ型式ノ証明ヲ受ケタルモノナルコト

「一都市一局」という方針で多数いた放送免許の出願者たちを束ねた逓信省は、送信側（放送局）だけでなく、受信側（聴取者）も掌握しようとしていたのだ。この規則により、電気試験所が発行する「型式証明」を受けていないラジオ受信機の製造も使用も、違法となった。

前節でみた国民新聞の伊藤止水は、この型式証明という制度について次のように述べている。

逓信省が型式証明という規則を作り、これに合格せんものは売ってはいかんということになった。また当時は波長二五〇から三〇〇mまでは聴いてはいかんとかなんとかいって、いろんな小言があり……[15]

この型式証明という制度は、受信機の製造者に一定の技術的要件を守らせることで、受信機の性能と機能を管理する目的で作られたものと理解することができる。

しかしそれを裏返せば、型式証明に適合した受信機しか作れない状況、あるいは逓信省が理想とするラジオ受信機だけが流通することを目指した規制である。そして型式証明を守らせる限り、大資本の電器製造業者だろうが、農村部のアマチュア無線家だろうが、誰がどこで作っても同じ受信機が出来上がるはずだった。[16]

たとえば「私は茨城県の農村に生まれた。父は科学道楽とでもいうのか、農村には珍しいラジオ・アマチュアだった」と回顧する元映画技師の木村哲人は、父が受信機を自作して型式証明を受けるまでの手順を次のように記している。

昔のラジオ受信機はメーカー製もアマチュアの手作りも、逓信大臣の許可を得なければならない。むろん大臣が検査するのではないが、当時の逓信大臣、犬飼毅の判がいるのである。許可申請の書類は機能の説明、受信電波の波長、構造図、配線図、それに無線受信機を電気試験所無線局に持参しなければならない。性能はもちろんだが外観がよくないと、「作りなおしてこい」と却下された。[17]

使用部品や回路はもちろん、配線の方法やベースの寸法に至るまで厳しく規制されていたため、「部品以外でアマチュアが工夫できるのは、部品の配置と木の板くらいだった」という。こうして逓信省は、放送局の開設以前から、受信機の標準化を図っていたのである。

この型式証明というやり方には、当時の逓信省が思い描いていた「放送」像の一端が垣間見える。それは、同一型の受信機を許可し、全国に普及させ、どこでも誰もが同じ受信機に耳を傾ける、というナショナルな「放送」像である。あるいは、「放送」の輪郭が定まらないうちに、〈国民標準の耳〉なるものを予め設定し、普及させようと試みていたのかもしれない。

こうしたラジオ受信機の型式証明を考える上で参考になるのが、同じく逓信省が管掌していた有線電話である。ここで想起したいのは「黒電話」の通称で知られた有線電話のインターフェースである。送話機と受話器が連結したハンドルを持ち、それを上部に乗せて前面には一〇個の穴が開いたダイヤルを持つベークライト製の卓上電話というインターフェースは、幾度か大きく改正されながらも、驚くべきことに戦前から一九八〇年代（あるいは九〇年代ごろ）までの半世紀以上も、事実上の標準型として使用されていた。[18]

あるいはラジオ受信機も「黒電話」のように単一のインターフェースだけが全国に普及し、とくに違和感を感じさせずに長く使用され続けていたかも知れなかったのだ。すくなくとも大正末期までは、一つの放送局と一つの受信機、という原則に基づいて逓信省が思い描いた〈耳の標準化〉は、現実のものとして作動しはじめていたのである。

型式証明によって志向された「一つのラジオ受信機」という理想像は、伊藤止水が国民新聞で提示したラジオ像や、『キング』で謳われたラジオの将来像とはもちろん、その後のラジオ受信機の潮流からも遠く離れたイメージである。むしろ逓信省の型式証明とは、そうした多種多様なラジオの可能性の芽吹きを、その根元から断つかのような規制にも見て取れる。

だが「黒電話」の場合とは異なり、ラジオ受信機では、ナショナルな位相での形式証明は短命に終わった。三都市の放送局が事業を開始した一九二五（大正一四）年、次のような改正規則が発表されたのである。

第一四条　聴取無線電話ノ機器及其ノ装置ハ受信機ハ電気試験所ノ型式試験ニ依リ聴取無線電話用受信機トシテ其ノ型式ノ証明ヲ受ケタルモノ又ハ左ノ各号ニ適合スルモノナルコトヲ要ス（強調は引用者）

これに続く「各号」も、以前の五つから二つに大幅削減されている。すなわち「四百「メートル」以下ノ電波長ニ限リ受信シ得ルコト」と「空中線ヨリ電波ヲ発射セザルコト」の二点さえ満たせば、ラジオ受信機を自ら設計し製作しても違法行為にはならなくなったのだ。

同年一一月に『ラヂオの手続と受信機の選み方《ママ》』というマニュアル書を刊行した新宮実によれば、「大正一四年四月一四日付の官報で発表せられた改正規則によって、型式試験は寧ろ『推選《ママ》』と言ふ意味に転換した」という[19]。ラジオの型式証明は約一年四ヵ月の短命で終わり、逓信省が目指したやり方での〈耳の標準化〉は、早くも形骸化してしまった。

なぜ型式証明は、こうも早く骨抜きにされたのか。その一つには、規則改正の直前にあたる一九二五（大正一四）年二月に東京のラジオ商が協力して「東京無線電話機商組合」を結成し、逓信省と東京放送局に働きかけたことがある。

たとえば初代の東京放送局長だった新名直和によれば、「型式証明といへば逓信省では初め二百円か二百五〇円位で受信機を作らせる方針であつたが業者は三百円か三百五〇円でも中々作り憎《ママ》いと文句をいつて来た」という[20]。ラジオ商が逓信省と放送局に対して組織的に働きかけたのは、受信機の販売価格だけではない。実際に受信機を製造し販売していたラジオメーカーとラジオ商は、この型式証明の後にも、ラジオ受信機の標準型をめぐって逓信省や放送協会とせめぎ合いを繰り返していったのである。

いわば〈耳の標準〉をめぐる争いは、型式証明が事実上骨抜きにされた三年後、今度は逓信省ではなく放送協会の手によって再開された。一九二八（昭和三）年四月、放送協会は「ラジオ機器認定制度」を定め、一定の基準を満たした受信機には認定証を交付する、という制度を開始した。これは市場に出回っている受信機の性能と価格に激しい格差があるため、改めて「受信機の標準型」を放送協会が再提示したことを意味した。
　しかし法的拘束力が無いこの認定制度は、結果として業界から無視された。当時の主力商品となりつつあった交流電源による真空管ラジオに限ってみれば、一九三〇（昭和五）年九月の時点では、たった二機種しか認定ラジオが存在しなかった。[21]人々は「認定ラジオ」を必要としなかったのだ。あるいは、放送協会が提示した〈耳の標準〉が、同時代のラジオへの欲望とすれ違っていたといえる。
　放置されていた放送協会製のラジオ像が激しい争点の的になるのは、余剰電力の消費先をさがしていた全国の電力会社が、ラジオ受信機の大規模な訪問販売を始めた一九三二（昭和七）年である。この時、放送協会と電力会社の連絡組織である交流受信機普及委員会は、ほとんど市場に出回っていない認定ラジオを販売することを取り決めた。
　「実情」にそぐわない認定ラジオが、強大な組織力を持つ電力会社によって訪問販売されることに強い危機感を持ったラジオメーカーは、認定制度をボイコットするカルテルを結んだ。すなわち、早川金属工業所（現在のシャープ）、松下電器、山中無線、七欧無線、坂本製作所、大阪ラジオ、原口電機、菱美電機、湯川電機といった当時の主力メーカーが「日本ラヂオ受信機製造同盟会」を結成し、放送協会の認定制度の廃止または改善を求めて、「断じて是に依頼しない」という申し合せをおこなったのである。[22]
　メーカー同盟の認定ボイコットには東京ラヂオ商組合をはじめとする全国のラジオ商組合も支持を表明し、一九三三（昭和八）年から翌年にかけて、ラジオ受信機をめぐる大きな争いへと拡大していった。いわば、一方には認定ラジオというやり方で〈耳の標準〉の普及を目指す放送協会と電力会社がおり、もう一方には認定ラジオよりも安くて「実情」に合った受信機を製造し販売してきた自負を持つメーカーとラジオ商がいた。
　認定ラジオ問題は、一九三四（昭和九）年三月に放送協会が規則を「改正」することで決着した。しかしその内容は、型式証明の「改正」と酷似した結末である。改正前の認定制度では、型式証明と同様、使用すべき回路や部品の種類はもちろん、測定器を用いて検査される技術的性能の数値まで詳しく定められていた。しかし改正後の認定制度では計器による性能測定を廃止し、一般的に受信機が使用される状況で音がちゃんと聞こえれば認定する、という簡便な検査方法がとられた。こうして認定制度も事実上、形骸化されたのである。[23]
　それでは逓信省や放送協会が提示した〈耳の標準〉に従わず、それらをことごとく骨抜きにしていったラジオメーカーとラジオ商は、既得利権を守るためだけの存在だったのだろうか。確かに認定制度をボイコットしたメーカー同盟は営利目的の業界団体だが、彼らの立場は決して安住できるものではなかった。つまり戦後の家電メーカーの立場とは異なり、戦前のラジオメーカーは、自作の受信機が圧倒的な多数を占めていたラジオ市場に、割高ながら安定した性能の「完成ラジオセット」を供給する、新興の小工場だったのである。そんなラジオメーカーが「実情」にそぐわない、言い換えれば売れないラジオを放送協会と電力会社の都合に合わせて製造することなどは不可能だったのである。

ここで論じたいのは、「民間」のラジオメーカーが発揮していた存在感や、「官製」のラジオ像の奇妙さなどではない。注目したいのは、理想のラジオ像をめぐるせめぎ合いの過程であり、〈耳の標準〉をめぐるヘゲモニックでポリフォニックな欲望と権力の作動の様態である。少ない事例ながらここで提示したように、逓信省や放送協会が提示したラジオ像でさえも、それらは放送局外部の主体によって常に挑戦され、そして時にボイコットされたり、大きく「改正」させられたり、骨抜きにされたりするのだ。そしてラジオメーカーが自社製品という形で市場に供給する〈耳の輪郭〉も、それが売れるか売れないかという形で判定され、常に同時代の人々の欲望を体現する必要に迫られる。

こうした〈耳の輪郭〉をめぐる重層的で不均質なせめぎ合いの過程は、絶えることなく常に進行していきながらも、時に長く定着する〈輪郭〉を現出させる。たとえば認定ボイコットのメーカー同盟が形成され、主要なメーカーの間に連絡回路が開かれてから、ラジオ受信機の標準化は加速し始める。

そして皮肉なことに、形骸化された改正認定制度をメーカー同盟が利用し始めたことで、放送協会の認定マークを付けた交流式の真空管ラジオ（完成品）が市場に出回るようになり、さらに受信機の標準型となるラジオが登場するのである。その最もよく知られたものに「並四（四つの真空管を使った「並な受信機」の意味）」と「高一（高周波一段増幅という機構を持つ、より高感度な受信機）」の通称で知られた受信機である。これらはおそくとも日中戦争が始まる一九三七（昭和一二）年ごろには自作ラジオを凌ぐ勢いで普及し、太平洋戦争も経て占領期末まで広く使用された。

つまり〈耳の標準〉としてのラジオ受信機は、いつしか安定期に入ったのである。言い換えれば、さまざまに乱立していた「ラジオ」像が互いに交渉を持ち、時に直接、間接にせめぎ合い、その結果として同時代の日常生活において透明なメディアとしての集合的な「ラジオ」像が出来上がったのである。

ただし事実上の〈耳の標準〉となった「並四」も「高一」も、当時の無線技術において最良でも最高でもなかった。とくに妨害電波を出しやすい「再生式」と呼ばれた増幅機能が広く使われていたように、それらは当時のラジオ技術が成熟した結果として現れた理想の受信機とは言えない。そうした技術的な劣性にも拘わらず、「並四」や「高一」といった機構のラジオ受信機が長く定着していったことからも明らかなように、技術開発の視点だけでは、「ラジオ」の輪郭を説明することはできない。それは無線技術の必然的な発展の到達点などではなく、むしろ近代日本という時代的にも地域的にも特殊な社会文脈に根ざした「ラジオ」像の現出である。そして、そこには「ラジオ」というメディアに対する同時代の人々の欲望のかたちが表れているのである。

換言すれば、重層的な交渉を経て現出した集合的な「ラジオ」そのものが、同時代の人々が抱いたコミュニケーション欲求の結晶体であり、「ラジオ」によって切り拓かれた「放送」という様式のマスなコミュニケーションに対する集合的な欲望の現れと捉えることができるのである。[24]

5　結語――「放送」の節合過程へ

本論では、「放送」の初期形態としての「ラジオ」をめぐる言説について、幾つかの一次資料をもとにみてきた。とくに試みたのは、放送局および放送協会が発行した資料でなく、放送局の外部から「放送」を語る言説をできるだけ集め、分析することである。これには理由がある。

従来の放送研究では、主に放送された番組や放送協会の機関紙などを分析してきた。こうした放送局発の「放送」像を分析する研究は、既に相当な蓄積量を有する。言い換えれば、日本の放送史の多くが、実際には「放送局史」あるいは「放送協会史」から大きく超え出ていないところで、作業を進めてきた。

しかし、本論で提示してきたように、少なくとも「放送」の源流には、放送局製の「放送」像とは異質の、複数で不均質で不ぞろいな「放送」たちが存在していたこと、そのうちの幾つかは現実に実践されていたことは無視できない事実である。そのため本論では、放送局の内部から発せられた「ラジオ」言説の考察（番組分析を含む）よりも、「放送」の輪郭を立体的に把握することを目指して、放送局の外部から発せられた「ラジオ」言説を拾い集め、考察してきた。

ここまでの考察から明らかになったのは、「ラジオ」言説をめぐる複数の層である。すなわち、（一）初期の「ラジオ」には、「局（station）」という形式とは異なる期待と欲望が、放送局の外部にいる主体たちから様々に投げかけられていたこと（本論の三節参照）、（二）逓信省が初期に提示した「一つの放送局、一つの受信機」という放送像が早期に挫折していたこと、そして（三）放送協会が提示したラジオ受信機の標準形さえも、ラジオメーカーとラジオ商という協会外部の主体によって挑戦をうけ、変形させられていたこと（本論の四節参照）、である。

いわば社会的な言説としての「放送」は、逓信省や放送協会という公的権力によって一方的に制定され供給されたのではなく、同時代に生きる様々な欲望を持つ主体たちとの交渉のなかで、その輪郭を形成していったのである。

だが、これらは単に、いろいろな「ラジオ」像が初期に乱立していたことだけを指摘するに留まらない。本論で試みた放送局外の「放送」分析は、大きな蓄積量を持つ放送局発の「放送」分析と重ね合わせることで、近代日本における「放送」という形式の集合的コミュニケーションの成り立ちが立体的に把握できるのである。

たとえば、初期に乱立していた複数の「放送」たちは、やがて互いに交渉と影響を持ち始め、より広範に流通するヘゲモニックな「放送」概念へと節合《アーティキュレート》していく。その交渉過程は、放送制度を論じる紙の上でのみ進行せず、本論の二節でみたように、日常生活におけるラジオの使用という日常的実践において不断に実行されていく。本論で見た例を再び引けば、ラジオを聴かない者たち（井伏鱒二や永井荷風）は、ラジオを聴く者の日常的実践を介してラジオを体験し、ラジオとともにある時代の新しい社会空間を生きていくことになる。実際にラジオ受信機を所有しようがしまいが、あるいはラジオ放送を嫌悪しようがしまいが、「放送」とともにある時代の社会的なリアリティは、同時代を生きる人々と確実に交渉していくのである。

これと連動して、日常的実践を介して不断に交渉されていく複数の大小さまざまな「放送」像は、いつしか集合的な「放送」像へと節合していき、あるいは後景に追いやられたり、消滅していく。やがて日常生活において格別に意識されない、透明なメディアとしての「ラジオ」像が人々に共有され、「放送」という形式の集合的コミュニケーションが同時代の身体にしみ込んでいく。「放送」がある風景に慣れ親しんだとき、人々は新しい集合的なコミュニケーションの様式を受け入れ、それによって創出されていく新しい集合的リアリティに基いて、それぞれの日常生活を再編成していくようになる。

この、同時代の人々の日常的な風景に溶け込んだ時期の、いわば透明になった「放送」は、いつ頃姿を現わしたのだろうか。少なくとも、本論で重点的に分析した一九二四（大正十三）年から一九二七（昭和二）年頃の状況では、透明な「放送」というものからは程遠い、不ぞろいでゴツゴツした「放送」たちが乱立していたではないか。

一つの仮説として現在までの作業から導き出せることは、透明な「放送」が放送協会によって志向されはじめるのは一九二八（昭和三）年の全国放送網の成立あたりだが、集合的なコミュニケーションの有力な一形態として人々の期待を集めるようになるのは、一九三一（昭和六）年以降のことと考えられる。これは満州事変に始まる「戦争」という強力なコンテンツを得たことに起因するが、戦時体制に入ったからといって、すぐに「放送」がナショナルな国家情報を伝送する透明なメディアとして再編成されたとは考えられない。たとえば拙著『英語講座の誕生』で論じたように、放送協会は一九三四（昭和九）年ごろから三九（同一四）年にかけて、教養番組「英語会話」をはじめとして、新しい番組を模索しており、それらの幾つかは戦中、戦後を超えて現在まで放送されている。また本論の四節で述べたように、ラジオ受信機のデファクト・スタンダードとなる「並四」や「高一」が現れ、広く普及して「ラジオ」像を安定させたのも、ちょうど同じ時期である。

つまり、今日の「放送」像へと続く、ナショナルな知の編制に基づくナショナルなコミュニケーションのための「放送」というメディアは、一九三四年ごろから三九年にかけて繰り広げられた集合的なコミュニケーションの様態をめぐる激しい交渉とせめぎ合いの過程の果てに現出した、と考えられる。

これを言い換えれば、一九二三年ごろから三四年ごろまでの約十年間では、「放送」という形態の集合的コミュニケーションは、必ずしも近代国民国家制に基づく集合的なコミュニケーションに直結していなかったのである。つまり〈ナショナル〉ではない〈集合的〉なコミュニケーションへの道が、そこには存在していたのである。そうした一例が、本論の三節でみた、国民新聞の伊藤止水のラジオ像や雑誌『キング』に現れたラジオの将来像であり、同時代のアマチュア無線家たちが放送局の外部で語っていた理想の「ラジオ」像であった。

従来の放送史のように放送局製の「放送」像を分析し、番組分析や放送政策の分析を重ねていっても、放送制度の変遷は特定できても、社会的で集合的なコミュニケーションの一形態としての「放送」が現出し、ラジオの聞き手のみならず、そうした聞き手たちとともに生活する人々の社会的リアリティがいつ頃から、どのように変容していったのかを考えることは不可能である。そして「放送」が透明なナショナル・メディアとして人々の日常風景に溶け込む時期をより精確に特定するには、放送局の外でも語られ実践されていた「放送」像たちをさらに収集し、それらが日常的実践においてどのような社会的リアリティの変容と連動しているのかをつぶさに考察する作業を進めねばならない。

こうして「放送」を前提としない放送史が目指すのは、（一）複数の「放送」たちの内容を分析すると同時に、（二）

それぞれの「放送」たちの社会的位置価を測定することである。さらにこの作業は、(三)個々の「放送」言説が織り成すコンステレーション(配置と連関)を明らかにし、(四)言説たちが相互に交渉し節合していく過程を問うことで、(五)あるヘゲモニックで透明な「放送」の現出を問題化する作業へとつなぐことができる[25]。本論は、こうした問題意識に基づいた「放送」を前提としない放送史への試論として位置付けられるべき論考である。

注

1 このようなラジオとテレビを切り離して論じる傾向それ自体も、改めて意識化し問題化すべきテーマである。本論では詳述できないが、たとえば「ラジオ」と「テレビ」の関係を一九五三年の事業開始から当然のごとく論じ始める視点そのものを問題化する必要がある。なぜなら、それ以前から「テレビ」をめぐる言説は、放送協会の機関誌ではもちろん、『キング』のような広く一般に読まれていた雑誌でも、すでに一九二五年ごろから紹介記事が出ているからである。そして一九三六年のベルリン・オリンピックでのナチスのメディア戦略に刺激され、一九四〇年の東京オリンピックにむけて日本放送協会が「テレビ中継」の実現を急いでいたのは、周知の事実である。テレビをめぐる言説は一九五三年に誕生したのではなく、それは大正期から「ラジオ」との比較(あるいはアナロジー)で語られていたのである。そうすると、尚更、ラジオとテレビを切り離して論じる傾向がいつ頃から始まり、どのようにして定着していったのか、という疑問がわいてくる。

2 井伏鱒二「ラジオしぐれ」(『新潮』昭和一〇年一月号)。

3 吉見俊哉『「声」の資本主義』講談社選書メチエ、一九九五年、五頁。

4 坪井秀人「ラジオフォビアからラジオマニアへ」(木村一信編『文学史を読みかえる④　戦時下の文学』インパクト出版会、二〇〇〇年)一六四—七頁。

5 井伏、前掲、一三五—六頁。

6 逓信省編『逓信事業史　第四巻』一九四〇年、九四六頁。

7 内務省警保局『新聞雑誌社特秘調査』(一九二七年調査実施)、復刻版。大正出版、一九七九年。

8 「東京ラヂオ放送局楽屋噺」(『現代』大正一四年九月号、大日本雄弁会講談社、一九二五年)一二七頁。同記事の署名は「一記者」となっているため、あるいは当時の文脈でもラディカルな論だったのかもしれない。しかし『キング』には筆名や無署名による匿名記事が数多く掲載されているので、単なる編集部記事なのかもしれない。

9 **D. L. LeMahieu, *A Culture for Democracy*, Clarendon Press, 1988, pp.17-56.**

10 こうしたグローバルなラジオ放送の出現が日本で起こったことが、後に「大正デモクラシー」と名指される民本主義の潮流と直ちに接続したとは考えられない。少なくとも「放送」という事業を逓信省から任せられた初期の放送局に現れる「放送」像には、そうした(西洋近代型の)デモクラシー実現の手段としてラジオ放送を根付かせようとする思想は観察できない。

11 芥川龍之介『河童』新潮文庫、一九二七＝一九六八年、一三二—三頁。

12 日本放送協会編『二〇世紀放送史』日本放送出版協会、二〇〇一、上巻の二五頁。

13 石川明「社団法人日本放送協会の『事業部』活動」(津金澤聰

廣編『近代日本のメディア・イベント』、同文館、一九九六年）一九四頁。

14 山口誠『英語講座の誕生』講談社選書メチエ、二〇〇一年、一七九頁を参照。

15 『東京ラジオ公論』昭和一〇年三月二五日号（『ラジオ公論創刊五十周年特集』日本電気公論社、一九七五年、六頁より再引用）。

16 一九二四（大正一三）年に型式証明を受けたもので、管見で確認できたものでは安中電機 の「AR37」受信機や大阪無線電機の「K・A式」受信機をはじめとして、メーカーによる完成品（セット）ものだけでも二〇機以上ある。

17 木村哲人『真空管の伝説』筑摩書房、二〇〇一年、二九頁。

18 「黒電話」の原型となる三号式（一九三三年）から最後モデルの六〇〇系（一九六二年登場）まで、音響技術は幾たびか大きく変化しているものの、そのインターフェースの基本は不変だった点で、「黒電話」が体現したコミュニケーションの形は興味深い。たとえば吉見俊哉他『メディアとしての電話』（弘文堂、一九九二年）を参照。

19 新宮実『ラヂオの手続と受信機の選み方』京文社、一九二五年、一一頁。

20 岩間政雄編『ラヂオ産業二〇年史』無線合同新聞社事業部、一九四四年、一三一頁。

21 日本放送協会編『ラヂオ年鑑』昭和六年度、日本放送出版協会、一九三一年、七三〇—七三二頁。

22 『ラヂオ公論』（ラヂオ画報社）一九三一年一〇月三〇日号、五頁。認定ラジオ問題の詳細は、拙稿「耳の標準化」（吉見俊哉編『一九三〇年代のメディアと身体』青弓社、二〇〇二年に所収）を参照。

23 『ラヂオ年鑑』昭和一〇年度、一一六五—一一七三頁。

24 ラジオ受信機の変遷を追うことは、単に技術史的関心のみならず、社会史的あるいは歴史社会学的関心にとっても、重要な導き糸となるのである。さらに受信機を「ラジオ」言説の表出として分析することは、新聞や雑誌や小説に現れた「ラジオ」言説を分析することと連関を持たせておこなわれるべきである。

25 ここに企図した「放送」を前提としない放送史そのものが、伊藤守氏をはじめとする共著執筆者との幾度にもわたる研究会（あるいは異なる様々な「放送」像とのコンステレーションを知らされる場）に参加することによって、初めて着想を得ることが出来た。とくにテレビ・ドキュメンタリーを歴史分析されている丹羽美之氏との議論からは、初期放送を歴史分析すること自体の位置価について意識的になることを教えられた。

初期映画をめぐる文学的想像力
——谷崎・芥川・川端

北野圭介

映画について語ることは実は非常に難しい。さまざまな理由がそこにあるのだが、なかでも、議論に先立って「映画」という語で名指されているものをとにかく明確にしようとすると、それが一見するより遥かに困難な作業であることがすぐさま明らかとなってくるということがある。日本語においてはとりあえず「映画」という一つの言葉で指し示されている事柄に、英語では、「film」、「cinema」、「movie」など複数の言葉が使われていることをみるだけでも、映画の何たるかを決めてしまうことの難しさが看て取れるだろう。フランス語の「cinéma」の意味に必要以上の加担をして、それに合わせるように、日本の映画について語るという振る舞いにつきまとう居心地の悪さを想像するだけでもいいかもしれない。「映画とは何か」という問いには確固たる解答など与えることなどできないのだという諦念からこそ映画への思考ははじまるのだといいたくなるほどである。

大きな構えとしては日本における映画の初期形態についての一考察を提示することを狙いとする本稿は、このような、映画について語る際の困難を十分に考慮に入れた上で、映画をめぐる本質論的な立場は避け、議論をすすめていきたいと思う。では、どのようにしてか？　本稿が採る方法は、人が「映画」という言葉で何を考えどのような想像力を働かせたのかを辿ることで、日本に導入され日本の社会に根付いていくとき、映画というしろものがどのような存在として人々の心に在ったのかを、間接的に、いわば透かし彫りのかたちで、浮かび上がらせるという方法である。補足しておけば、本稿のこのような考察方法は、次のような点にも配慮しながらすすんでいくことになる。まず、「映画」という言葉の軌跡に注目する以上、それが使用される、日本語という言語そのものの歴史的状態に関して細やかな注意が払われるだろう。日本においては、初期映画期が、国民言語としての日本語の形成期と、重なり合うというややこしい事情があるからである。言語自体が、意識や想像力を媒介するひとつのメディア・テクノロジーである以上、その問題を考慮に入れることなしに、「映画」をめぐる意識の考察は不可能なのである。次に、映画というしろものが、ひとつの表象文化である以上、それは、それに隣接するあるいは対立する他の表象文化（への人々の理解の仕方）との関係のあり様が、「映画」の指示内容を決定するのに大きな役割を演じるだろうと考えうるので、そのような関連する表象文化群（についての人々の理解）に特別の注意が払われることとなる。以上をいささか強引にまとめてみるならば、本稿が採る考察方法は、メディア間の力学が、時代の時代のメディアのあり方に大きく作用すると考える、インターメディア論的な方法論に則っているということができるだろう。

　日本における初期映画の全貌を明らかにすることがここで企まれていることでは当然ないので、以上のような方法論的な諸前提のもとに取り組もうとする、本稿での課題をより絞ったかたちで次に述べておきたい。本稿が取り上げるのは、二〇世紀初頭の文学的感性が映画へと向けた関心のあり様である。文学者が、社会全体を睨んで思考を展開する先鋭的な存在であるということもある。しかし、それだけではなく、日本においては、文学者が、初期映画に、非常に近しい傍観者としてのみならず、その実践の場面においても大きく関与した存在でもあったという事情があるからである。さまざまな局面で映画の立ち上がりに積極的に加担した文学者の目を通して、「映画」への夢がどのようなものであったのかを明らかにしていくこと、それが本稿の中心となる課題である。そして、明らかにしていきたいのは、映画が最初に紹介されて以来の僅か数十年の間であってさえ、映画への夢は大きく変貌を遂げたのだというまずは事実である。

　しかし、初期映画の時期に、「映画」をめぐりどのような夢が抱かれたのかを跡付けることだけが、本稿の射程ではないことも付け加えておきたい。「映画」という言葉により駆動させられた想像力が人々の思考のなかでどのような役割を演じていたのかという問いもまた本稿における大きな関心となっているからである。「映画」という言葉の歴史的変遷は、当然、映画史を超えた拡がりを孕まざるをえないのであるから、それは逆に、「映画」という言葉の系譜を考察することは、同時代の思惟のかたちを照射し直すかもしれないと考えたいのである。見通しをクリアーにしておくために、具体的に述べておこう。昭和八、九年の日本における言説状況の孕んだ問題を、橋川文三が「転形期」と呼び、単なるイデオロギー上の転回つまりは左翼系思想の弾圧の帰結としての転回といった視角からだけでは把捉しがたい問題として、つまりは、むしろ、思想と名付けうるような思惟の構造化がそもそも日本に成り立ちえていたのかという問い自体がこの時期探求されたものであったことが視野に収められた上で再検討されるべき問題として捉え返したことはよく知られている。しかし、そこには、今日の用語でいう、メディア論もしくは表象論とでも呼ぶべき問題機制も絡み付いていたことも看過できない側面としてあると本稿は考えている。この前後期、芥川、横光、川端といった小説の文章のみならず、小林秀雄、中野重治をはじめとする評論家の文章、さらに言えば、和辻哲郎や中井正一の哲学的論議も、表象やメディア、あるいは認識上の媒介といった問題に非常に敏感だったのであり、それは偶然の一致であったとは思えないのである。よって、当時、ザ・メディアであった映画というメディアをめぐる先鋭的な知性の軌跡を浮き彫りにすることは、当時の思惟のあり様の一角を照射し直す契機となるかもしれない。そのような問題意識もまた本稿には張り付いているのである。

　議論の骨格を示しておこう。まず、一九一〇年前後に「映画」をめぐる言説が「映画」をまず異空間として理解することになる経緯が考察されるだろう。映画以前の想像力にも目を配りながら、どのような条件のもとに、そのような理解が生まれたのかが問われることになる。次には、一九一〇年代も後半に入ると、次第に「映画」が表現媒体として理解される向きが強くなっていく推移が検討される。そこでは、また、映画をいかなる表現媒体としていくかという問いをめぐる試行錯誤のプロセスには、映画を超えた政治的な関心が取り巻いていたことが分析されるだろう。そして、最後に、一九二〇年前半辺りから観察することのできる、「映画」めぐる言葉が表象の可能性をめぐる議論へと収斂していくという、映画理解の変容が扱われる。そこでは、さらに、最終的には表象と認識をめぐる一般的な抽象論の重要な理論モデルとなっていく映画観の変化が帰結する問題もまた考察されることとなる。別の言い方で先回りしておけば、「映画」に焦点をあてたメディア論的な視点から、「転形期」へと至る時代の思惟の変遷を逆照射することが、本稿の考察の向かう先である。

1　「映画」と浅草

映画の不気味

一九二〇年代はじめ、少壮ながらすでにその才能が充分に認められていた谷崎は、主に脚本家として四本の映画制作に関わっている。当時としては斬新な手法——クロス・カッティングやインター・タイトル、クロース・アップ、ミディアム・ショット、ロング・ショットなど——を意識的に区別し用いた映画作りとして、各方面から賞賛された、『アマチュア倶楽部』（一九二〇年）、『葛飾砂子』（一九二〇年）、『雛祭りの夜』（一九二一年）そして『蛇淫の性』（一九二一年）の制作である。それは、これまで、舞台の実写からより映画固有の語り口を見出していくことに貢献したという点で、プリミティブな段階から洗練された段階へとリニアーに展開していくという図式に乗って書かれた多くの日本映画史に居場所を定められ語られてきたのである。

しかし、谷崎が、映画に題材をとった文章に目をむけると、制作に対してなされた上のような解釈の仕方には回収しきれない、異なった趣きがそこにはあるだろう。際立っているのは、「人面疽」（一九一八年）と題された小品である。それは、自分が出演したという記憶をもたない活動写真を探す女優の当惑と、当の活動写真を見たという男から彼女が聞き出した話から成り立っている。男によれば、その映画作品というのは、ある花魁に恋焦がれていた乞食が想いを断たれ自殺するのだが、その後アメリカへ渡った花魁の膝にできた出来物に顔の貌で現れ出で花魁を苦しめ死に至らしめるといった筋のもので、最後に、他のシーンはともかくも、その顔として浮かびあがった膝の傷のクロース・アップだけは、どうにもトリック撮影ではないように感じられたという感想を彼が女優に語り、物語は終る。モダンや発展といった観念には回収しがたい、おぞましくグロテスクなイメージがこの小品には散らばっているといえるだろう。映画そのものが妖しい存在として形象化された物語もある。女装趣味に密かに耽溺する主人公の悦楽を描いた「秘密」では、主人公がその艶めかしい趣味において最も強いエクスタシーを感じる場所が映画館とされているし、小篇「魔術師」は、若いカップルが見世物小屋で奇怪な獣へと変身させられてしまう物語なのだが、その見世物小屋の近辺は他の見世物小屋と一緒に映画館が妖しくも立ち並んでいる、浅草に似た界隈なのである。

さらには、谷崎が映画について書いたいくつかのエッセイもまた、彼の映画への妖しい感受性を伝えている。上述の『アマチュア倶楽部』を制作していた頃、大正活映のオフィスで試写されたドキュメンタリー映画の試作品を見たときの彼の独特な気分を記している文章は、その典型である。蚕にはじまって絹が生成されそして晴れ着の着物が作られ出来ていくまでを記録したその映画について谷崎はこう書いている。

　云ふ迄もなく其れは極く普通の写真ではあったけれども、今迄非常に明るかった部屋の中が一度に暗くなって、而も其の壁へ小さく小さく、宝石のやうにきらきらと映し出されて鮮やかにくっきりと動く物の影は、次第に私をある奇妙な夢心地に誘ひ込んだ。暗黙の中を仕切って居る僅か三尺四方にも足らぬ光の世界、そこにもくもくと生きて動きつつある蚕の姿、——私はそれを眺めて居ると、ただ此の部屋の外に横浜の小さなる世界以外に世の中と云ふものがあるのを忘れた。(「映画雑感」)

これらの書かれたものを読むかぎり、谷崎は、新しく輸入された映画という装置の与える経験に、線形的な発展という考えに連結されるような類の近代という観念が連想させる以上のものを、疑いなく感じ、そして読み取っている。

だが、一九一〇年代、一風変った反応を映画に示していたのは谷崎だけではない。

佐藤春夫は、一九一八年、映画を物語に登場させた小説「指紋」を書いている。資産家出身でインテリの男が、欧州での放蕩の末阿片中毒となって帰国し、語り手である友人宅に身を寄せ、欧州の回想や日本での新たな体験の報告を語ることから話がはじまり、九州の阿片窟でその男が殺人事件に巻き込まれ容疑者となるものの、自らの手で嫌疑を晴らしていくというのが筋の中心になっている物語である。男の回想や報告や友人による語りの描写の仕方においてすでにフラッシュバックのような感を与えていて映画的調子をこの作品は強く持っているといえるのだが、とりわけ、ある日気晴らしに映画に行った主人公がそこで男優の指のクロース・アップを見たとき、事件現場に残されていた指紋を思い返しその一致を確認するという大団円が何よりも目を引くものとなっている。クロース・アップ映像において指紋を符合させてしまうというこの設定は、映画の科学性への期待がほとんどファンタジーの度合いにまで増幅させているのである。主人公は、映画を見る快楽を阿片によるトランス状態と等しいと述懐している場面さえある。

芥川龍之介もまた、自分は活動写真にあまり興味がないといった時おりの自身の言葉にもかかわらず、映画へのこだわりを、谷崎とまではいわないまでもあきらかに示している。芥川は、遅くとも一九一〇年代後半には映画への関心を露わにしはじめている。一九一七年そして一九二〇年に、映画を組み入れた二つの小篇を書いているのである。そのうちのひとつ「片恋」は、友人に電車で出会った語り手が、その友人から、ある逸話を聞くというものだ。芸者となった旧知の女中にその友人は再会した。その芸者は、浅草の活動写真の中に見た男に恋慕していて、その想いの強さのために、スクリーンの中の世界と外の世界の区別を失うかのようであったと友人はいう。「ヒステリイ」かもしれないし、いやそれ以上に不気味であったとさえいえるだろうと友人は感想を加えるのである。もうひとつの小篇は「影」と名付けられていて、不義の発覚から引き起こされる殺人事件が話の題材となっているものだ。しかし、それは、話の最後の最後になって、実はこれまでの話はある女と見ていた映画にすぎないと語りを担っていた話者の男が漏らす仕掛けが施されている物語なのである。しかも、その活動写真は上演プログラムに載っていなかったと男は女に聞かされるというオチまでもがついている。またその早すぎた晩年、芥川が、シナリオ形式の文体・構成を狙った実験小説『誘惑』そして『浅草公演』を書いているのもよく知られているとおりである。

一九一〇年代、映画の妖しさに魅了された作家たちはまだまだ続く。石川啄木もまた「時代閉塞」の空気を敏感に肌に感じながら、見世物小屋がひしめいて立ち並ぶなかに立つ映画館が漂わせる不可解な魅惑を見過ごすことができなかったようだし、永井荷風もまた、実際に書かれるのは昭和十一年になるとはいえ、「わたくしは殆ど活動写真を見に行ったことがない」という文からはじまり、浅草公園の映画館の看板が立ち並ぶ通りを抜けて行く散歩から物語がおこされる明治三十年頃の物語を書いたことはあまりに有名である。

以上をみただけでも、今世紀初頭、日本において、さまざまな作家たちがこぞって映画についての不可思議な思いを馳せた言葉を紡いでいたことがわかるだろう。だから、谷崎であれ誰であれ一人の作家の個性に映画の妖しさへの感性の起源を求めてしまうのは、ミスリーディングな振る舞いとなる。一九一〇年代、ミステリアスな相貌を呈しながら登場した映画は、むしろ、時代の意識のかたちの一角を形成していたと考えるべきなのである。

浅草の想像力

日本に導入された映画がミステリアスな相貌を漂わさざるをえなかったのには、背景となる諸文化が間違いなく関与していた。

なかでも、上のような文学的な映画観が生まれた東京、新しいかたちの都市として変貌を遂げつつあった東京において、いかなる存在として映画はその姿を成立せしめていったのかという問いは不可欠である。よく知られているように、日本映画のはじまりは、一八九六年の神戸での覗き箱において動画を覗き見るキネストスコープの上映であった。そして翌年、早くも大阪で、スクリーン映写が行われる。両者共に、すぐに横浜や東京にも広がっていった。このとき、しかし、映画は、西洋で発明された新奇な光学装置といった向きが強く、そのようなかたちで映画が定位していた期間はさして長かったわけではない。数年のうちに、新たな娯楽として人々に広く親しまれるようになるのである。そして、スクリーンに映写されたものが多数の観客に享受されるという文化形態としての映画を最も強い磁力で引き付けた場所が、東京であり、なかでも、浅草であったのだ。浅草こそ、人々の意識のなかでの映画という存在のイメージの輪郭をかたちづくっていった場所だったともいえるだろう。大切な点なので詳しくみておこう。インターメディア論的な視点をとるならば、映画が据え置かれた場所に、それ以前どのようなメディア文化、表象文化が栄えていたかは重要な問題なのである。

　浅草において映画館によって占められることになった区画は、もともと「ルナパーク」という人気を博した遊園地があった場所である。ルナパークそのものは、それまで、パノラマなどの新種のものも含んだ数々の見世物小屋が密集する区画に、一九〇九年に起こった大火事の後、つくられたものである。この火事以前も以後も、この界隈では、玉乗り、種々の踊り、猿回しと共に、電気やX線を使った見世物も興行されていたらしい。ミニチュアではあるが、六八フィートもある富士山までもしつらえられていたのだが、台風で倒壊した後は、日本で初の高層建築といわれるもする「十二階」と呼ばれた建物にとってかわられることになる。当時の浅草に充満していたものは、端的に言って、見世物性であり、猥雑であり、雑踏であり、妖しさであった。

　作家の久保田万太郎は、「吉原付近」というエッセイで、このような浅草に映画が導入されたころの様子を、「玉乗りだの、剣舞だの、かつぽれだの、都踊だの、浪花踊だの」といった「「見世物」の一部にすぎなかった「活動写真」」が、急速に成長し辺りを席巻し浅草公園の「支配権をほとんどその一手に掌握しようとした」と伝えている。

　浅草を満たす空気について、歴史を遡りながら語るエドワード・サイデンステッカーによる外からの視線も、逆に、主観を超えて存在していた文化のあり様を析出していて、ここでは参考になる。

　東京の浅草寺は、ロンドンのセント・ポール、パリにとってのノートルダムに当たる。W・E・グリフィスもこう書いているが、東京を訪れる外国人は、ほとんどがこの寺に強くひかれた。（中略）浅草はただ信仰の場所というだけではなかった——というより、いかにも日本の寺社らしく、同時にこの世の楽しみの（筆者注——肉体的な快楽）中心でもあった。[1]

サイデンステッカーが伝えようとしているのは、江戸において「悪所」と呼ばれもした、つまりは、区画整理された特権的な地政学的な空間としての浅草の背負い込んだ、両義的な文化の磁力にほかならない。この土地には歴史的に伝承されてきた文化の力が染み込んでいたということであり、映画が導入されたころ、その力はまだ相当顕在的であったということなのである。

より視覚文化に特化した側面もみておく必要がある。土地が持つ文化的な磁力に加えて、浅草をはじめとする様々な場所で映画へと流れ込んできた視覚文化の流れもおさえておくべきなのである。すでに触れたとおり、浅草自体、映画が導入される以前、パノラマ館で上演されていたパノラマが人気を博していた。代表的な前映画的装置といわれるパノラマもまた、多くの場合、映画と同じく、すぐれてモダンな顔をして、日本の近代化の華やかな文化装置のひとつとして受け入れられていたと解釈されることが多い。しかし、浅草のみならず上野などでも人々の視線に快楽を与えていたパノラマに描かれた戦場の絵図は、明治のはじめから着手された歌舞伎改良運動以前の歌舞伎の趣きをたたえたものであったことは見過ごされてならない。時代を遡れば、幻灯機、さらに遡れば、影絵などの前映画装置が日本にも存在したわけだが、それらの装置にも、光が照らす華やかさと並んで、闇が生む妖しげな魅惑も期待されていたという両義性があったのである。

こういうことだ。映画は、土地と視覚文化に共通して流れる、このような両義的な文化的想像力の系譜のなかにその居場所を見つけることになったということなのである。しかし、注意しておこう。映画を受け止めたこの両義性は、ある種の人類学的思考がなすような、高度に理論的な水準で理解されるべきものではない。江戸の都市空間自体、すでに幕府による都市計画の結果であり、そのような具体的な歴史性を十分に考慮に入れた枠組みのなかで捉えられるべきものなのである。映画に流れ込み映画から流れ出しているのは、いったいどのような形態の両義性なのか。時代の歴史性をしっかり視野に入れていかなる類の構造化を受けてきたのかを測定することこそが第一になされなくてはならない分析であって、それを高度に理論的な図式に還元してしまうと、映画をめぐる意識の形態分析は、歴史から無縁の存在として立ち上がってしまうことになる。具体的には、ここでは、明治から大正にかけて形成されていく日本の映画文化には、どのようなかたちの両義性がまとっていたのかが問われなくてはならない。

国民的想像力再考

では、一群の作家たちの映画への特異な感性が現れた一九一〇年代とは、そもそもどんな時代だったのか。人々は一般に、どのような意識様態のなかにあったのだろうか。ここでは、考察をさらにすすめていくため、一つの補助線として、意識や思考を最も強力に条件付けるとされる、言語実践の当時の様態に注目し、「映画」という言葉を生み着地させた、言葉というグラウンド及びそれが規定していたであろう、同時代の感性の基盤そのものを掘り下げて考察しておきたい。

よく論じられるように、日本が、国民国家体制の建設をどうにか完了するのが一九一〇年あたりである。経済的には、この時期までに、日本は産業化の土台作りを済ましている。日清戦争の後、軽工業が確立し、日露戦争の後には、重工業の発展にも一応の成果をみている。政治的にも、日清・日露戦争の勝利が、産業化の成功と相俟って、明治政府の権力体制の整備を後押しした。加えて、大逆事件が、国家権威を確立するのに大きな役割りを演じもした。このようなとき、人々の意識形態はどのようなものとして出来上がりいかなる特徴を備えることとなったか、つまりは、時にナショナルなアイデンティティの構築とも呼ばれる問題、それが近年さまざまな学問領域で取り組まれてきた。国家が意図的に伝播しようとするイデオロギーとしてのナショナリズムと別の位相にある、人々の間でいわば自立的にかたちを成してくる集団的アイデンティティとしてのナショナリズムの問題である。そして、そのような新しい意識形態の立ち上がりには、主として文学者の担った言文一致運動が大きく作用したとされ、それは、紆余曲折をみながらも一九一〇年前後にひとまずの完成をみていると議論されるのが一般的である。すなわち、中国から輸入され政（まつりごと）において広く用いられていた漢語、と共に京都の公家の言葉に基づいた文芸における大和言葉を凌駕して、一地方語であった東京（江戸）の言葉が、この運動のなかで整備し直され公的な言語として認知され使用されていく道筋がほぼ固まっていったのがこの時期であり、それが、そのような言語革命を推し進めた原因でもある近代的国家体制の建設を下支えする国民意識を形成するのに大きく寄与したとされるのである。付け加えておけば、もちろん、印刷機や蒸気エンジンの輸入と活用により新聞・雑誌等が相当量流通しはじめたのもこの時期であり、それが言文一致運動を主として担った小説運動を唯物論的に支えたこともよく指摘される事柄である。一九一〇年前後、ベネディクト・アンダーソンの図式でいうナショナリズムの言語的構造条件が日本にも整うことになったという議論である。

しかし、広く流通するようになる世俗言語の形成によって国民意識が形成されるという分析視角だけでは、先にみたような一群の作家たちの映画への特異な感性の出現は、説明しがたい現象となってしまうだろう。世俗言語を通して形成された、おそらくは世俗化された意識のなかで、どうしてミステリアスでファンタズマティックな魅惑が、近代の発明にほかならない「映画」をめぐる意識のなかに立ち現れることとなったのか、それをストレートに説明することができないのである。そこで、ここでは、アンダーソンによるナショナリズム論をいま一度再考し、ナショナルな意識には必ずしも世俗性だけでは片付けられない境位が内包されていることを明らかにし、映画への不可思議な感性の出現に対する分析フォーマットの練り直しをはかっておこう。

実のところ、アンダーソンによるナショナリズム論『想像の共同体』の議論構成は、単純に、いましがたみたような、集団的アイデンティティとしてのナショナリズムの形成に対する世俗言語のヘゲモニックな流通の確立の重要性を指摘するという論点だけで成り立っているのでない。その著の冒頭、アンダーソンは、なにゆえ人々は危険を冒してまで自らがコミットするネイションのために身を呈するのかという問いにもともとの関心があると記してもいるのだ。論展開上にふと出来したわき道の議論あるいは不用意な論の運びなどといったかたちで傍らに追いやるべきものではないだろう。世俗化という議論だけがこの書が取り組もうとした問題ではなかったのではないか。つまりは、ナショナルな意識形態があくまで世俗の地平を目指して形成されていくものであるにもかかわらず、なぜ人々はネイションに自らを犠牲にしてまで賭けるのか、この世俗化をめぐるパラドックスこそ、アンダーソンが挑もうとした問いと考えるべきなのではないだろうか。事実、いささか性急に流れている議論を補填しながら詳細に読み解くとき、アンダーソンのナショナリズム論の骨格は、そのような問いをめぐって展開していることが明らかとなってくるのである。

言語の世俗化ということに関して、アンダーソンが強調しているのは、時間のモードの根本的な変容という点である。この点を彼は、アウエルバッハの『ミメーシス』に言及しつつ論じている。彼の議論はこうだ。近代以前の時間経験においては「たとえばイサクの生贄のような事件がキリストの受難を予兆するものと解釈され、したがって、前者において後者が告知され約束され、後者が前者を充足するならば、時間的にも因果関係のうえからもつながりのない二つの出来事の間にひとつの関係が確立され」ていた。出来事は、「神の配慮によって垂直に結び付けられ」ていたのである。「いま」と「ここ」は、「神の眼前において、永遠のもの、恒常のもの、地上の断片的な出来事においてすでに完成されたもの」だったのである。いわば、すべての出来事は、系列的にではなく、神を背景に、同時性において結合していたのである。アンダーソンによるならば、アウエルバッハこそが、「こうした同時性の観念が我々にはまったく異質なものであることを正しく強調してい」たのであり、このような同時性がかつて存在していたという事実に十分な注意を払うことなしに、「ナショナリズムのあいまいない起源」を理解することはできないのだ。そして、この同時性の時間観念が、「均質で空虚な時間」の観念に、つまりは「時計と暦によって計られる」時間観念に、取って代わられたのだとベンヤミンに倣い論じていくのである。より具体的には、世俗科学の諸成果と共に、出版資本主義の実現した新聞と小説の説話論的な言語形態上の新しい特性が、そのような「均質で空虚な時間」の立ち上がりに関与していると指摘し、そのような言語形態においては、出来事A、出来事B、出来事Cが、内在的連関性が示されることがないまま同一新聞紙上に載せられることとなり、結果、それら出来事が、時系列のなかのある日付において、ある拡がりをもった空間において存在したのだと了解する認識の機構が醸成されることになったと説明したのである。そして、数学的に整理された抽象的な時空間形式が共有されると、それを互いに共有していると想像しうる想像も生まれることとなり、それを基に、人々は互いを「同胞」として意識するようになる、とナショナルな意識形態の形成過程を分析したのである。[2]

だが、実は、アウエルバッハは、言及されている当の著作『ミメーシス』において、近代ではある種の時間性が別の時間性にまるごと取って代わられるなどとは主張していないし、また、単純に垂直的な時間が中世において支配的であったとも主張していない。『ミメーシス』におけるアウエルバッハの問題設定は、「諸現実（realities）」を表象する複数の文体が、西洋の文明史においては、どのように混交し変容してきたかを問うといったもので、そのような文体の混交と変容は、近代においても続いているというのが基本的な議論構成なのである。

アウエルバッハによるなら、西洋の文明史においてそもそも諸現実を表象するのに二つの代表的な文体があった。ひとつは、古典古代時代に起源をもつ――つまり、典型的にはホメーロスの――文体であり、他方のひとつは、ユダヤ・キリスト教の聖典において使われた文体である。前者の文体は「すべてを入念に形象化する描写、均一な照明、隙間のない結合、自由な発言、奥行きのない前景、単純明瞭な一義性、歴史発展や人間的・問題的な要素の乏しさ、という特色をもって」いるが、これに対して、後者は「光と影の際立った対照、断続性、表現されないものを暗示する力、背景をそなえた特性、意味の多様さと解釈の必要、世界史的要求、歴史の展開に関する概念の形成、問題性への深化、などの特色をもっている」とアウエルバッハは説明する。[3] 文体様式をめぐるこの議論は、描写された出来事や所作を結ぶ因果性の本性に関わるものであるともいえるだろう。ホメーロス型の文体においては、個々の出来事は、一様に必要事項について完璧に明示されている。出来事の相互関係は徹頭徹尾明白であり、いわば水平に結合されているのである。対して、旧約型の文体においては、各々の出来事は、その描写される輪郭がぼかされ、因果性に関して奥行きを感じさせ多様な解釈を許す陰影をかたちづくることになっている。しかし、最終的な審級においては、神の意志もしくは摂理といった普遍的な真理によって支えられているのであり、いわば、垂直に結合されているのである。西洋の文学はこれら二つの文体が混じり合い様々な言語実践の形態を生み展開したのだとアウエルバッハはいうわけだが、彼が加えて指摘するには、ふたつの文体の混交した言説形式は西洋文明における世界観を二方向から規定もしてきた。単純化して言えば、二つの文体の混交は、世界を出来うる限り隈なく写し出そうとする世俗のベクトルに、神の意志、つまりは人間性の価値そして生や死の意味といったものを探るベクトルが交差する世界観を構築してきたとアウエルバッハは主張したのだ。そして、そのような二方向の世界観を潜在させる文体の混交の歴史的一形態として、近代のリアリズムも出現したのであり、そこで立ち上がったのが、崇高な輝きという価値を放つ自己犠牲のドラマトゥルギーを淡々とした世俗的日常性において現出せしめるという言語実践だったのだと論じたのである。「英雄」ではなく市民あるいは「普通」の人の生が悲劇性を秘めドラマタイズされるという物語のかたちが生まれたといったのである。[4]

　アンダーソンはアウエルバッハを強引に単純化して引用しているともいえるかもしれない。けれどもアウエルバッハに正確にしたがってアンダーソンの議論に立ち返るならば、アンダーソンが本当のところ取り組んだ、ナショナルな意識における世俗性をめぐるパラドクシカルな問題がより鋭角的に析出されてくるともいえるだろう。アンダーソンは、世俗の世に人々が命を賭してまでコミットしようとするナショナリズムは、世俗語に適しているとされた文芸モードであるリアリズム小説を支える文体（の複合体）が背景にあるからこそ、その文体に潜む禍々しい垂直の力に起因していると、より明示的に、より周到に論じることもできたであろうからである。

言文一致の不安

　以上のようなナショナルな意識の形態分析は、ある程度まで、言文一致運動をひとまず完了した「日本」に立ち現れた集団意識にもあてはまるものだと思われる。言文一致運動という日本における言語革命は、世俗化という局面だけではなく、均質時間への移行の局面でも進んだことはすでに指摘されている。公的に太陽暦が用いられることになったのはもちろんのこと、「時」よりもしっかりと線形的な時間性に合致した「時間」という語そのものが案出されるのもこの時期である。建築史などの分野ではこの時期に均質空間的な考えが出現したことがつとに話題にされてきた。重要な局面である文学論でも、蓮實重彦によれば、樋口一葉の『にごりえ』において、新しい時間性の説話のなかへの導入が看取できるのであり、それこそが小説を小説たらしめる、筋の展開の駆動因、エニグマを発生させるはじまりの言語実践になっているという。[5] また、柄谷行人は、自身も指摘しているようにアンダーソンと類似した議論を、同時期『日本近代文学の起源』において展開していた。[6] それは、言文一致において「日本」人に「内面」が現れ「風景」が立ち上がり「現実」が現れるようになったという論点を打ち出していたばかりではない。同時に、存在論的根拠を見出せないまま、眼前に広がる光景にもしくは内側に反省された自我空間に立ちすくむ「孤独」の人が登場するとも分析していたのである。言文一致後の日本における物語は、物語を紡ぐとき、そのような一種のパトスに浸されていたことを柄谷は喝破していたのである。であるなら、そのようなパトスが、それに適合する、なんらかのトポスを欲していたとしてもなんら不思議ではない。

このような新しい言語環境が社会に立ち上がりつつあるとき、映画という機械は導入されたのだ。その際、ダイナミックな歴史的想像力を持つ浅草という土地に映画は定着し、加えてそれまでに流れ伝わってきた多彩な視覚文化の感受力の系譜に連なることを引き受けさせられたのである。このとき、映画という新奇な対象は、言語的想像力を凝縮するトポスとしての機能も併せもたされることになったのではないか。別の言い方をすれば、映画は、物語に織り込まれるとき、浅草というトロープ（文彩）と結びつくことで、言文一致後の物語想像力の因果のうねりの凝集点となりえたということではないだろう。

一九一〇年代前半、おそらく、映画館というトポスこそが人々の意識における映画であり、想像力を惹きつける場であった。しかし、それは、長くは続かなかったようだ。映画が場所性においてみられるかぎり、近代と伝統の間で、それなりの安定した位置を占める位置を認知しえたといえるのだが、一九一〇年代後半、人々が、映画に媒体としての機能、つまりは、何かを映し出すものという機能を認知しはじめるのである。映画は、魅惑の空間としてだけでなく、表象する、意識を媒介する存在となっていくのである。夢を映し出すことを夢見られるという二重化された存在として立ち上がりはじめたともいえるだろう。そのとき、人々の映画をめぐる想像力も大きく変容していかざるをえなかったようだ。

議論を少し先取りしておけば、言説空間のなかでの映画の位置は、かなり不安定なもの、より正確に言えば、不安定であることこそがその特質であるかのようなものとなっていく。そこには、映画を取り囲む言語的状況、すなわち、言文一致後の言説空間が、日本語特有の困難に穿たれていたこともおそらくは関与している。丸山真男以来多くの論者が考察してきたように、日本には、西洋文明が抱え持つ唯一絶対神のような超越者が人々のコスモロジーのなかに立ち上がることはなかった。それは、先の議論の仕方で言えば、水平的な因果性を準備する描写的な文体形式は、写実主義というイデオロギーや翻訳という言語実践を通して日本語のなかに導入されえたとはいえるのであるが、全ての因果性を垂直性において支える究極原理のような超越者は、日本語の言語構造が所有するものではなかったことを示している。言語が中心を欠いた宙吊り状態で刷新されていくなか、映画は、相対的に安定した喚起力を保持していた新奇なトポスとしての存在から、人々の夢を映し出すことが夢見られる存在へと、その位相を複雑化していくのである。その複雑化には、けれども、さらに様々な要因が関わっていたようである。

2　映画と汽車

場所としての映画から表現としての映画へ

一九一〇年代後半以降の映画をめぐる日本の状況を最も特徴づけていたのは、冒頭で少し触れた谷崎の映画への関与も含んだ、純映画劇運動と呼ばれる映画の刷新運動である。この運動の勃興は、映画をめぐる人々の意識が、その場所性よりも、その表象性に移動しはじめたことを如実に示している。「映画劇」という呼び名自体がそれを物語っている。また、事実、この運動は、日本における映画の最初の本格的な改良運動、すでに西洋から輸入され鑑賞されていた相当量の作品群に触れていた映画人やら批評家が、それらに負けぬように、日本の映画も対抗しうるだけの質を備えなければならないという不満から誕生したものであった。とはいえ、これを、多くの研究書が論じてきたように、映画史一般が辿る発展史を同じように辿るであろう日本映画史における重要なターニング・ポイントとして位置付け済ましてしまう解釈は、本稿の採るところではない。この運動のなかで、日本における最初の映画理論書といっていい帰山教正の「活動写真劇の創作と撮影法」が上梓され、帰山が監督した『生の輝き』（一九一八年）や『深山の乙女』（同年）をはじめ、先に触れた、モダンな谷崎とハリウッド帰りの栗原トーマスが共同で制作した作品が生まれたのであるし、クロース・アップ／ミディアム・ショット／ロング・ショットの区別などの映画文法も意識的に使用されるようになり、効果的な照明の方法論も導入され、さらには女形ではなく女優の起用といった映画固有の演出法も模索されたのだから、一般に理解されるところの映画の発展に寄与した運動であったとするのはあながち不当な解釈ではない。しかし、そのような視点からだけでは、この運動の孕んだ力線の拡がりを見逃してしまうこともまた間違いないのである。どのような表現媒体になっていくべきかという問いは、必然的に、表現媒体とは何なのかという問いを条件づけている、より大きな言説空間に依存しているのであるし、先にも触れたようにこの時期、日本の言説空間は多くの困難を抱えながら推移していたところもあるのだ。だから、映画への反省的な意識のかたちは、映画を超えた問題機制のなかで照射されなければならないのである。

無軌道な「活動」エネルギー

ほかならぬ、純映画劇運動を推進した言語的な活動自体がそういった点へと注意を促している。当時、映画への反省意識は、多くの映画雑誌の発刊を促し、日本における最初の映画評論ブームを興していた。そのなかの代表的な映画評論誌のひとつであった『活動之世界』は、その創刊号において「創刊に臨みて」と題された、次のような、現在の瞳を激しく戸惑わせるような文章を載せている。

> 国家の発達は、国民の元気に在り、国民の元気は、国民の活動に存す、国民活動せざれば、元気消滅して国家亡ぶ。
>
> 活動は動く也働く也、動く者は栄え働く者は富む、蓋し生物界自然の大法則にして、未だ動かず働かずしてしかも而して克く繁栄する者は之あらざる也、（中略）動くに目的を有する固より可也、然れども目的を有せざるも亦可也、唯だ動き唯だ働かば其れにて宜しき也、動くは他人の為ならず、働くは自己生存の要事なれば也、凡そ人も目的なき行為はなし、全く目的なくして動き得るものには非らざれど、必ずしも、結果の為めに動き、希望の為めに働くを要せざる也、無心の散策も健康に益あり、無意の放歌も腹減しに効果あり、目的無くして働くは無益なりとて、室に座して空しく慮るは、時に眼前の幸福をさえ取逃がす事ある也、犬も歩けば棒に当る、未だ昼寝の猫を捕へしためしあるとを知らざる也。（中略）
>
> 本誌は、国民の元気活気を鼓舞振作し、其の活動奮闘の伴侶となりて、倶に向上の一路に進み行かんことを目的と為す。[7]

この文章は幾重もの意味で興味深い。まず、明らかに、国家意識高揚の文脈で、活動写真の重要性が説かれている点が挙げられる。活動写真を扱う雑誌にしては、あまりに露骨なナショナリズムが跋扈しているのである。しかし、それは、次のようなテクストの特徴と重ね合わせて考察されるとき、単純なレヴェルでの国民国家主義という解釈図示をはみ出る力学をもつものであることがあきらかとなる。すなわち、ここでは、「活動」という語が、「活動写真」の「活動」を充て込んで用いられているのが出発点になりながらも、次第に、その用法の驚くほどの逸脱がはじまり、滑稽ささえ噴出しかねないほど意味が展開されることになっているのである。「活動」は、活動写真を飛び越えて、労働に関わるものから、身体的な運動、さらには政治的な行動までも意味するにいたっている。その上で、これらすべての意味展開が、国家のための「活動」という大風呂敷なテーゼに押え込まれているのである。特定の語を、意味を強引に引き伸ばしながら使用することが可能であったという事実それ自体が、日清・日露戦争に勝利した後の、そして第一次世界大戦へと向かう（書き手と読者のかたちは異なっていたであろうとしても）気分の高揚を示しているともいえる。だが、それに加えて、やたらと「動く」ことが――「無心」なそして「無意」な、はては「目的有せざる」「動き」が――国家を語るには不見識と覚えなくもないほどに褒め称えられ推奨され、ひいてはそのエクリチュール自体が動き回ることになっているのだ。「動く」ことの推奨、それと連動した言葉の無軌道とも思われる羅列は、具体的かつ現実的な目的を設定できないままに言葉があられもなく飛び廻わっているかのようでさえある。因みに、特定の映画作品を対象とするのではなく、映画（館）一般に生じる経験の形式を対象とする、国家の介入がはじまるのもこの時期である。『活動之世界』が創刊された一九一六年、文部省が、推薦映画制をはじめているし、翌年には、警視庁による「活動写真興行取締規則」が公布されているのである。国家が誇りうる繁栄を享受しはじめつつも、厳然と現われはじめている国家による映画の取り込みに無残に引き裂かれまいと走り回っているエクリチュールが、活気溢れる映画ジャーナリズムを担っていたのである。

単なる映画雑誌、二流の雑誌の文章ではないかということはできない。映画は当時最も注目を集めているザ・メディアだった。しかも一九一六年にはユニバーサル映画の支社が設立され、翌年よりアメリカ映画が本格的に映画館を席巻しはじめる。すでに輸入が促進されていたヨーロッパ映画と共に、日本は、欧米諸国の文化を華やかに映す輸入映画で溢れかえっていたのである。映画ジャーナリズムも、これに呼応して、類のない活況を呈していたのである。

雑誌『活動之世界』も毎号のように、著名な政治家が、「活動写真」の「活動」に結びつけて、「活動」することの重要性を論じているのである。創刊号には、ある貴族院議員の言葉、続く号には、時の文部大臣、東京都知事、衆議院議員、はては、後藤新平や渋沢栄一までもが、バラエティに富んだ「活動」論を寄せている。大隈重信の箴言さえある。あえて繰り返すならば、彼らは、必ずしも「映画」について語るわけではない。「国民」が「国家」のために「活動」することの大切さを異口同音に説くのだ。創刊号においては、英文による目次まで付されている。内側だけに向いた国民主義というよりも外へ開いていこうとするこのような傾向は、一般に、『活動之世界』にかぎらず、多くの映画雑誌にも共有されているものであった。一九一五年に創刊された『活動写真雑誌』は輸入された映画作品群を手本として丁寧に賞揚し続けたのだし、一九一七年にはじまった『活動画報』は、帰山教正も寄稿していた雑誌であるが、西洋から紹介された映画の諸理論や映画についての様々な用語の翻訳を載せ、それらに基づき待ち望まれるべき映画の姿を模索しているのである。「活動」の熱気は、単純な意味でのナショナリズムに回収できるようなダイナミズムではなかったのである。

映画を刷新しようとする純映画劇運動が包みこまれていた言説空間は、アンダーソンが説いたような集団意識形態としてのナショナリズムを条件づけていた言説構造が規定していた空間ではある。しかし、世俗語という語から漠然と連想されるような透明な均質性はここにはまったくない。むしろ、なんらかの熱情に突き動かされるがごとく無闇に廻りつづける言葉があるだけなのだ。そのような言葉どもに、日本における映画は翻弄されているのである。映画を改良しようとする意識は、多岐に散逸する夢のなかで身悶えしつつ、あるべき方向性を手探りに探っていたわけである。

だから、純映画劇運動を、西洋の映画史をモデルにする映画発達図式に従った日本映画史発展への決定的第一歩としてだけ把握するのでは明らかに足りないのである。国家の権威確立以後の日本社会という側面や、言文一致以後の言説空間を視野に入れるとき、「国家」なるものや「国民」なるものと結託し展開していた純映画劇運動の姿がすぐさま浮かび上がってくるのである。しかも、その結託は滑稽なほどだったのであり、そのことの意味は、もしかすると、ナショナリズムの形成という問題系をも超える拡がりさえもっていたかもしれない。大正時代は、国家が己の権威を確立した後、内側で民主主義、外側で植民地主義を推し進めた時代である。蓮實重彦は、大正時代の空気を特徴づけるのに、「楽天的」な「抽象性」という語を使っているが、そのような空気は、日本の内在的な展開のなかでだけ醸成されたものではないはずで、日本が海外の動きと接するなかで準備してしまったものでもあるだろう。そのような不気味な楽天的抽象性のなかに、映画をめぐる意識の変容、場所的存在から表現媒体へと変貌をすすめる意識の変容は在ったのだ。言い換えれば、純映画劇運動、そして映画は、「国民」に取り囲まれていただけではなく、さらに大きなうねりのなかに居たかもしれないのである。それを炙り出すためには、しかし、さらにいくつかの迂回を経なければならない。

映画の速さ

谷崎に戻ろう。谷崎は、一九二〇年前後、トポスとしての浅草に親和性を見せる映画から軸を移動させはじめている。例えば、『アマチュア倶楽部』制作中に書かれた「鮫人」（一九二〇年）において、相変わらず映画が浅草とセットで描かれているのであるが、しかしそこでは浅草の機能が微妙に変化しているのである。土地の磁力というよりも、「浅草」という場を貫く「動き」にこそ焦点は充てられているのである。

浅草公園が外の娯楽場と著しく違って居る所は、単に其の容れ物が大きいばかりでなく、容れ物の中にある何十何百種の要素が絶えず激しく流動し醗酵しつつあると云ふ特徴に存する。若し浅草に何等かの偉大なものがあるとすれば、この特徴より他にない。云うまでもなく社会全体はいつも流動する。いつもぐつぐつと煮え立って居る。けれども、浅草ほど其の流動の激しい一廓はない。

浅草の土地や歴史の磁力に根差した魔の魅惑はここにはない。そうではなく、浅草を旋回する「流転」の力に筆が酔いはじめているのである。浅草は、「渦巻」であり、「年々に輪をひろげ、波紋を繁くし、周囲に漂うて来る者を手当たり次第に呑み込んで育って行く」と言い放った後、谷崎は加えて書く。

だが、たった今巻き込まれた物がいつ何処へ行ってしまったのか？　依然として其処に渦巻はあるが巻き込まれた物はもう見えない！　正に、浅草は其の通りである。われわれが覚えてから二十年来あの公園にはさまざまな物があった。（中略）それらは今、どこへ行ってしまったろう？　たとえば、あのパノラマはどうしたか？　ルナパアクはどうしたか？　ジオラマやキネオラマはどうしたか？　珍世界や猿芝居や女相撲はどうしたか？　現に活動写真館が軒を並べて居る場所には昔何があったか？　近い話が一時あれほどの人気を集めた井上正夫や木下百合子は何処へ行ったか？　此等の慌しく通り過ぎたものは統べて幻影だったのであるか？（中略）斯くの如く此の公園の流転は激しい。

「流転」の力は、続く文章でさらに具体的にその謎の力が説明されている。

そうして見逃してならぬ事は、それらの流転しつつある物をひとつひとつ子細に検べると、孰れも此れも殆ど悉く俗悪な物、粗雑な物、低級な物、野卑な物であるにも拘わらず、ただ其等が目にも留まらぬ速さを以って盛んに流転するが故に、公園それ自身の空気は混濁の裏に清新を孕み、廃頽の底から活気を吹き、乱雑の中に統一を作り、悲哀の奥に歓楽を醸し、不思議にも常に若々しく溶々たる大河のように押し進んで行くのである。

「流転」の魅力は「速さ」の力が旋回していることに起因していたのである。しかし、このことはいったい何を意味しているのだろうか。

不可視の都市

ここで、インターメディア的な視点から都市の問題をいま一度取り上げておく必要がある。都市とは、人々の意識を媒介するものとしての地理空間の問題にほかならないからである。歴史を背負いつつ近代化をすすめていた浅草ではなく、都市化がすすむ東京全体の問題がここでは重要である。映画館も、浅草だけでなく、各地に急速に拡がりつつあった。いくつかの性急な議論がときに早とちりするのとは違って、実は、一〇年代というのは、大枠のところでいって、物理的なレヴェルで、東京の景観は、近代化されていたとはいいがたい。少なくとも、西洋近代的な意味での近代からほど遠いものがそこにはあった。多くの東京都市計画の歴史を洗う研究が示しているように、関東大震災以前は、東京において大規模な都市計画が実施されることはなかった。震災以前は、江戸時代からの都市的遺産が東京の大半に残存していたのである。日常において、視線を集めるはずの新しい政府の建物でさえ、多くは大名屋敷を流用していたのが実情だったのだ。震災直前にいたってなお、新聞などでは、東京の道路がぬかるみすぎていて歩けないという投書が数多く寄せられているというほどのありさまだったのである。衣服もまだまだ着物が圧倒的であった。端的に言って、都市の景観のレヴェルでは、一九一〇年代、東京に、つまりは、日本に、「近代」は未だない。

他方で、しかし、話がややこしくなるのだが、近代的なものへの憧憬は日増しに強くなっていたようだ。人口は、この時期爆発しており、一九一〇年から一九二〇年にかけて二倍に膨れ上がっている。また、ミクロなレヴェルではあれ、洋風でモダンなバーやレストランそして劇場などもぼつぼつ建設されはじめていて、来るべき都市の姿を予兆させていたのである。西洋建築的な概観をもつ三越呉服店のような百貨店があらわれ、近代的な消費意欲を煽ることもおこなっている。ところどころでは、まったく新しい何かが噴出しはじめていたということなのだ。つまり、十分に物理的に実質化された都市化が推移していたというよりも、あちこちで散見される、かつて見たこともないものの光景に鼓舞されながら、これから訪れるであろうものに不確かな心持ちで思いを馳せていたというのが実態だったのである。そのようななか、とりあえずは「西洋」や「近代」やらの言葉を用い、時代の気分の高揚を手なずけようというのが、一九一〇年代後半の東京の景観事情の現実だったといえるだろう。西洋からの観念や用語を、原語と翻訳を問わず、曝されていた知識層であればなおのこと、そのような、近代への不安定で不確かな夢想に日々促される度合いは加速化されていたといえるだろう。理念的な近代と現実の近代との乖離が、想像力をますます先鋭化させずにはおかなったからである。都市は不在で都市への夢だけが肥大していたのである。純映画運動が立ち上がった時期とは、そのような時期だったのである。

汽車に乗る映画

不可視の都市のなかで、以前とは位相を変えながらも、想像力の凝集点となっていた映画の「速さ」は、しかし、より特定化された形象化をすぐに蒙りはじめる。先にみた谷崎の小説「鮫人」は、「電車の混雑と路の悪さ」がいやで「浅草の本願寺の裏」にこもっている主人公から話がはじまり、タクシーに相乗りした友人たちの主人公に対する噂話で終わるという物語である。浅草を挟んで、新種の乗り物が、「速さ」の感覚を際立たせている構造になっているのである。

そして、このような新しい映画への態度の出現は谷崎だけではない。

実は、すでに触れた芥川による一九一七年の短編「片恋」においてもすでに速さは登場していた。映画俳優と恋に落ちた芸者の話を聞かせる友人に語り手が出会うのも「電車」であれば、芸者の話の一部始終が語られつづけるのもその「電車」のなかである。しかも、その話の合間合間には、あとどれくらいで停車場に着くのかといった文が執拗なくらい差し挟まれている。芸者が、恋慕する当の俳優に「幕の上で」出会うのは浅草であるのだが、再会するのは別の地区の映画館である。芸者と俳優のヴァーチャルな接触と同じくらいの強度をもって、この短編においては、語りの構造が電車に枠付けられることで、映画が物語のなかで現前するのである。あえて言えば、浅草だけでなく、電車も、映画に親和的な存在として立ち上がっているのである。同じくすでに言及した、一九二〇年の短編「影」においては、浅草はすでに姿を消してしまっている。その代わりに、男が見る映画のなかにおいて繰り返し現われるのは、「電車」なのだ。まるで、映画の体験と電車に乗る経験がどこかのレヴェルで等価であるかのように、二つは物語のなかで繋がっているのである。

映画と汽車・電車の結びつきは、一見するほど唐突なものではない。むしろ、世紀の変わり目におけるその結びつきは、単に近代化がすすめた技術的達成の二つの代表的な事象例という共通性を超える親和度の高さを表示していると欧米の多くの研究は近年強い関心を向けてきている。実際、二つは、世紀の変わり目において、娯楽の現実態として相当接近し合っていたようなのである。例えば、トム・ガニングは、両者に見られる、視覚的なスリリングさが、世紀の変わり目における新奇な娯楽アトラクションを形成していたことを指摘している。[8] ここでは、国民的想像力を世界史的コンテクストで捉えるパースペクティブを探りながら、この映画と電車の言語的表象をめぐる問題を理論的に定式化しようとした、アメリカの先鋭的な批評家フレドリック・ジェイムソンの議論を参考にし考察をすすめていきたい。[9]

ジェイムソンの立論は、一九世紀末にはじまる帝国主義時代に、西洋知識人の一般的なレヴェルでの知性において、とりわけ文学的な想像力において、特殊な形式が当時現れるにいたっていたという判断から成り立っている。自分たちの生活の基盤を底支えしている世界について、その存在及び自らの国とのある種の関係性についてぼんやりと知りつつも、しかし、具体的には想像しえないという状況がそこにはあったのだとジェイムソンはいう。そして、そのような想像力の陥没を埋めたものが、移動する視覚であったと、とりわけそれが文学実践においては先鋭化されたかたちで観察されると論をすすめるのである。どういうことか。

具体的には、一九世紀末の英文学における、汽車からの眺めという視覚経験の言語的表象をとり上げ、そのような言語的表象が、いかに遥かなるものへの憧憬を立ち上げていたかをジェイムソンは分析してみせたのである。汽車の視覚が生んだものは、流れる風景という新しい視覚経験だけではなかった。それ以上に、そのような流れゆく視覚という事態そのものを純化することで、果てしのない先という意味を内包する無限概念を美学的に創出するという思考メカニズムを可能にしたと論じたのである。それは、別の面から言えば、経験を描写する言語において、その意味内容よりもその形式性が突出する。つまりは、後者が直接的に指示されている内容を超えて別種の抽象概念を同時に志向してしまうという新しい言語経験が生まれたということであり、がゆえに、それが、モダニズムという文学運動を準備したといいうると論じてみせたのである。逆から言えば、視覚を純化させ、その言語的表現の形式性を突出させる言語実践は、無限という憧憬を立ち上げつつ、同時に、その存在についてはなんとなく知ってはいるものの具体的に想像し得ない被植民地の姿を隠蔽することにもなっていたとジェイムソンは喝破したのである。ジェイムソンが付け加えるに、このような文体の出現は、映画の出現と軌を一にしていたことは見過ごされてはならない。動きを視覚的に表象することを任務とする映画は、汽車と同じように、視覚経験を突出させ、視覚形式そのものの魅惑を先鋭化させていたからである。映画は、汽車と共に、帝国主義の世界を恍惚感に浸りながら眺めまわす思考に加担する視覚技術となっていたのであり、それは抑えておく重要な事柄であるとジェイムソンは批評したのである。

地政学的無意識

つまり、映画と汽車の問題は、単なる歴史上の近接性や片方への他方の登場の頻度といったレヴェルを遥かに超え、近代それも帝国主義時代の近代をめぐる経験についての問題系を本質的に共有するふたつの存在であったということなのだ。汽車そして映画の視覚を論じたジェイムソンは、個別具体的には、帝国主義時代の、特異な地政学的意味合いをもった地域、アイルランドに注目して議論を展開していた。この点に関する彼の議論をさらに詳細に検討することはできないが、日清・日露戦争に勝利を収め韓国併合に着手した一九一〇年前後日本の状況は、アイルランドとは異なる地政学的方向付けにおいてではあっただろうが、非西洋でありながら帝国主義的な列強に加わってしまったという点で、同じような強度をもって世界システムのねじれを経験していた国として世界地図のなかに位置していたという議論は成り立ちうる。われわれは、そう論の方向を整えた上で、「流転」の「速さ」の計測をさらにすすめていきたい。

実は、このことを考えるのに、恰好の文学的想像力がある。夏目漱石である。

時に指摘されるように、漱石の多くの作品は、汽車のもつ文学的あるいは言語的喚起力に極めて敏感である。東京と四国の往還が物語背景の重要な枠付けとなっている『坊ちゃん』をはじめ、主人公を九州から東京へと運んでくる『三四郎』、「汽車の見える所が現実社会と云ふ」という文まで登場する『草枕』、住家と実家とを電車で往復することが説話論的に不可欠の機能を果たしている『それから』、通勤電車の役割を抜きには読みづらい『門』、「停留所」が物語上重要な場として登場する『彼岸過迄』、汽車により嵐の夜兄嫁との同宿へと誘われる『行人』、「先生」の「遺書」を受け取り駆け込んだ汽車でその遺書が読まれる『こころ』、大手術の後かつての恋人のもとへと向かう主人公を汽車が載せていく『明暗』、自己の実体感の喪失と汽車の乗車感覚を結びつけた『抗夫』など枚挙に暇がないのである。もちろんこれらの言語実践にはさまざまな狙いと意図があったと思われるが、ここでは、特に、柄谷行人がとりあげた、『それから』から次のような興味深い文章に注意を引きたい。

> 四つ角に、大きい真っ赤な風船玉を売っているものがあった。電車が急に角を曲がるとき、風船玉は追懸けてきて、代助の頭に飛び附いた。小包郵便を載せた赤い車がはつと電車とすれ違うとき、又代助の頭の中に吸ひ込まれた。煙草屋の暖簾が赤かった。売出しの旗も赤かった。電柱が赤かった。赤ペンキの看板がそれから、それへと続いた。仕舞いには世の中が真赤になった。さうして、代助の頭を中心にしてくるりくるりと炎の息を吹いて回転した。代助は自分の頭が焼け落ちる迄電車に乗って行こうとした。

因みに、柄谷は、この文章を受け、「このような激烈な『赤』のイメージ」は、「時代・社会に現実的にあるありようを探っていくと個体そのものが消えてしまい、個体そのものを探っていくと時代・社会が消えてしまうような仕方でしか存在していない」という存在論的な分裂状況をかろうじて綜合しようとした「生の内的イメージ」だと説明している。[10] これを、われわれの議論にひきつけて言い換えれば、次のようになるだろう。帝国主義と呼ばれる世界状況を垣間見ながらも、それらの像を切り結ぶ観念にしろ概念にしろ持ち合わせていない状況にあって、しかし手持ちの語彙でいかにそれに格闘しうるかということを問おうとした、分裂のなかで必死でもがこうとした知性がここには看取できるのである。ジェイムソンの分析が析出した、ロマンティックな「無限」の感覚が恍惚として放たれる汽車の表象と対照的に、「激烈」な「赤のイメージ」による日常の矛盾を超える想像力の飛翔が描出されているともいえるだろう。「頭が焼け落ちる迄電車に乗っていこう」という果てしのなさがここでは絶望的に志向されているからである。

このように補助線を引くことによって、谷崎や芥川の汽車・電車の問題へ、それらが物語のなかであるいは説話論上独特なトポスとして機能していたことの問題へより周到に近づくことができるだろう。漱石が書く行為に挑んだ時代と、一九一〇年代後半以降とは、その言説空間のあり方において当然決定的に異なっている。芥川は、「激烈」なイメージなどではもはや対応できない、不可思議な恋愛感情あるいは瞑想する自意識といった、半ば形而上的半ば骨抜きにされた魔力のイメージしか、「汽車」というトロープに与えてはいない。作家の個人的な力量の問題ではない。「不気味な」くらい「楽天的な」大正時代においては、そのようなものとしてしか汽車は文学的な喚起力をもちえなかったのである。

汽車が消えていく姿をしっかりと見届けておくためには、

しかし代わりに現れはじめた、新たなトロープ、そしてそれが汽車を追い立てていく様を描き出す必要がある。

3　映画と顔

『アマチュア倶楽部』の二面性

冒頭でも触れたように、一九二〇年に、谷崎は、純映画劇運動の達成の一つといわれることになる『アマチュア倶楽部』という映画制作に関わっている。すでに触れたように、サイズの異なるショットを戦略的に用いた作品として多くの人の記憶するところとなったものである。しかし、この作品自体、線形的に単純化された映画史を超えて時代の思考の跡が刻印されている。

この『アマチュア倶楽部』においても、近代を夢見つつ、近代に触れえないという剥離感が、鋭い想像力を立ち上げ、汽車・電車というすぐれて歴史的なトポスを招き寄せているからである。汽車・電車は直接は出現しないものの、物語の流れをふいに中断させたり、突然に方向転換させたりするのに、停車場という説話装置があからさまに使用されているからである。

だが、このあっけらかんとしたコメディ映画には、「激烈」なイメージの強度どころか、芥川の頼った喚起力さえ観察できない。小気味よいリズムの快楽こそが、谷崎には追求されていたようで、ドラマティックな物語快楽は何ほども期待されていなかったこともそれを証拠づけている（「其の歓びを感謝せざるを得ない」）。確かに、漱石の「日本」においてはいまだ露呈していた、帝国主義時代に突入していく日本の矛盾一切とそれに挑む言語実践の苦悩一切が次第に見えにくくなっていた時代となっていたようだ。第一次世界大戦をあやふやなかたちではあれ成功裡に通過し、大戦後の各種国際条約においても、格差をつけられることになったとはいえ列強の一員として認知されるようになった日本だったのだ。それは、世界が、過不足なく表象されうる「世界」になりはじめたことを意味していた。表象論からするならば、各国の言語において現出する「世界」しかないはずなのに、である。あえて言うならば、政治の国際舞台に登場するという政治状況――国際舞台というのも、個別具体的な国家間の間の関係（インターナショナル）にすぎず、「世界」という言葉が不用意に呼びこんでしまう、すべての国境がかき消されてしまう地平とは異なるはずだが――が、認識行為が孕む問題をかき消しつつあったのである。このようなとき、「世界言語」と特徴づけされたりもする映像メディアの存在が、このような、認識行為の地政学的落差を解消する潜在的な機能をもっていたとしても不思議ではない。一九二〇年代半ば放送が日本に登場するが、このとき、映画はもはや唯一の近代的映像メディアではなくなり、一、、、つのメディアになるのである。つまりは、メディアという一般性の観念が浮上するとともに、映画はその一般的メディア現象を代表するだけの存在に成り下がるのである。夢を映しだすことを夢見られていた映画に、さらにメディア（表現媒体）なるもののモデルになるというもう一つの夢が覆い被さるのである。

西洋とも非西洋とも異なることが意識化されざるをえなかった、がために多くの表象のズレを抱え込まざるをえなかった、「日本」の背理を抱えて走る漱石の汽車は、芥川においては不安を託す電車へと変貌していた。『アマチュア倶楽部』は、しかし、物語の転換をテンポよくするためだけのように、停車場に言及されるのだ。『アマチュア倶楽部』には、汽車の歴史性はすでに消えつつある。それよりも、新しい時代の不安がこの西洋風の喜劇映画には痕跡を残している。

クロース・アップの裂開

実際、『アマチュア倶楽部』が当時評価されたのは、その汽車の表象ではない。繰り返しになるが、クロース・アップとミディアム・ショットそしてロング・ショットの意図的に区別された使用こそが人々の目を魅了したのである。だが、これらのサイズの違うショットの表象したものは、とりわけ、クロース・アップの表象したものとは、日本の近代においては、何であったのか。心理を映し出す技巧として性格付けられていくハリウッドのそれと同じようなものであったのだろうか。

ここでは、川端康成のクロース・アップへの偏執がまずは手がかりとなる。

川端も映画へのコミットが小さくない。一九二〇年代における日本映画の傑作『狂った一頁』（一九二六年、衣笠貞之助）を、横光利一から引きつぎ脚本を担当したことはよく知られている。そして、川端は、『狂った一頁』制作そのものを物語の一題材とした非常に興味深い「笑はぬ男」という短編まで書いている。映画制作の脚本に関わる、語り手でもある作家が、病に伏す妻との面会と制作現場を往復するというのがプロットの基軸をつくっているその物語は、こういうものだ。作家が、制作中の活動写真そして――これは、『狂った一頁』と同じように、「脳病院」にいる「狂人達」を扱ったものなのだが――の最後の場面に、空想のなかに笑みを浮かべた仮面が画面いっぱいに浮かび上がるシーンを入れようと適当な仮面を探し歩き、撮影現場のある京都で気に入った仮面を見つけ、東京に持ち帰る。妻の病院に見舞いに訪れた作家は、子供たちに仮面を被るようせがまれるが、躊躇しているうちに妻がそれを取り上げ被る。妻が仮面を取りのけた瞬間、妻の顔に「醜い表情」、「やつれた顔」を作家は見てしまう。「美しい仮面」の後だからこそ、「みじめな人生の顔」が立ち現われたのに驚愕するのである。改めて子供たちにせがまれると、今度は自分が「醜い顔」を妻に見られるのが怖くて被れなくなる。そうして、仮面が恐くなった彼は、制作中の活動写真に仮面をつけるのをやめる決意をする。この作品は、発表誌未詳ということになっているが、『狂った一頁』が一九二六年制作であるから、その前後ではないかと推測される。

また、「敵」という印象深い小品も、川端は一九二六年に著している。「キネマ女優が暗闇でぼろぼろ涙を流している」という文からはじまるこの物語は、過去に不幸を背負ったある女優が、自分が演じた女性の不幸を画面で見ながら、自分の過去と重ね合わせているところからはじまる。実人生で二度、そして「スクリイン」で一度、都合「三度処女を奪はれた」、と彼女はつぶやく。そこへ、前の座席に座っていた別の女優が急に立ちあがって振り返り言う。「うぶな処女には見えないことよ」、この言葉が、彼女から四度目の処女を奪う、と作者が語るという物語である。

こうしてみると、川端においては、映画と重なり合うのはもっぱら顔なのである。もはや、浅草も登場しなければ、汽車・電車さえ走らない。逆に言えば、浅草の猥雑な魅惑を描く「浅草紅団」に映画は出てこないのである。あるいは、先の「笑はぬ男」においては、主人公の作家は、実家のある東京と撮影現場のある京都を往復する設定になっているのだが、汽車も電車も話には出てこない。顔だけをめぐって、筆は動いている。「顔」こそが妖しい、あるいは禍々しい、得体の知れないものとなって浮かび上がっているのである。

谷崎もまた、よく知られているように、顔にこだわっていた。先ほど触れたように、浅草に「流転」を発見しその可能性に酩酊していた記述の伺える「鮫人」だが、そこではまた、有名な、顔の長大な描写もなされていた。いくつもの形容語句、いくつもの修飾語を重ね、えんえんと一人の男の顔を記述しようとする、その筆致は圧倒的である。後に、『文章読本』において、簡潔な文章を推奨し、西洋語のように長い形容文は日本語には合わないと主張した書き手が書き上げたものであるとは想像しがたいほどなのである。

人はその顔を一生直に見ることはないのに他人と同じように顔をもっていると確信している、それだけをみても、顔の問題には、間主観性をめぐるさまざまな問題系が潜んでいるといえるが、決して安定することのない人間の心の問題を活写しようとした、川端や谷崎の顔へのこだわりは、どのような歴史的力線により構成されたものであったのか。もう少し掘り下げてみなくてはならない。

実存問題としての顔

川端の顔に戻ろう。あたかも現象学的な間主観性という局面からのみ概念化がすすめられたように、川端の顔には、実存的な不安が浸透していて、すべてはそこへと回収されてしまっている。ただひたすら他者に驚愕するエレメントとして顔があるのだ。顔と仮面、というよりも、仮面と仮面の間の往復運動あるいはその予測された破綻において、人は己の実存の境位を認識するかのような物語ばかりなのである。病床の妻の仮面を剥いだ素顔に驚く夫、体そして顔をライバル女優から直截指差されることで震え崩れる女優、斎場の片隅でひとしきり泣いた後化粧を直し笑ううら若い女性に愕然とする語り手、実の母親に会って泣いてはじめて同じく役者である娘がかつて自身の腕の中で泣いたときの涙の真実を知るにいたる女優。川端の顔は、顔と顔の間の落差にふと出会うときの驚愕に埋め尽くされているのである。川端が、繰り返し捉えようとしているのは、そのような顔の実存の裂け目なのだ。「死に顔」という短編まで書いている川端の「顔」に、そして、いつも死の匂いが漂っているのもこのためだろう。『狂った一頁』が、激しいモンタージュを回転させながら、表情を硬直させた様々な顔を、他の事物の像と共に脈絡なく繋ぎ、影のように漂う実存的不安を潜ませ、映像化していたことを付け加えることもできるだろう。

さらに言えば、川端は、これらの短編ばかりでなく、舞台と現実の泣き顔をめぐる物語「顔」（一九三六年）や斎場での女性の化粧の悪意を描いた「化粧」（同年）など、「仮面」あるいは「顔」の不気味さに通じる小篇を書きついでいる。いわば、川端において、映画は、特権化された想像力の凝集点というよりも、顔をめぐる問題系の一部分を構成するものに還元されているのである。

こういうことだ。顔の表象が、人の存在条件、そして世の中の存在条件すべての問題をどこまでも実存の問題に回収しながら呑み込んでいるのである。逆から言うならば、あたかも、人間の存在をめぐる問題が、もっぱら、顔をめぐる表象形式からのみアプローチしうるかのように物語が書き連ねられているのである。そして、映画は、そのような人間学的探求の、特権的というよりは、一つの恰好の典拠として位置付けられることになっているのである。

川端だけではない。和辻哲郎が「面とペルソナ」を書くことになるのは、一九三六年であり、中井正一が、媒介の問題にこだわりはじめるのもこの頃である。多くの日本の先鋭的知性は、このとき、顔に実存の不安を見ていたということなのだ。しかし、このような事態は、ある種の哲学的な思弁がいつもそうであるように、人間を取り巻く世界が、高度に理論化されるかたちで表象され、極めて抽象度の高い形式的な概念化のなかで了解されることが、論理的な手続き上も実際的な思考の経過においても、前提となっている。そしてここには、おそらく、「日本」と「世界」とのズレが意識の中から消え去ってしまっていることが、さらに背景となっているように思われる。

世界認識が高度な抽象度において定式化された表象論を基に組み立てられると、翻って、その折り返しのかたちで人間の問題は問い返されるようになる。それは実存主義的な衝迫を準備する。人間が、認識―表象の形式において規定されてしまう存在となり、世界を見る存在へと還元されてしまうことは、その受身的かつ硬直的な存在の在り様から突破する契機を希求する理論的衝迫を生むのである。川端の顔あるいは仮面のずれが孕む不安は、そのような哲学的思弁のデッドエンドな絶望に追い立てられるように、その記述において迷走しているといえば、思弁的すぎるだろうか。

一九二〇年代から三〇年代、海外から諸々の哲学や思潮が加速度的に紹介されるにつれ、狭い意味での哲学の領域だけでなく、さまざまな分野において、人間存在そして世界存在のあり方が極めて抽象的な形式性において了解されていくようになりつつあった。それは、世界の「日本」と日本の「日本」とのズレも、「日本」のなかの無闇で闇雲な「流転」さえも、消え去っていく、透明な存在論的視野が確保されていく過程でもある。世界の中の日本といったような着想が生まれるのは、そのような状況においてでしかない――ズレが意識されているかぎり、日本が位置付けられるべき世界など、表象可能性の向こう側にしかないはずだ。保田與十郎が関東大震災に日本の第一次世界大戦を見た時期以降の時代、芥川がシナリオ形式の実験小説を書き、横光利一が『上海』に代表される映画的な技法を駆使した小説を擁す新感覚派の文学運動や映画運動を起こし、小林秀雄が「様々なる意匠」において同時代の思潮を一括し、平林初之輔が最近の小説はみな映画のようだと断言した時代である。表象の問題は、メディア一般の問題を超えて、ますます、思惟活動全体に関わる、ひいては人間存在全体に関わる問題機制となっていく。しかし、そのような一般性への拡散は、表象実践における、個別具体的な不透明性の問題をどんどんと捨象していく過程でもあったようだ。そのようなとき、冒頭で指摘した「転形期」がやってくるのである。

映画は、映画史が語るような、「発展」していく存在ではなかった。それは、人々の意識のなかで、時代時代の力線に曝されながら、思考のズレを意識化させる装置から、媒体表象のモデルとして理解される視覚技術へ、さらには、認識論＝存在論の基底としての表象性を支える存在、さらには世界認識に裂開を穿つことを希求させる境位へと変移したのである。[11]

注

1 エドワード・サイデンステッカー『東京　下町　山の手』（安西徹雄訳、ちくま文庫、一九九二年、二八一頁。
2 ベネディクト・アンダーソン『増補　想像の共同体：ナショナリズムの起源と流行』、NTT出版、一九九七年、四九頁。
3 E・アウエルバッハ『ミメーシス』ちくま文庫、一九九四年、五一―五二頁。
4 アウエルバッハ、前掲書、十八章。
5 蓮實重彦「樋口一葉の『にごりえ』」（「文学」一九九七年春、第八巻第二号、岩波書店所収）。
6 柄谷行人『日本近代文学の起源』（講談社、一九七四年）。
7 『日本映画初期資料集成3』牧野守編、三一書房、一九九〇年、六二―六三頁。
8 トム・ガニング「注意喚起の映画」、『新映画理論集成』、フィルムアート社、一九九八年、一〇二―一一五頁。
9 フレドリック・ジェイムソン「モダニズムと帝国主義」、S・ディーン他『民族主義・植民地主義と文学』、増渕正史他訳、四九―七八頁。
10 柄谷行人『漱石論集成』第三文明社、一九九二年、三四四頁。
11 だが、先鋭的な知性がすべてこのような潮流に呑み込まれていたかどうかはわかならない。

例えば、谷崎の場合自体、微妙である。『痴人の愛』にも、いく度も興味深い顔の描写が出てくる。しかも、それらは「映画」と重なり出てくる。けれども、その顔は、もはや、「鮫人」のような「流転」のなか、形容語句がすがりつく「顔」ではない。川端のような実存的驚愕を迫る仮面としての顔でもない。あえて言うならば、非人間的な、とでも呼べるような顔が出現するのである。物語の終わり近く、ナオミに「あたしの顔を剃ってくれない？」と誘われ、譲治がにべもなく従う場面がある。――

「私は今や、睫毛の先でさされるくらゐ彼女の顔に接近していました。窓の外には乾燥し切った空気の中に、朝の光が朗かに照り、一つ一つの毛孔が数えられるほど明るい。私はこんな明るい所で、こんなにいつ迄も、そしてこんなにも繊細に、自分の愛する女の目鼻を凝視したことはありません。かうして見るとその美しさは巨人のやうな偉大さを持ち、容積を持って迫って来ています。その恐ろしく長く切れた眼、立派な建築物のやうに秀でた鼻、鼻から口へつながっている突兀とした二本の線、その線の下に、たっぷり深く刻まれた紅い唇。あゝ、これが「ナオミの顔」と云ふ一つの霊妙な物質なのか、この物質が己が煩悩の種となるのか。」

この後、譲治は、「肌を這ひ下がり」、「項」から「背中」へと、この、「己が煩悩の種」となっている「顔」という「物質」の魔力に促され、その剃刀の刃をすすめていく。そのうち、充溢した物質としての欲望なるものが、ナオミの顔が毛孔がひとつひとつ見えるくらい大きく現前したときに流れ出してくると書かれているのである。このナオミの顔が大きく譲治の眼に迫ってくるこの状況は、映画と無縁ではないようだ。この引用の少し手前で「私が一心に視詰めてゐると、彼女の肌に燃える光はいよいよ明るさを増して来る、時には私の眉を灼きそうに迫って来る。活動写真の「大写し」のように、部分々々が非常に拡大される」と記されているのである。

『痴人の愛』の顔については、エロスの物質性に加えて、もうひとつの特質があるようなのだ。それは、その物質性と合わせて捉えられるべき、機械性とでも呼ぶべきものである。すでに、物語の冒頭、ナオミから受ける視線を、語り手でもある譲治は、「動物電気」とさえ形容している箇所がある。それ以後、譲治の視線に突き刺され、ナオミの顔によって駆動させられるかのように物語はすすむのである。谷崎の言葉は、いまや「流転」の「速さ」の昇華に頼ることはなく、クロース・アップされた顔にスイッチを入れられた欲動と欲望の奔流を受け止めていくものとなっているのである。

大衆社会的な色合いを帯びはじめていた一九二〇年代、性に関する理論が百花繚乱し、言説空間を埋めつくしていたことはここで考えておくべき背景であるかもしれない。そのようななか、谷崎は、ただひたすら、クロース・アップを媒介として、顔のエロスを描いていたというわけだ。付け加えておけば、『アマチュア倶楽部』制作と『痴人の愛』の間に、谷崎は自身の大正活映での経験を活かし書き上げたといわれる、「肉塊」という名の短編までも書いている。それは、諸国を放浪したあと、活動写真の可能性を信じ、人間の「永久の夢」をつくろうとする男の話だが、そのための新人募集に応募してきたグランドレンという混血の女性がいるが、彼女を巧く起用できないまま事業は失敗する。「永久の夢」、美の幻影とは何なのかと煩悶し、男は次のような諦念のため息を漏らす。「要するに唯淫欲の変形だったのぢやないのか？ 自分の頭の中にあるのはグランドレンだけなのだ、彼女のなまめかしい肉体がいろいろの妄想を見させたいだけのだ」。ここで語られている、映画における視覚の快楽は、表象実践において規定されてしまうようなものではない。映画を経由した美の誘惑は、媒介された欲望というよりも、接合され生み出された新たな悦楽として語られることになっているのである。

参考文献

『谷崎潤一郎全集』（中央公論社、一九八三年）。

『佐藤春夫全集』（講談社、一九六七年）。

『芥川龍之介全集』（岩波書店、一九七七年）。

『石川啄木全集』（筑摩書房、一九七五年）。

『川端康成全集』（新潮社、一九八二年）。

『久保田万太郎全集』、（中央公論社、一九七五年）。

（文学作品の引用は、以下のものからである。引用の際、適宜、旧字を新漢字に、原文を現代かなづかいに改めた箇所がある）

Ⅱ　メディア・ポリティクスの現在

一九六〇年代の実験的ドキュメンタリー

――物語らないテレビの衝撃

丹羽美之

1　物語装置としてのテレビ

テレビは、日々、視聴者に物語を提供する。家族の物語、恋人たちの物語、栄光と挫折の物語、心温まる感動の物語、ぞっとするような恐怖の物語……。私たちの身のまわりは、テレビがつくりだす数々の物語でいつも溢れかえっている。私たちはこれらの物語をある種の快楽を伴いながら消費することにすっかり慣れてしまっている。

物語と言うと、ドラマに代表されるフィクションの物語ばかりが思い浮かぶかもしれないが、テレビがつくりだす物語は決してそれだけではない。たとえば、社会学者の井上俊は、報道の「物語性」を捉えて次のように述べる。[1]

メディアは、一方ではみずからが報道する事件や出来事の「異常性」や「異例性」を強調するが、同時に他方ではそれらが理解不可能なほど異常でも異例でもないことを示そうとする。その意味で、メディアは、事件や出来事を単に報道するというよりは、それらに一定の筋道を与えながら「物語」るのである（井上 1997: 40）

ニュースやワイドショーやドキュメンタリーといったノンフィクションの語りも、事件や出来事を意味づけ、解釈し、説明するという点では、れっきとした物語である、と言うわけである。物語はフィクションの「専売特許」ではない。フィクションとノンフィクションを区別するのは、それが物語形式を採用しているか否かという点にではなく、むしろ、それが「架空（虚構）の物語」として語られているか「現実（本当）の物語」として語られているかという点にある。[2]

いずれにせよ、テレビというメディアはこれらの「架空の」あるいは「現実の」物語を巧みに編成しながら、視聴者の関心に訴えかけようとする。それらの物語は、あまりに「出来そこないの物語」であってもいけないし、あまりに「出来すぎた物語」であってもいけない。視聴者が素直に納得し、理解できるだけの「自然さ」を備えていなければならない。十分な「自然さ」をもって大多数の視聴者を納得させることができれば、それは単なる個人の物語ではなく、社会的に共有された物語、すなわち「私たち」の経験を組織化し、秩序づける公共の物語（「歴史」と言ってもよい）となる。もちろんそこには、自分たちにとって都合のいい特定の物語だけを「自然」で「普遍的」なものとして受け入れさせる（受け入れてしまう）市民社会の権力作用の問題が潜んでいることを忘れてはならない。

日本のテレビ放送がこのような社会的物語を提供する装置として力をもつにいたったのは、一九五〇年代末から一九六〇年代にかけてのことである。[3]この時期、高度経済成長の軌跡と密接に絡まりあいながら、日本のテレビ放送は現在のナショナル・ネットワークの仕組みをほぼ完成させ、マスメディアとして劇的な成長を遂げた。ビデオリサーチやニールセンによる本格的な視聴率調査が始まったのも一九六〇年代である。受像機は各家庭に普及し、テレビの存在は人々にとって奇異なものではなくなった。テレビそのものの物質的基盤（家電としてのテレビの存在、番組の作り手の存在、放送サービスをめぐる複雑な機構の存在）はしだいに意識されなくなり、意味を伝える透明な媒体としてのテレビの機能だけがにわかに前景化されていった。マスメディアとしてのテレビの制度化である。[4]この過程で、テレビが提供する様々な物語は、人々の社会生活に確かなリアリティをもって受け入れられるようになっていく。平和と民主主義の物語、大衆消費社会の物語、進歩や近代化の物語、単一民族の物語、一億総中流の物語…。テレビが提供するこれらの物語はしばしば互いに共鳴しあいながら、日本を均質的で一体感の強い中産階級社会だとみなす戦後日本の市民社会の自己イメージ形成に力を貸していった。[5]

しかし、これらの支配的な物語を問い直す動きがいまや多方面から活性化しつつある。たとえば、本書の他の執筆者が明らかにするように、テレビの支配的な物語によって周縁化されてきた人々が、従来の物語の書き換えや新たな物語の形成にようやく取り組み始めている。それだけではない。このような試みはさらに、物語という形式そのものへの根本的な批判にもつながっていく。そこで要求されているのは、AやBの物語のうちどちらがより「自然」で「普遍的」かを判定することではない。「自然」で「普遍的」な装いのもとに何かを物語ろうとすることそのものを否定することである。物語装置としてのテレビを一度ラディカルに越え出ることが求められているのだ。

以下では、過去にさかのぼって、そうした越境的想像力の系譜を探ってみたい。取り上げるのは、一九六〇年代にドキュメンタリー制作の現場で、このような「反物語」[6]的ともいえる試みを精力的に展開し、大きな波紋をまきおこすことになる二人のディレクター、TBSの萩元晴彦と村木良彦である。彼らはいくつかの実験的な番組作りを通して、急速に整備されつつあるドキュメンタリーの表現形式に対抗し、それらを変革していこうとした。後に述べるように、物語の形式を否定しようとする彼らの「反物語」の試みは、フィクション（架空の物語）とノンフィクション（現実の物語）の境界をも軽やかに乗り越えてしまう。彼らが試みた「物語らないドキュメンタリー」は、逆に現在のドキュメンタリーがいかに物語装置化しているか、さらにはテレビがいかに物語装置化しているかについて考える格好の試金石である。テレビが急速に物語装置化していく一九六〇年代に、彼らはどのようなテレビのもうひとつの可能性を探ろうとしたのであろうか。[7]

2　一九六〇年代のドキュメンタリー

かつて『NHK特集』のプロデュースを担当するNHKスペシャル番組部長だった藤井潔は、一九六〇年代を振り返って、「民放では、TBSのドキュメンタリーが、民放ドキュメンタリーの大きな柱となっていた」（藤井 1992: 3）と述べている。そこで藤井が「刺激に満ちていた」と語るTBSの『現代の主役』や『マスコミQ』シリーズの制作の一翼を担っていた人々こそ、萩元晴彦や村木良彦であった。

一九三〇年、長野県飯田市に生まれた萩元晴彦は、早大露文科を卒業後、一九五三年にラジオ東京（現在のTBS）に入社した。ラジオ番組の演出を長く担当したのち、一九六三年テレビ報道部に転じる。以後『現代の顔』『カメラ・ルポルタージュ』『現代の主役』『マスコミQ』などでドキュメンタリー番組の演出に関わっていった。一方、一九三五年仙台市に生まれた村木良彦が、東大文学部美学科を卒業してラジオ東京に入社したのは、萩元に遅れること六年の一九五九年のことである。村木は最初ドラマ番組のディレクターとなったが、一九六六年に報道局に移り、萩元と同じく『現代の主役』や『マスコミQ』でドキュメンタリーの演出に携わる。村木と萩元は一九六六年に『あなたは…』を共同演出するなど、時に二人で、時に単独で、この時期、勢力的に活動を展開していった。村木は当時のことを次のように回想する。

そのころ私がいたTBSは、まだ〈ドラマのTBS〉で飯を食っていられた時代で、私自身もドラマを作っていました。六〇年代の半ば頃に、突然、〈ドキュメンタリーをやれ〉と言われて、そのときに命じられたのが〈「ノンフィクション劇場」ともNHKとも違うものを作れ〉ということだったんです。当時はみんなドキュメンタリーのノウハウがなく、手探りで始めたのが、「現代の主役」とか「マスコミQ」という番組だったんですね。ですからそこでは劇映画的手法ではなく、もっと別の方法はないかということで、いろいろ実験的な試みをしました（『わ』編集部 1998）

このとき彼らはどのような意味で「実験的」だったのだろうか。彼らがそこで乗り越えようとしたものはいったい何だったのか。まずは当時のドキュメンタリー番組を取り巻く状況を概観してみよう。

　テレビがマスメディア化していく一九六〇年代は、同時に、ドキュメンタリーがテレビ・プログラムとして確固たる地歩を築いた時代でもあった。この時期、ニュースやドキュメンタリーなどそれぞれの領域において、公共的な語りの形式が急ピッチで確立され、その表現が洗練されていった。[8] 一九六〇年代半ば、ドキュメンタリー番組は空前の活況を呈していく。

　NHKは、『日本の素顔』（一九五七―六四）と教育テレビの『現代の記録』（一九六二―六四）を統合する形で、一九六四年から新たに『現代の映像』（一九六四―七一）を開始した。その他、ヒューマン・ドキュメントとして『ある人生』（一九六四―七一）、風土と人々の暮らしを描く紀行ドキュメントとして『新日本紀行』（一九六三―八二）、技術を人間生活との結びつきという視点で捉えた科学ドキュメンタリーとして『あすをひらく』（一九六七―七一）などが放送された。

　日本テレビ系では、牛山純一をプロデューサーとする『ノンフィクション劇場』（一九六二―六八）が民放初の本格的ドキュメンタリー番組として注目を集めた。『日本の素顔』と双璧をなした番組として語られることの多いこの番組は、西尾善介、大島渚、土本典昭といった人材を映画界に求め、存在感のある番組を次々につくりだしていった。その他にも、『二十世紀アワー』（一九六八―六九）や、同じく牛山をプロデューサーとする『すばらしい世界旅行』（一九六六―九〇）などがあった。

　その他の民放でも、前述したTBS系の『カメラ・ルポルタージュ』（一九六二―六九）、『現代の主役』（一九六六―六七）、『マスコミQ』（一九六七―六九）。フジテレビ系の『ドキュメンタリー劇場』（一九六四―六九）。NET系の『カメ・ルポ青春』（一九六四―六五）、『ドキュメンタリー報告』（一九六六）。

東京12チャンネル系の『テレビドキュメント日本』（一九六四—六七）、『未知への挑戦』（一九六四—六七）、『ドキュメンタリー青春』（一九六八—七一）などが放送された。

ドキュメンタリーの活況は、番組数の増加だけでなく、その他のところにもあらわれている。一九六四年には、文化庁（当初は文部省）主催の芸術祭コンクールのテレビ部門が、ドラマとドキュメンタリーの二分野にわかれて審査されることになった。秋になると、この芸術祭を目指してテレビ界は局を挙げて番組制作に取り組んできた。この日本テレビ界の恒例のビッグイベントに「ドキュメンタリー」という出品枠が新たに設けられたのである（文化庁文化部芸術課 1976）。また、放送専門雑誌『調査情報』が、一一号にわたって、「ドキュメンタリー研究」と題する、三八頁にものぼる初の本格的な特集を組んだのも一九六四年である。これらは、ドキュメンタリー番組の社会的な定着を示す象徴的な出来事であった。

萩元や村木が新たにドキュメンタリー制作の現場に参入していったのは、このようにドキュメンタリー番組についてある種の定型が確立しつつある時期だった。前述の村木の言葉にもあるように、当時彼らが権威として意識していたのは『日本の素顔』の伝統を受け継ぐNHKと、牛山純一が率いるNTVの『ノンフィクション劇場』であった。では、村木が「劇映画的手法」と呼んだこれら主流派ドキュメンタリーの表現形式とはいったいどのようなものだったのだろうか。主な特徴は次の三つである。[9]

第一に、当時のドキュメンタリーは、映像の編集によって意味を構成していった。この編集の文法はドラマや劇映画の文法から多くのものを得ていた。たとえば、視聴者にカメラの存在を意識させないような撮影や、一つの場面を異なるサイズやアングルからなる複数のショットに分解し、それらをなめらかにつないで連続性のあるシーンを作り出していく編集、などである。ただし、ドラマや劇映画の編集文法とドキュメンタリーの編集文法が全く同じというわけではない。前者が空間や時間の連続性を尊重するのに対し、後者は、どちらかといえば、議論の連続性を尊重するという違いがある。

第二に、そのような編集文法に関連して、当時のドキュメンタリーでは、出来事を再現する手法がしばしば採られた。たとえば、「普段やっているようにしてみてください」と出演者にお願いして、日常生活をカメラの前で再現してもらう場合などが考えられる。これもドキュメンタリーを劇映画やドラマの表現に近づけることになった。現在なら「やらせ」として非難されかねない大胆な再現も頻繁に行われた。フィルムカメラや録音機材が不十分なこともあり、ドキュメンタリーがある種の再現なしには成立しえないことは、当時の制作者には共通の了解事項であった。

第三に、これらの番組には、視聴者に直接に語りかけるためにナレーションが存在した。しかも、このナレーションは、番組内のあらゆる素材を統一的視点のもとに組織することができる俯瞰的な位置から発せられる点に特徴がある。それは「神の声」である。前述の巧みに編集された映像はこのナレーションとセットになってはじめて効果を発揮する。映像はコメントの展開に一致するように編集される。と同時に、コメントは曖昧さが残らないように映像を解釈し、視聴者に何を視覚的証拠とみなすべきかを教える。このときコメントは、一方で素材を作り手の依拠する価値によって色づけしつつ、他方で自らを「客観的」で「普遍的」なものとして提示する。

以上のように、再現手法を多用しつつ様々なサイズや角度から撮影した映像を、因果関係や時間的順序に従ってつなぎ合わせ、それに「客観的」なコメントをのせて、ある事態や出来事についての一貫性、統一性、完結性のある物語を構成していく。当時の主流のドキュメンタリーとはこのようなものだった。それは古典的な劇映画の構成手法を密輸入していた。「架空の物語」ではなく「現実の物語」として語りかけるという違いはあっても、それはフィクションやドラマと同じように物語の形式に依存していた。『ノンフィクション劇場』という名が体現しているように、ドキュメンタリー番組はまさに、視聴者に「ノンフィクション」の物語を供給する「劇場」（装置）であったと言える。そして、こうした主流派のドキュメンタリーが最も得意としたのが、啓蒙、告発（その裏返しとしての憐れみ）の社会的物語であった。[10]

しかし、こうしてつくりだされる「客観的」で「普遍的」な社会的物語は、仮にそれがいかなる「良識」や「良心」からなされたものだとしても、語り手のポジションの特権化へと容易に結びついてしまう。そこでは、その物語を語っているのは誰かということや、その物語がいかに支配的な枠組に偏っているかということは不問に付され、むしろ現状の市民社会の価値観を肯定する物語として抑圧的にすら機能する（そもそも啓蒙主義信仰とリアリズム信仰自体が西欧近代的な特定の価値観の産物にほかならない）。次のように言ってもよいだろう。外側（特権的な場所）から世界を「客観的」に観察し説明しようとするその態度において、ドキュメンタリー番組は自らを真実にするための権力をもつ、と。萩元や村木が乗り越えようとしたのは、こうした「客観的」で「普遍的」な物語装置としてのドキュメンタリーの権力であり、テレビの権力であった。

3　もうひとつのテレビ論

一九六三年、萩元晴彦はラジオ番組の担当からテレビ報道部へと移動してきた。そのとき、テレビ制作者の暗黙の価値観に対して覚えた違和感を、萩元は次のように述べている。

> ぼくはラジオからテレビに移って、まず「テレビは画だからねえ」と教えられた。この一言でぼくは一年間を浪費した。この「画」とはつきつめて見ると映画の「画」と同じなのである。むしろいまのぼくは「テレビは時間だ」という気がする。（萩元 1967: 59）

当時、カメラマンはしばしば萩元に対して「つなぎの画をどうするんだ」という言葉を口にしたという。それは説明的なモンタージュ理論[11]にもとづいた言葉であった。「客観的」なナレーションにあわせて、映像を論理的に組み立てていくためには、論理を破綻なくつなぐ説明的な映像が必要だった。しかし、萩元は『カメラ・ルポルタージュ』や『現代の主役』シリーズの制作を通して、この言葉に決定的な疑問をもちはじめる。

そして、その後の番組づくりのなかで、萩元はしだいに「モンタージュとは時間を盗むこと」であると考えるようになっていった。「時間」を都合よく再編して「これが歴史だよ」と提示する能力のことを「権力」と呼ぶとすれば、ドキュメンタリーの説明的なモンタージュは「時間を盗む」ことによって権力と結びついている。むしろテレビは、モンタージュを否定して「時間」そのものを志向することによって、歴史（公共の物語）を都合よく生産する権力に対峙しなければならない。

> 「時間」をすべて自ら政治的に再編したあとで、それを「歴史」として呈示する権利を有するのが「権力」とすれば、そのものの「現在」を、as it is（あるがまま）に呈示しようとするテレビの存在は、権力にとって許しがたいだろう（萩元・村木・今野 1969: 365）

物語装置としてのテレビに対して、予定調和のない「現在」へとテレビを開いていくこと。これが萩元や村木が選択していくことになる、もうひとつのテレビ論であった。

もちろん、萩元や村木が最初からこうしたテレビの文化権力に対峙しようとするラディカルな確信をもって、一直線に進んだと考えるのはおそらく誤りであろう。むしろこれまでとは違う目新しい表現手法を（どちらかと言えばリアリズムの延長線上で）探求していこうとする彼らの試行錯誤の過程そのものが、結果的に彼らの意図をも裏切るかたちでこのようなテレビ論を顕在化させていったのだと言える。具体的に見ていくことにしよう。

『日本の素顔』や『ノンフィクション劇場』が定型化した、説明的で劇映画的な構成手法の限界を乗り越えるために、萩元がまず取り組んだのは、文字通りフィルムにはさみを入れないという意味で、ドキュメンタリーから説明的な編集をできるだけ排除することだった。萩元は、ほとんどライブ映像に近いような「中継性」に徹したドキュメンタリーを、この時期次々に制作していった。この中継性を実現する試みをテクノロジーの面から支えたのが、同時録音と長回しを可能にする、当時放送局の制作現場に少しずつ導入されつつあった新型のカメラと録音機であった。こうして成立したのが、TBS初の全篇同時録音によるドキュメンタリー番組『勝敗——坂田対林・第四期囲碁名人戦』(一九六五、演出＝萩元晴彦、構成＝寺山修司、音楽＝武満徹、白黒、三〇分)や、『現代の主役』シリーズ(木曜午後一〇時三〇分から)で放送された『小沢征爾「第九」を揮る』(一九六六、演出＝萩元晴彦、構成＝谷川俊太郎、白黒、三〇分)である。

囲碁名人戦の対局室に二台の同時録音カメラを持ち込んだ『勝敗』では、ナレーションは最初と最後にしか入らない。その間、カメラはほとんど盤上を映すこともなく、わからんわからんと呟いたり、扇子をパチパチやったりする、名人二人の手の動きや表情を固定した位置からみつめ続ける。番組は終始、対局の展開の優劣よりも対局室に流れている張り詰めた「時間」や「空気」を捕えようとする。しかも最後は、ナレーションが勝敗と互いの残り時間だけを短く告げて番組は突然終わる。この番組で萩元は「『テレビは時間である』という漠とした予感を抱く。この作品で鉱脈を掘り当てた気がした」(萩元・村木・今野 1969: 17)という

『小沢征爾「第九」を揮る』になると、中継性はさらに徹底される。当時トロント交響楽団の常任指揮者をしていた小沢征爾が日本武道館で凱旋コンサートを開く。萩元はこの番組を、一台の固定カメラによる映像だけでほとんど作り上げた。望遠レンズをつけた同録・長回しカメラが、ステージ上で激しく指揮する小沢のバストショットとクローズアップを延々と撮り続ける。ナレーションは一切なく、編集も番組全体でわずか二九カットしかない。視聴者はほぼ全篇にわたって、小沢の表情だけを固定カメラで凝視し続けることになる。かつて『日本の素顔』が同じ三〇分番組でおよそ二〇〇カットの編集をしていたことを考えれば、二九カットというのは驚異的な数字であった。この番組は、その斬新さがうけて第一四回日本民間放送連盟賞社会番組部門優秀賞を受賞した。

萩元はこうして、「テレビは時間である」「テレビは現在で

ある」ということの具体的な意味を「中継性」を追及するなかで予感していった。萩元による新しいドキュメンタリーの表現手法の開拓は、ここまで確実に成功しつつあると思われた。

ちなみに、この後、テレビを時間感覚として捉えた『小沢征爾「第九」を揮る』の方法論を、極限まで突き詰めた番組が登場する。萩元や村木の同僚であった宝官正章によって構成・演出され、一九六七年に同じく『現代の主役』シリーズで放送された『わたしは…新人歌手』(三〇分)がそれである。この番組は、二一歳の新人歌手、藤ユキのスタジオでのモノローグを、一台のカメラがパンニングもズーミングもせずにクローズアップのワンカットで凝視し続けた番組である。萩元・村木は『わたしは…新人歌手』を評して次のように述べている。

「わたしは…新人歌手」は恐ろしい作品であった。このような方法をとることによって、これまでのテレビの価値基準を壊したという恐ろしい作品であった。したがってこの作品は、その根底に「テレビジョンとは何か?」という問いを孕んでいたのであり、この作品の恐ろしさは、実はテレビジョンそのものの恐ろしさだったのである(萩元・村木・今野 1969: 35)

萩元と村木は、『勝敗』や『小沢征爾「第九」を揮る』で掘り当てた新しいテレビの鉱脈を、それに続く番組制作の中でいっそう掘り下げていくことによって、この「恐ろしさ」の意味を身をもって味わうことになる。

4 実験的ドキュメンタリーの波紋

一九六六年秋、新しい表現手法を実践しようとする萩元の試みは、村木良彦の参画を得て新たな展開を見せ始める。二人の共同演出による『あなたは…』(構成＝寺山修司、音楽＝武満徹、白黒、六〇分)である。この番組は一九六六年一一月二〇日の午後一〇時三〇分から芸術祭参加作品として放送され、第二一回芸術祭テレビ・ドキュメンタリー部門奨励賞を受賞した。築地の魚市場、東大、上野、ロッテの工場、日赤病院、横田基地のデモ隊、ボクシングジムなど都内二四ヶ所で、年齢も職業も環境も全く異なる人々にいきなり数々の質問をぶつけていくだけの、全篇同時録音のインタビューによる「異色のドキュメンタリー番組」(財団法人放送番組センター編 1987: 42)であった。

賞を受賞して脚光を浴びたものの、「異色」という言葉に象徴されるように、企画当初、部内の反応は冷ややかであったという。もともと萩元が「高度成長まっ盛りのこの時代に、日本人は本当に幸福なのか、その幸福感を聞いてみたい」という趣旨で「ONE DAY（ある日）」という企画書を提出したのが番組のきっかけであったが、「当初これに賛同した者は、寺山修司氏、岩月昭人カメラマン、村木良彦の三名でしかなかった」（萩元・村木・今野1969:18）という。全篇インタビューだけで作ったドキュメンタリーなど前例がなく、「これはドキュメンタリーではない」という周囲の批判に応えるために、番組冒頭に

この番組は東京の街で出あった老若男女八二九人に同じことを質問しその答によって構成したテレビドキュメンタリーです（傍点引用者）

というテロップをわざわざつけねばならないほどであった。ちなみに、村木は同年、ドラマ部門から報道局特別制作部に移って来たばかりであった。

しかし、『あなたは…』は、決して単なる「街の声」を拾い集めただけのインタビュー番組ではない。一言でいえば、それは「挑発的」であった。そこには次のような三つの方法的仕掛けが周到になされていた。第一に、質問は思いつきで行うのではなく、二一一個の質問文を、一字一句にいたるまであらかじめ決めておき、すべての人々に同じ質問をぶつけた。質問の配列は、極めて具体的かつ即物的な質問の間に非常に抽象的で観念的な質問（「あなたにとって幸福とは何ですか？」など）を意図的に挟み込む形式をとった。質問文は、寺山修司の原案をもとに、演出スタッフで討論を重ね、最終的に二一一問に絞ったという。

第二に、インタビュアーには、アナウンサーではなく、三人の素人の女子学生を起用した。そして相手との情緒的コミュニケーションを一切排して、あえてロボットのように無機的に、機関銃のように容赦なくマイクを向け、質問を打ち込んだ。また相手からの聞き返しや反論に対しては、一切説明を加えないようにした。一人のインタビューに要する時間がだいたい二分前後であったから、一つの問答につき約六秒の計算になる。これは質問する側にも、答える側にも相当の瞬発力を要求するものであった。

第三に、このようにしてぶっつけ本番、ワンカットの同時録音でカメラにおさめたインタビューを、質問を削ることなくほとんどノーカットで編集していった。同時録音の一六ミリ・カメラはまだ非常に重かったので、現場では常に望遠レンズをつけた三台以上のカメラを三脚に乗せて用意し、相手の顔が正面にきたカメラだけフィルムを回したという。

1　いま一番ほしいものは何ですか？
2　月にどのくらいお金があったら足りますか？
3　もし総理大臣になったらまず何をしますか？
4　あなたの友人の名前をおっしゃって下さい。
5　天皇陛下はお好きですか？
6　戦争の日を思い出すことはありますか？
7　ベトナム戦争にあなたも責任があると思いますか？
8　（「はい」と答えた場合）
　では、あなたはその解決のために何かしていますか？
9　昨日の今ごろ、あなたは何をしていましたか？
10　それは充実した時間でしたか？
11　人に愛されていると感じることがありますか？
12　（「はい」と答えた場合）
　それは誰にですか？
13　今あなたに一万円あげたら何に使いますか？
14　祖国のために戦うことができますか？
15　（「はい」と答えた場合）
　命を賭けてもですか？
16　あなたにとって幸福とは何ですか？
17　ではあなたはいま幸福ですか？
18　何歳まで生きていたいですか？
19　東京はあなたにとって住みよい街ですか？
20　（「はい」と答えた場合）
　空がこんなに汚れていてもですか？
21　最後に聞きますが、あなたはいったい誰ですか？

テレビ番組『あなたは…』（ＴＢＳ）より

以上のような方法的仕掛けが、『あなたは…』を単なる街頭インタビューとは決定的に異なるものにすることになった[12]。作り手が積極的に介入し、計算しつくされた方法によって日常のコミュニケーション秩序をわざと異化しようとするこのやり方は、一見「平和」で「民主的」で「幸福」な世の中に平然と暮らしている市民の価値観を挑発するにはもってこいだった。画面には、「ドキッ」とするような質問を突然暴力的に投げかけられ、とまどったり、憮然としたり、沈黙したり、凡庸な答えに終始する人々の姿が次々に映し出された。

しかし、本稿の文脈において重要なのはそのような番組内容についてではない。むしろここで注目したいのは、萩元や村木の挑発が、単に番組に登場する人々だけではなく、テレビを見ている視聴者へと直接的に向けられていたということである。番組の冒頭、カメラを真正面にみつめるインタビュアーが大写しで唐突に登場し、「いま一番ほしいものは何ですか?」「あなたにとって幸福とは何ですか?」「あなたはいったい誰ですか?」と視聴者に向かって直接問いかけるシーンから始まっているのは単なる偶然ではない。このような視聴者への直接の注意喚起は、従来のドキュメンタリーでは考えられないことだった。この番組はそもそも、質問を受けた人たちの答えを伝えることが目的でもなければ、何らかの平均的日本人像を伝えることが目的でもなかった。質問は視聴者一人一人に向けられていたのである。

> ぼくは八二九人の人々に意見を聞いたのではない。八二九人の背後にいるすべての人々に質問したのだ。八二九人は素材にすぎない。「あなた」に質問したのである（萩元 1967: 59）

> 〈あなたは……〉は〈問いかけ〉のドキュメンタリーである。〈問いかけ〉られているのは、映された八二九人のようにもみえるが、実はその映像をみるすべての視聴者である。このドキュメンタリーが、従来のドキュメンタリーの手法と異なるのは、この一点において決定的である（鈴木他 1967: 58）

『あなたは…』は、「伝える」ドキュメンタリーではなく、「問いかける」ドキュメンタリーであった。ブラウン管の中の人に問いかけ、それを媒介にブラウン管の外の人にも問いかける。『日本の素顔』や『ノンフィクション劇場』に代表されるそれまでのドキュメンタリーでは、はじめにメッセージがあって、それを物語形式によって「伝える」という前提が共有されていた。しかし『あなたは…』は、そもそも何かのメッセージを「伝える」べきであるというような前提を共有していなかった。

作品があり、ブラウン管から放送され、それを視聴者が視る、という形ではなく、自分の作品は視聴者が視ることによって挑戦を受け触発されて、作品に参加するのだ。だからフィルムに納められ、ハイここに「作品」がありますというものではなく、放送された時点―ジャーナリスティックにも日常的にも、その時点で視聴者もまた共感や反撥を含めて自分の作品を作るのだと考えていた。テレビ・ドキュメンタリーは見せるものではない、させるものだ、行為するものだ…（萩元・村木・今野 1969: 74）

このように『あなたは…』はむしろ、送り手と受け手がともに参加する「場」のようなものとして捉えられていた。萩元や村木にとって、それは当時流行していたジャズのイメージとどこかで重なり合っていた。

テレビジョンはジャズです。（中略）送り手と受け手があるのではなく、全員が送り手と受け手なのです。既に書かれている脚本を再現することではなく、たえまなくやって来る現在《いま》に、みんなが、それぞれの存在で参加するジャム・セッションです。テレビジョンに、〈既に〉はありません。いつも〈現在《いま》〉です。いつも、いつも現在《いま》のテレビジョン。だからテレビジョンはジャズなのです。（萩元・村木・今野 1969: 269）

『あなたは…』のBGMには武満徹の書いたジャズ音楽が流れていた。

結果的に『あなたは…』は、萩元や村木が予感していたもうひとつのテレビ論の可能性に、ひとつの具体的なかたちを与えることになった。それは、これまで模索してきた説明的モンタージュの拒否や中継性の徹底化という方法論的意識が、単なる表現手法の問題ではなく、テレビの既成概念を革新する可能性と明確に結びついていることを、彼らに意識させたという意味で、決定的な出来事であった。村木良彦は、『あなたは…』の「試行錯誤の制作プロセスの中でテレビジョンの方法について衝撃的な転回点をつかんだことを意識」（萩元・村木・今野 1969: 20）したという。

毎日毎日、東京都内のいろいろな場所でさまざまな人々に機関銃のように質問を乱射してその反応を撮影した。局に帰ってそのフィルムを見ながら、見るたびに印象が違ってくることに気がついた。事実の背後にある事実、その背後にはまた事実。そして現実はカメラとマイクでどんどんつくられる。つくられた現実は再びこわされていく。いわば観念の流動、意識の重層的反復。その中にテレビジョンの生理がある（村木 1967=1971: 53）

村木の言葉は、何が「客観的」で「普遍的」な「現実」なのかが、もはやわからなくなりつつある事態を暗示していた。それは従来のテレビ・ドキュメンタリーのリアリズム的な物語世界に亀裂が入ってしまったことを意味する。ドキュメンタリーの表現手法の革新を目指した萩元や村木の試みは、物語形式を否定した結果、「現実の物語」（ノンフィクション）としてのドキュメンタリーの存立根拠そのものを危うくする地点にまで行きつこうとしていた。これ以後、萩元や村木の実践は、物語装置としてのドキュメンタリーの文化権力、そしてテレビの文化権力を積極的に解体しようとする方向へ、急速に先鋭化していくことになる。

翌一九六七年、報道局テレビ報道部に移った萩元と村木は、猛烈な勢いで番組を連作し始める。『あなたは…』とまったく同じ方法論による別バージョン『日の丸』（演出＝萩元、構成＝寺山修司）や『アメリカ人、あなたは…』（同上）。あるいは、『あなたは…』を受け継ぐかたちで、クローズアップのワンカット撮影を基本に、「場」としてのテレビを創造しようとした『私は…、―新宿篇―』（『マスコミQ』シリーズ、共同演出＝萩元・村木、構成＝寺山修司）、『続私は…、―赤坂篇―』（同上）、『われらの時代』（『マスコミQ』シリーズ、演出＝村木、構成＝山田正弘）、『続われらの時代』（同上）、『ハノイ、田英夫の証言』（「芸術祭参加作品」として放送、共同演出＝村木・宝官正章・太田浩）などである。

それだけではない。これらの番組群が、ワンカットを押し通すことで説明的モンタージュを拒否しようとしたとすれば、村木は逆に、カットを意味論的なつながりがなくなるまで断片化してしまうことによって、モンタージュを拒否しようともした。それが『わたしのトウィギー――67年夏・東京』（『現代の主役』シリーズ、演出＝村木、構成＝山田正弘）、『フーテン・ピロ』（『マスコミQ』シリーズ、演出＝村木、構成＝山田正弘）、『クール・トウキョウ』（『現代の主役』シリーズ、演出＝村木、演出協力＝山田正弘、宮井陸郎）、『わたしの火山』（『日本列島の旅』シリーズ、演出＝村木）といった番組群である。

これらすべての番組が一九六七年のわずか一年間に制作され、放送された（『わたしの火山』だけは一九六八年一月放送）。村木は当時、次のように述べている。

「わたしのトウィギー」から「わたしの火山」に至るフィ

ルム・ドキュメンタリーの中でぼくはいわば〈アクション・フィルミング〉と〈コラージュ〉の方法とに固執してテレビ的力動性を考えてきた。伝達されるべき内容（いわゆるテーマや現実）↓フィルムによる表現という製作プロセスを常に逆転し、或いは同時にする〈アクション・フィルミング〉の方法と、モンタージュを徹底的に拒否する〈コラージュ〉の方法、この方法の中に六七年から六八年にかけてのぼくの状況感覚がある（村木 1968: 52）

これらのコラージュ的なドキュメンタリーでは、映像も語りもバラバラに解体されてしまっていた。そこではすべての意味は宙吊りにされ、物語は破綻する。当時「フィクション・ルポルタージュ」（飯島 1968: 70）と評されたことからも明らかなように、それはもはや「現実の物語《ノンフィクション》」とも「架空の物語《フィクション》」とも言えないものになっていた。村木良彦は次のように述べる。

複雑にゆれ動くこの時代にあっては既成概念は無力であり、フィクションがドラマでノンフィクションがドキュメンタリーなどという分類すらナンセンスなものとなってくる（村木 1968: 52）

テレビジョンはフィクションもノンフィクションもひっくるめてすべてドキュメンタリーである（村木 1968＝1971: 153-154）

この時期、萩元と村木は、生中継によるドキュメンタリーから、ノンフィクションとフィクションの境界を混淆するようなコラージュ的なドキュメンタリーまで、テレビ・ドキュメンタリーの可能性を極限まで切り開いていこうとした。もはや彼らにとってそれは、決して表現上のテクニカルな問題ではなく、既成のテレビ文化の権力性をラディカルに問いなおす実践そのものとなっていた。

テレビジョンの機能的原点に挑戦し、テレビジョンを鋳型にはめこもうとするすべての心情的エスタブリッシュメントに対する否定と告発を続けていこうではないか。六七年夏から秋にかけてぼくらがつくったテレビドキュメンタリー「わたしのトウィギー」「フーテン・ピロ」「クール・トウキョウ」の三作は局の内外から圧倒的な悪評の集中砲火を浴び、しかし一方で、力強い支持を受ける。ぼくらはのろしをあげて包囲されたゲリラ戦士のように、フィルムをかかえて今日も明日もミニコミの対話を求めて歩きまわる（村木 1967＝1971: 51-52）

5　わからない？　わかりたくない？

ここまで、萩元晴彦や村木良彦の番組について詳述してきたが、ここで改めて確認しておかなければならないのは、彼らの番組は当時のテレビ・ドキュメンタリーの主流とされた立場から見れば明らかに突出していたということである。彼らの試みの斬新さは、時にそれが評価される一方で、陰に陽に反発を巻き起こすことにもなった。

しばしば指摘されるのは、彼らの番組は、政界やスポンサーから露骨な介入を受けたということである。前述の『日の丸』に対しては、当時の郵政大臣が閣議でこの作品を「偏向」と発言したため、電波監理局の調査が行われ、「日の丸問題」として浮上することとなった。この影響で、村木が五月に憲法記念日特集として予定していた「憲法九条もの」も中止された（松田 1981: 356-357）。『ハノイ・田英夫の証言』は、自民党の電波族から共産主義を宣伝する偏向番組であると非難され、翌一九六八年に田英夫がニュースキャスターを解任される一つの布石となった（鈴木他 1973: 141）。また、桜島を舞台とした青春ドキュメント『わたしの火山』に対しては、放送後、提供スポンサーから「立派な作品だと思うが、我社の番組イメージと違う」とクレームがあったため、村木は懲罰処置で当分仕事を離れて静養することになったという（萩元・村木・今野 1969: 43）。

当時、政府・自民党はベトナム戦争や国内の反戦活動に関するマスコミ報道に、神経をとがらせていた。実際、この時期、政治の介入による放送中止や自主規制事件が頻発し、テレビの「脱政治化」が進行したと言われる（鈴木他 1973、松田・メディア総合研究所 1989）。たとえば『南ベトナム海兵大隊戦記』（NTV『ノンフィクション劇場』、一九六五）、『ある青春の模索～平和運動のなかで』（フジテレビ『ドキュメンタリー劇場』、一九六六）、「TBS成田事件[13]」を引き起こした『成田二四時』（TBS『カメラ・ルポルタージュ』、一九六八）などが、次々放送中止に追い込まれていった。萩元や村木が受けた圧力や介入をこのような文脈のもとで理解していくことは、確かに可能であろう。

しかし、ここでは、萩元や村木が受けた圧力を、そのような政府や資本による露骨な操作やコントロール（「外圧」）の問題として語るのではなく、既成のテレビ文化を守ろうとする制作者や視聴者による感情的反発（「内圧」）の問題として考えてみたい。なぜなら、すべてを「政治の介入対テレビの自由」という大きな対立図式に還元して語ってしまうことは、結果的に彼らが挑もうとしたテレビ文化そのものの政治性の問題を棚上げすることにしかならないであろう。繰り返し述べてきたように、彼らが問題化しようとしたのは、日常的に番組を生産し、消費する過程に潜んでいるテレビ文化そのものの権力であったはずである。であるならば、この問題を単に数ある放送中止・介入事件の一コマとして片づけるべきではない。彼らが周囲の人々から受けた反発や非難の意味をこそ考えてみなければならない。

次に挙げるのは、一九六八年六月一二日に開かれたＴＢＳ労組内のティーチ・インでの、ニュース担当のあるパネラーの発言である。

表現方法とは、内容があった時に、はじめて問題になるものであって、ぼくは、萩元さんの「あなたは…」という作品は、何を言おうとしているのか、判らない。方法プロパーとして開拓しているのは、どういうジャーナリストなのか判らない。ぼくは、言いたいことがあって、それに不自由な方法は変えようとするが、そうでなくて、表現方法をまず拡げようとする発想自体が判らない。表現の問題は極めてテクニカルな問題としか考えられない。一番問題なのは表現する内容だ。（萩元・村木・今野 1969: 188）

たったこれだけの発言のなかに、三度もくり返される「わからない」という言葉。この「わからない」という言葉が、萩元や村木の番組に対する周囲の困惑と反発を象徴的に示している。

この時期、同じように「わからない」という非難の言葉を視聴者や同僚から散々浴びせられたテレビ・ディレクターがいた。東京12チャンネルでドキュメンタリー番組を制作していた田原総一朗である。田原は「〈わからない〉連帯」という文章の中で次のように述べている。

〈わからない〉とは、実は〈わからない〉のではなく、自分の常識、生活規範では「理解しがたい」「納得できない」「感覚的に受け入れられない」「不愉快だ」「困る」など〈わかりたくない〉という〈拒絶反応〉の総称？〈非難〉の電話に対してわたしが、〈掬め取られないために〉まやかしでない、事実を、〈見つめる〉ことの必要さ、〈真面目〉さを強調すると、視聴者からは、きまって「テレビということを考えて貰わないと困る」という反論が返ってくるのだった。（中略）なまじっか、見たために生活が乱される、茶の間に混乱が起きるくらいなら、見ない方がよい。生活を守るためには、目をそむけて通り抜ける。それほどに脆い生活。それほどにささやかなエゴ（田原 1971: 137）

田原は、自分たちの価値観を「自然」で「普遍」なものと信じて疑わない市民社会の自己充足的な世界観を痛烈に批判する。と同時に、その批判は、そのような市民的価値観に知らず知らずのうちに連帯してしまう番組制作者に対しても向けられる。

わたしが体験したかぎりでは、スポンサー、代理店、局の上層部をはじめ、どこからも、〈あの番組はけしからん〉という〈弾圧〉や〈干渉〉はなかった。ただ、しつっこく耳にするのは、「わからない」との〈非難〉、それも、主体的な〈非難〉ではなく「あんなに多くの視聴者がわからないといっているではないか」というきわめて客観的?な〈批判〉である。（中略）〈わからない〉の連帯。打算、思惑、そしてささやかなエゴイズムのいりくんだ、何とも奇妙な〈圧力〉。そして、この〈圧力〉が、確実に、テレビを〈わかりやすいもの〉、すなわち安全無害なものへと切り崩していく（田原 1971: 138）

萩元や村木を包んでいたのも、おそらくこのような「わかりやすさ」の圧力だったのではないだろうか。

本稿の冒頭にも述べたように、一九六〇年代は、テレビが市民社会の支配的な物語を供給する装置として急速に制度化されていった時期であった。そこでは既成の価値観とは根本的に相容れない場所から発せられた物語は「わからない」という非難のもとに、しだいに排除されていった。テレビは「わかりやすい」自己充足的な物語だけを語る装置へと一元化されつつあった。萩元や村木が「あなたにとって幸福とは何ですか?」という挑発的な問いをテレビに関わるすべての人々に突きつけようとしたとき、彼らはテレビの内部にいながら、このような「自然」で「普遍」な物語装置としてのテレビを越え出ることを選択したのだと言えるのではないだろうか。萩元や村木が被った「わからない」という非難は、彼らのそのような選択に対する非難に他ならない。そして萩元と村木はついに放送局に居場所を失うことになる。

萩元晴彦がテレビ・ニュース部へ、村木良彦がスタジオ課のデスクワークへ突然の移動を命ぜられたのは、一九六八年三月五日のことだった。会社側はあくまで懲罰人事ではないことを強調したが、『日の丸』や『わたしの火山』が巻き起こした一連の不祥事が影響しているものと考えられた。TBS労組は、この萩元・村木の配転と、前述のTBS成田事件をめぐる懲罰人事、および田英夫の『ニュースコープ』キャスター解任、という三つの処分を不当として組合闘争へと発展させた。いわゆる「TBS闘争」である。しかし、およそ一〇〇日間にわたるこの闘争も六月に敗北して終結する。村木は闘争後の討論集会の報告で次のように述べている。

ぼくたちは、明らかにひとつのテレビ論によって断罪された。しからば、ぼくらを断罪したテレビ論によって断罪されないあなたのテレビ論とは何か。それは、二人のそれとどう違うが故に処分されないのか。そのあなたが、一方では、そのテレビ論による番組制作を続け、一方では、「萩元・村木を守れ」と叫べるのは何故か、ぼくはぼくのためにゼッケンをつけ、ストライキに参加する仲間たちにも、そう問いかけない訳にはいかなかったのです。（萩元・村木・今野 1969: 297）

そして一九七〇年二月、萩元や村木はＴＢＳを退社し、同僚の今野勉らとともにテレビマンユニオンを結成する。それは日本で最初の本格的なテレビプロダクションの誕生の瞬間であると同時に、萩元や村木が行ってきたもうひとつのテレビ論の試みにとりあえずの終止符が打たれた瞬間でもあった。

おわりに

思想家で自らドキュメンタリー映画の制作も手がけるトリン・T・ミンハは、一見「客観的」に見える物語が、その底において支配とつながっていることを痛烈に皮肉って次のように言う。

話し手はそれによって支配者としての位置を確保する。私は、知り、獲得し、事物の配置を決める世界のまんなかにいる――統治者としての私は、他人のものを流用（appropriate）し、所有し、占領地の境界の位置を決めながら、前進する――そうしながら「他者」を占領地内に囲い込む。真実は支配の道具となり、それを用いて私は未知のものを統治する。既知のもので作り出された折り目のなかに、未知のものを畳み込む。（Trinh 1991=1996, p.16）

物語装置としてのテレビも、彼女の言葉と無縁ではない。

日本のテレビ放送はいま激変期にあると言われる。しかし、少なくともこれまでのところまだ、高度経済成長期に成立した地上波テレビ放送の基幹的な地位は揺らいでいない。むしろ、制度化されたテレビ文化は、もはや疑いの余地のないほど市民生活に組み込まれてしまったかに見える。テレビが提供する一見「客観的」な物語の外部を想像することは、ますます難しくなりつつあるのではないだろうか。このように考える時、テレビの物語形式を一度徹底的に壊そうとした萩元晴彦や村木良彦の実験の意味は決して小さくないだろう。

もちろん、萩元や村木に限界がなかったわけではない。確かに、彼らは専門のテレビ表現者（放送局の社員）としてテレビ文化の問題を必死に考え抜こうとした。しかし、テレビ表現の変革の担い手としてのその強烈な自負が、かえって「制作者／視聴者」「取材者／被取材者」という既存の分断線を温存・強化させてしまうところがあったことも否定できない。彼らの試みから三〇年以上がたった現在、改めて制度化されたテレビ文化を問題にするのであれば、そのような「制作者／視聴者」「取材者／被取材者」の分断線（まさにマスメディア的な枠組）を乗り越えていく視点もまた必要不可欠になってくるだろう。

テレビの周辺では、旧態依然とした退屈な物語にあきたらない人々が、「客観的」で「普遍」なポジションをいったん放棄した場所から、新たなドキュメンタリーの語りの創出を試みつつある（丹羽2001）。たとえば、萩元や村木の後輩にあたるテレビマンユニオンの是枝裕和は、作り手の「私性」を新たな出発点とすることで、従来のドキュメンタリー表現を組み替えようとしている。是枝は、番組のナレーションに「私は」という一人称の語りを積極的に持ち込む（『彼のいない八月が』一九九四、フジテレビ）。また、被取材者にカメラを手渡して、取材者としての自分の姿を逆に画面に曝け出したりもする（『記憶が失われたとき…～ある家族の二年半の記録』一九九六、NHK）。そうすることで、作り手が決して「客観的」な観察者ではありえないことを反省的・再帰的に表現の中に折り込んでいく。是枝にとって、ドキュメンタリーとは「客観」でもなければ「真実」でもない。それは、取材者と被取材者の変化していく関係性の記録であり、もはや作り手の自己記述と解きほぐせないほどに絡み合ったものとなる（是枝他1997）。

あるいは、オウム真理教（現・アレフ）を題材にしてドキュメンタリー映画（『A』一九九七、『A2』二〇〇一）を連作している森達也を挙げてもよいだろう。森は、教団内部に果敢にカメラを持ち込むだけではない。そこからカメラの向きを一八〇度方向転換して、教団施設を取り囲んでいる、「健全」を自認する市民や報道関係者をもまた撮影の対象にしてしまう。教団側から市民社会・マスコミの側がどのように見えるかを描き出すことで、テレビが暗黙のうちに準拠している「こちら側＝健全な市民・マスコミ＝普遍」と「あちら側＝オウム真理教＝特殊」という図式を鮮やかに転倒させる。森は、テレビ番組として実現できなかったこの企画を自主映画というかたちで撮り続けている[14]。

是枝や森に共通するのは、物語を語りつつも、それを決して「客観的」で「普遍的」な「真実」という聖域に囲い込んでしまわない自己言及的な態度である。こうした態度は、近年活性化しつつあるビデオ・ジャーナリズムやビデオ・アクティビズムの担い手たちにも広く共有され始めている。物語を壊したあと、いずれはもう一度語り出さなければならない。

とすれば、今問われているのは、いかにして支配を再流通させることなくふたたび語るかということであり、いかにしてテレビの内外でそのような実践を行っている人々を横断的につなぎ合わせていくかということである。

注

1 「物語」という用語は研究者によって様々に定義されているが、本稿では井上（1997: 31）による「現実あるいは架空の出来事や事態を時間的順序および因果関係に従って、しかし基本的には因果関係を中心として一定のまとまりをもって叙述したもの」という定義に従ってこの語を用いている。

2 英米の映画研究の領域では、一九九〇年代以降、ノンフィクション表現の構築性を再検討しようとする試みが活性化している。代表的なものとしてNichols（1991）、Winston（1995）、Plantinga（1997）などがある。

3 高度成長期の社会意識の形成とテレビの関係を論じたものとして佐藤（1990）。

4 メディアの制度化を「不透明な物質性」から「透明な物語性」への転回過程として捉える視座については、古典的ハリウッドの物語映画に見世物的な初期映画を対置するGunning（1990）の議論や、ベンヤミンの映画論について優れた考察を展開した中村（1998）の議論に触発された。前者については、同じく中村秀之による邦訳（未公刊）がおおいに参考になった。テレビの一九六〇年代については、メディアとしての制度化や、それに付随するマスコミュニケーション研究の制度化という観点から、今後より詳細な検討が行われなければならない。

5 前掲の佐藤（1990）論文。また、マス文化産業、学校、ビジネスなど社会の中枢機関によって強化されてきた、戦後日本の中産階級イデオロギーの影響力について、歴史学の領域から論じたものとして、Gordon ed.（1993＝2001）。とくに編者による日本語版序論を参照。

6 萩元や村木が「反物語」という言葉を直接用いているわけではない。本稿であえてこのような観点から論じるのは、最終的にはそれによって、彼らの試みをテレビの一九六〇年代というより広範な歴史的社会的文脈に位置づけられると考えるからである。本稿はそのための準備作業でもある。

7 以下の萩元と村木の番組論については、筆者が村木に対して行った数度のインタビューの他に、次のものを参考にしている。一九九八年一〇月二二日から二五日にわたって開催された「'98 OSAKA CINEMA塾『テレビドキュメンタリーの青春』」（主催＝OSAKA映像フェスティバル'98実行委員会、会場＝シネ・ヌーヴォ）での、萩元と村木の講演。一九九九年九月二四日に財団法人放送文化基金の主催で行われた「視聴者を中心に放送番組を徹底的に語る会」（会場＝放送文化基金）での村木の講演。

8 ニュース番組が形成されていく歴史については、テレビ報道研究会編（1980）を参照。

9 ここではKilbornとIzodによる「説明的ドキュメンタリー」（expository documentary）についての議論（Kilborn and Izod,1997,pp.58-64）に従いつつ、考察する。

10 この点については、一九七〇年に行われた各局のドキュメンタリー担当者による座談会で制作者たち自らが指摘している。この席上で、NHKの教育局（教養番組班）ディレクターの工藤敏樹は、かつての啓蒙調、告発調が通用しにくくなった一九六〇年代半ば以降のNHKドキュメンタリーの直面している困難について述べている。また、同じ座談会で、牛山純一も、『ノンフィクション劇場』が陥った被害者に対するペシミズムの限界について自省的に振りかえっている（日本放送協会編 1970: 141?152）。

11 ここで言う「モンタージュ」とは、エイゼンシュタインの主張するような、美学的・思想的な意味合いを込めた対位法的なフィルムの結合を指しているのではなく、単にフィルムの編集を指す。

12 このような手法は、一九六〇年代のフランスで、同時録音技術の発達によって生じたシネマ・ヴェリテと呼ばれる潮流を想起させる。代表的な作品としては、ジャン・ルーシュとエドガー・モランが、パリの人々に「あなたは幸せですか？」という質問を行って制作した『ある夏の記録』（一九六一）がある。ちなみに、『あなたは…』はシネマ・ヴェリテの模倣に過ぎないという非難に対しては、萩元や村木は、「模倣したのではなく、自己の表現方法を問いつめて行ってインタビューに辿り着いたのであり、放送後それがジャン・ルーシュの方法に共通したものであることを知ったのであった」（萩元・村木・今野 1969: 75）と答えている。シネマ・ヴェリテについてはBarnouw（1974=1978. pp.255-264）。

13 「TBS成田事件」については、松田（1981: 363?371）に詳しい。

14 映画『A』制作の経緯については、森（2000）を参照。このほか、森は、一九九九年にフジテレビ系で放送された『放送禁止歌』をはじめ、いくつかのテレビ・ドキュメンタリーも演出している。

文献

Barnouw, E., 1974, *Documentary: A History of the Non-Fiction Film*, Oxford U. P. 近藤耕人訳、一九七八『世界ドキュメンタリー史』風土社。

文化庁文化部芸術課、一九七六『芸術祭三十年史（本文編、資料編上・下）』文化庁。

藤井潔、一九九二「百花繚乱・テレビの思想」『調査情報』一九九二年九月号、三一九頁。

Gordon, A. ed., 1993, *Postwar Japan As History*, University of California Press 中村政則監訳、二〇〇一『歴史としての戦後日本（上・下）』みすず書房。

Gunning, T., 1990, "The Cinema of Attraction," in Elsaesser, T. ed., *Early Cinema: Space, Frame*, Narrative, BFI Publishing.

萩元晴彦、一九六七「『あなたは…』の制作意図」（「番組研究：あなたは…」に所収）『調査情報』一九六七年二月号、五九頁。

萩元晴彦・村木良彦・今野勉、一九六九『おまえはただの現在にすぎない』田畑書店。

飯島哲夫、一九六八「村木良彦研究」『映画評論』一九六八年一月号、六八—八〇頁。

井上俊、一九九七「動機と物語」井上俊他編『岩波講座現代社会学一巻 現代社会の社会学』岩波書店、一九—四六頁。

Kilborn, R. and Izod, J., 1997, *An Introduction to Television Documentary*, Manchester U. P.

是枝裕和他、一九九七「座談会／『私』のドキュメンタリー」『新・調査情報』一九九七年五・六月号、二三頁—二九頁。

松田浩、一九八一『ドキュメント放送戦後史Ⅱ』発行・双柿舎、発売・勁草書房。

松田浩・メディア総合研究所、一九八九『戦後史にみるテレビ放送中止事件』岩波書店。

森達也、二〇〇〇『「A」撮影日誌』現代書館。

村木良彦、一九六八「演出者のことば」（「番組研究：最近のドキュメンタリー」に所収）『調査情報』一九六八年三月号、五二頁。

村木良彦、一九七一『ぼくのテレビジョン～あるいはテレビジョン自身のための広告～』田畑書店。

中村秀之、一九九八「飛び散った瓦礫のなかを」内田隆三編『情報社会の文化2 イメージのなかの社会』東京大学出版会、一八三

―一二一五頁。

Nichols, B., 1991, *Representing Reality*, Indiana University Press.

日本放送協会編、一九七〇『続放送夜話』日本放送出版協会。

丹羽美之、二〇〇一「変容するテレビ・ドキュメンタリーと社会」『総合ジャーナリズム研究』第一七五号、五二―五八頁。

Plantinga C.R., 1997, *Rhetoric and Representation in Nonfiction Film*, Cambridge U. P
佐藤毅、一九九〇「高度成長とテレビ文化」南博・社会心理研究所『続昭和文化』勁草書房、一四五―一七九頁。

鈴木均他、一九六七「番組研究：『あなたは…』」『調査情報』一九六七年二月号、五一―五九頁。

鈴木均他、一九七三「現場からの証言～消されたテレビ番組の全記録～」『潮』第一六五号、一一二―一八一頁。

田原総一朗、一九七一「〈わからない〉連帯」『展望』第一五二号、一三五―一三九頁。

テレビ報道研究会編、一九八〇『テレビニュース研究』日本放送出版協会。

Trinh T. Minh-ha, 1991, *When the Moon Waxes Red*, Routledge 小林富久子訳、一九九六『月が赤く満ちる時』みすず書房。

『わ』編集部、一九九八「対談／是枝裕和・村木良彦」『わ』第三〇号、財団法人放送文化基金。

Winston, B., 1995, *Claiming the Real*, BFI Publishing.

財団法人放送番組センター編集発行、一九八七『受賞テレビ番組総覧／第一集』。

スポーツ・ドキュメンタリーのポリティクス
――女子マラソン番組における「感動の物語」と「凄さの衝撃」

阿部　潔

1　メディアのなかのスポーツ
――実況とドキュメンタリー

現代において、スポーツとメディアが密接な関係にあることに異議を唱えるものはいないだろう。野球・サッカー・ラグビーといった人気スポーツの試合を私たちが「観る」のは、多くの場合テレビを通じて「視る」ことによってである。Jリーグやプロ野球のスタープレーヤーたちは、さまざまなかたちでテレビに登場することで、熱烈なファン層だけでなく、より多くの人々から人気を得ている。このように考えれば、現代社会においてスポーツは、常にすでにメディア化（mediated）されていると言えるかもしれない。

こうしたスポーツとメディアとの具体的な関係としてまず頭に浮かぶのは、やはり試合の実況中継であろう。オリンピックであれサッカーのワールドカップであれ、生の試合をリアルタイムで伝える実況中継は、メディア化されたスポーツの代表といえる。だがしかし、そうした実況中継だけがメディアが伝えるスポーツではない。試合や競技の実況ではないが、スポーツを題材としたテレビ番組は数多く存在する[1]。そのなかでも、本稿で主題として考えたいのは、スポーツ・ドキュメンタリーである。具体的には、スポーツ競技での栄光を目指す個人やチームに焦点をあて、フィクションではなくノンフィクションの手法を用いてスポーツに賭ける人々を描くテレビ番組などが、スポーツ・ドキュメンタリーとしてイメージされるであろう。

もちろん、実況とドキュメンタリーは密接に関連している。私たちは実況中継を視た後で、その試合を題材としたドキュメンタリー番組に接することがある。またそれとは逆に、ドキュメンタリーを通じてある選手やチームについて知り、後から彼ら／彼女らの活躍を実況中継で目の当たりにすることもある。その点では、実況／ドキュメンタリーは互いに相互言及しあいながら「メディアのなかのスポーツ」を作り上げている。つまり、私たちがテレビを介してスポーツを視る／知るという日常的なメディア体験は、スポーツ実況とスポーツ・ドキュメンタリーの相互影響作用のうえに成り立っているのである。

それでは、同じようにメディアが伝えるものでありながら、スポーツ実況とスポーツ・ドキュメンタリーとでは、どのような違いがあるのだろうか。その点について「物語」という視点から考えていく。

「物語」としてのドキュメンタリー——感動を伝える文法

どうして私たちは、メディアを介してスポーツを観る＝視ることに夢中になるのだろうか？　おそらくそれは、そうしたメディア体験が人々に興奮をもたらすからであろう。激しいデッドヒートを繰り広げるマラソンレースや、張りつめた雰囲気のなかで一点をめぐり熾烈な攻防を繰りひろげるサッカーの試合などの実況中継は、テレビを視る私たちに臨場感と緊張感を与える。そうした緊迫したゲームの果てに勝負の行方が明らかになるとき、たとえひいきのチームや選手が負けたとしても、人々は大いに興奮するであろう。しばしば「作りごとでない世界」とか「筋書きのないドラマ」と形容されるように、勝負の行方が分からないだけに、スポーツの試合は視る者に興奮をもたらすのである。

だが、スポーツ・ドキュメンタリーに対しては、この種の興奮を期待することができない。なぜなら、ドキュメンタリーとして取り上げられるとき、試合や競技の結果はすでに明らかになっているか、あるいは全く分からないかのどちらかだからである。つまり、ドキュメンタリー番組は、「予測不可能な勝負の行方」を担保に興奮を喚起することが出来ない。だとすれば、私たちはスポーツ・ドキュメンタリーを見ても、なにも面白くないのだろうか。そうした番組は、すでに知られている「勝負の結果」を後追いしたり、いまだ誰にも分からない「勝負の行方」に思いを馳せるだけに過ぎないのだろうか。決してそんなことはない。私たちは、スポーツ・ドキュメンタリーを視ることで大いに感動する。では、そうした感動は何に起因するのだろうか。なぜゆえに、私たちはスポーツ・ドキュメンタリーに心動かされるのだろうか。

スポーツ・ドキュメンタリーが引き起こす感動。それは物語性に起因していると思われる。ここでの「物語」とは、特定の登場人物と一連の流れのあるストーリーを持った「語り」のことである。つまり、何らかの主題のもとに、特定の誰かを主人公として据えた言説を、ここでは「物語」として理解する。例えば、成績不振に喘ぐサッカーチームの監督に着任したひとりの男と、彼の指導方針に最初は反発しながらもやがて相互理解を育むことで、最後には素晴らしい成績をおさめた選手たちとの交流を描いた番組などは、ここで考える「物語」としてのスポーツ・ドキュメンタリーの典型だと言える。

こうしたスポーツ・ドキュメンタリーが私たちに与える感動は、当然のことながらスポーツ実況が伝える興奮とは質的に異なる。先にも指摘したように、生の実況が伝えるスポーツの迫力に人々は心を動かされる。それは、スポーツの試合や競技において発揮される「凄さ」が与える衝撃とも言えよう。例えば、常人ではとても考えられない極めて高度な技術や、想像を絶する身体的な運動能力をメディアを介して見せつけられたとき、私たちはスポーツ選手に対して感嘆の念をいだく。それは端的に、そうした技やプレーが「スゴイ!」と感じられるからにほかならない。[2]

しかし、もし試合自体が迫力や緊迫感を欠くものであったら、たとえ「勝負の行方」が分からない生の中継であっても、私たちはそれに興奮することはないだろう。そうした試合の実況は、ときとして間延びした退屈なものになってしまいがちである。その意味では、スポーツの実況中継は、一方で人々を大いに熱狂させる可能性を持つと同時に、他方で何らの面白みも感じさせない危険性を内包している。それは別の言葉でいえば、生の実況では「物語」としてスポーツを伝えることが構造的に困難だということでもある。つまり、特定の主人公（例えば話題のスター選手）を設定しても、必ずしも彼／彼女がその日の試合や競技において「主役」になるとは限らない。さらに、想定されたストーリー（手に汗握る白熱した接戦）が、現実の試合（退屈なワンサイドゲーム）によって見事に裏切られることも決して珍しくない。このように「物語」になりにくいスポーツ実況では、感動を構造化することが困難である。

それと対照的に、「物語」としてのドキュメンタリーでは、スポーツが引き起こす感動をあらかじめ構造化することが比較的に容易である。なぜなら、すでに明らかとなった「勝負の結果」であれ、いまだ未決の「勝負の行方」であれ、そうしたテーマを設定したうえでそれに関係するさまざまな要素を加えることで、制作者側は「どのような感動を引き起こすか」を周到に準備できるからである。つまり、人々に大きな感動を与えるべく「物語」を仕立てる余地が、実況に比べてドキュメンタリーには、より多く与えられている。その結果、実況のように試合や競技の結果によって番組の正否が左右されることが、ドキュメンタリーにはそれほどない。

勝者の物語／敗者の物語

ところで、スポーツ・ドキュメンタリーにおける感動の物語は、なにも「勝者」のみを主人公とするわけではない。むしろ時として、実際の競技では敗れ去った「敗者」を主人公とした物語のほうが、人々の共感や賞賛を呼び起こすことが珍しくない。こうした点も、スポーツをめぐる実況とドキュメンタリーの大きな違いである。

生の試合のメディア実況では、究極的には勝利が最終的な目標＝価値として、送り手にも受け手にも共有されている。要するに、「勝者」はその強さ／凄さによって人々に感嘆をもたらすが、所詮「敗者」は傍役にすぎない。だが、ドキュメンタリーでは事情は大きく異なる。たとえ実際の勝負に負けたとしても、「敗者」が主人公として取り上げられ、感動をもたらすことは大いにありうる。なぜなら、感動の物語では、競技の勝敗だけでなく個々の競技者の生きざまが重要な意味を持つからだ。より具体的に言えば、何のため／何を目指して競技に打ち込むのかという「スポーツへのこだわり」が、視るものに感動を喚起する要素として中心的な位置／意義を占めているのである。

スポーツ・ドキュメンタリーの感動の文法には、栄光→挫折→努力→再起というパターンがしばしば見受けられる。競技での優勝や好記録の樹立といった栄光を勝ち得たアスリートやチームが、その後、何らかの理由で深刻な不振やスランプに見舞われる。しかし、絶望的な状況のなかでも決して諦めることなく、人知れず地道な努力を続けていく。そして遂に不振と失意のどん底から這い上がり、見事に再起を果たす。こうしたパターンに基づく「物語」は、スポーツ・ドキュメンタリーでは、ごくごくありふれたものであろう。ここで注目すべきことは、再起が必ずしも勝利という栄光に結びつく必要はないという点である。もちろん、挫折からの再起が華々しい勝利となれば、視る側は感動するだろう。しかし、たとえ再起が敗北となろうとも、栄光→挫折→努力→再起という一連の「物語」は、視る側の感動を引き起こすに十分である。なぜなら、勝敗という結果ではなく再起へ向けた生きざまに触れることで、人々は心を動かされるからである。

このように考えると、ドキュメンタリーにおける感動が実況における興奮と質的に異なることが、改めて確認される。ドキュメンタリーにおいて重要なことは、勝負の結果よりも過程であり、競技者が持つ技術や身体能力よりも、彼／彼女の生きざまである。だからこそ、ドキュメンタリーでは実況の場合と異なり、「勝者」のみならず「敗者」も感動を引き起こす主人公になれるのである。

物語における「ナショナルなもの」

ところで、メディアとスポーツとの関係が論じられるとき、そこにおける「ナショナルなもの」の位置／意義が問題とされることが多々ある。具体的に言えば、オリンピックやワールドカップなど国単位で競い合うスポーツの試合が報じられる際に、メディアの語りがナショナリスティックなトーンを強めがちであることが、これまで批判の対象とされてきた。

たしかに、客観的で公平なスポーツ中継という基準に照らしてみれば、自国のチームや選手を殊更に鼓舞するようなメディアの語りは、偏った／ナショナリスティックな報道として非難されるものであろう。しかしながら、「メディアのなかのスポーツ」が人々の人気を博すためには、ただ冷静に淡々と試合の進行を伝えるだけでなく、ときには人々の「ナショナルなもの」への欲望を喚起／刺激するような語りが必要とされることは、疑いようのない事実でもある。その点では、メディアによるスポーツ実況中継には、つねにすでに「ナショナルなもの」が影を落としていると言わざるを得ない。

それでは、スポーツ・ドキュメンタリーにおいて「ナショナルなもの」は、どのような位置／意義を占めているのだろうか。一見したところ、個人の生きざまやこだわりに照準するドキュメンタリーは、実況中継のように「ナショナルなもの」を感じさせることはない。なぜなら、国民／国家／民族といった「大きな物語」ではなく、選手個人やチーム、さらにはそれらを取り巻く仲間や家族といった「小さな物語」を軸に語られるスポーツ・ドキュメンタリーには、大仰な国威発揚やナショナリズムの契機は見出されないからである。

だがしかし、多くの場合において「感動の物語」の主人公は、明らかに「私たち」の一員として描かれがちである。つまり、実際に見たことも会ったこともない選手やチームであっても、彼ら／彼女らの頑張りや活躍は「我々の代表」や「私たちの仲間」というナショナルな位相において描き出されている。[3] それと同時に、感動を受け止める視聴者＝私たちは、なかば暗黙の前提として「感動する私たち」を「日本人」という「想像の共同体」（アンダーソン 1997）に重ね合わせているように思われる。[4] 要するに、日本人選手・チームのスポーツに取り組むひたむきさは「私たち＝日本人」の物語として表象され、同時にそうした物語に触れることで「私たち＝日本人」からなる「感動の共同体」が再生産される。こうした同語反復（トートロジー）的なメカニズムのもとで、感動の物語が紡ぎ出されていくのだ。

たしかにスポーツ・ドキュメンタリーには、スポーツ実況中継のときのような露骨であからさまにナショナリスティックな語りは見られない。しかしながら、そのことはスポーツ・ドキュメンタリーが「ナショナルなもの」と無縁だと言うことを意味しない。むしろ逆に、ドキュメンタリーを構成する「感動の物語」は、そうした感動の担い手＝選手／伝え手＝メディア／受け手＝視聴者を、互いに矛盾することなく自然なかたちで「私たち＝日本人」という想像の共同体へと誘う点において、「ナショナルなもの」と密接に関係していると言える。

感動／凄さの微妙なバランス

ここまで見てきたように、スポーツ・ドキュメンタリーは、「物語」としてスポーツを取り上げることで人々の感動を引き起こすメディア言説である。そこには、感動の物語という文法が見て取れる。ただ単に試合や競技の結果を伝えるのではなく、そうした勝敗をめぐる競技者たちの生きざまに照準することで、スポーツそれ自体の凄さとは異なる位相において感動を語り出すことが、スポーツ・ドキュメンタリーの醍醐味である。

だが先に指摘したように、実況とドキュメンタリーは相互に密接に関係してもいる。それぞれのメディア言説は、互いに言及しあうことで「メディアのなかのスポーツ」を作り出している。だとすれば、実況における凄さが引き起こす衝撃や興奮は、スポーツ・ドキュメンタリーという「物語」においても重要な位置／意義を持つに違いない。それでは、スポーツ・ドキュメンタリーは自らのうちに、凄さをどのように位置付けているのだろうか。

結論を先取りしていえば、そこには微妙なバランスが存在していると思われる。つまり、スポーツが引き起こす凄さと人々が織りなす感動とを絶妙な案配で取り込むことが、スポーツ・ドキュメンタリーが成功するための課題なのだ。私たちが大いに共感を覚え深く感動するスポーツ・ドキュメンタリーとはおそらく、スポーツ競技自体の厳しさや熾烈さと、それに関わる人々の生きざまとを、ともに盛り込んだものであろう。どちらか一方が欠けてしまっても、優れたドキュメンタリーにはならない。例えば、淡々とスポーツ競技の記録や技術を述べるだけでは、スポーツ解説番組にはなりえてもドキュメンタリーとは言い難い。反対に、試合や競技から完全に離れた次元で生きざまだけが熱く語られたとしたら、それはヒューマン・ドキュメンタリーであっても、スポーツ・ドキュメンタリーとは看做されないだろう。

このように考えると、スポーツ・ドキュメンタリーにとって重要なことが凄さと感動のバランスであることが確認される。しかしながら、このバランス感覚には、ある種の序列が潜んでいるのではないだろうか。別の言葉でいえば、スポーツ・ドキュメンタリーというメディア言説において、感動と凄さは同一の地平においてではなく、異なる位相において巧妙に語り分けられているのではないだろうか。

こうした問題意識のもと、次節では「シドニーオリンピック女子マラソン」を題材とした四本のテレビ番組について検討を加えていく。それらの番組において感動／凄さがどのように表象されているかを分析することで、スポーツ・ドキュメンタリーという「語り」の独自性が明らかになるであろう。

2　「シドニーオリンピック女子マラソン」をめぐるテクスト／インターテクスト

テクスト／インターテクストとしての「女子マラソン四部作」

ここで取り上げる「シドニーオリンピック女子マラソン」関係のテレビ番組は、『にんげんドキュメント　シドニーへ女たちの闘い』（二〇〇〇年三月三〇日放送）、『NHKスペシャル　ゴールへ　女子マラソン三選手』（二〇〇〇年九月三日放送）、『NHKスペシャル　高橋尚子　私の四二・一九五キロ』（二〇〇〇年十月八日放送）、『にんげんドキュメント　絶対あきらめない　マラソンランナー弘山晴美』（二〇〇一年五月十日放送）である。全てNHK制作の番組であり、同一のディレクター（中村直文）が制作に携わっている。

以下の分析では、これら四本のスポーツ・ドキュメンタリーを、それぞれに独立した作品（テクスト）であると同時に、相互に密接に連関した作品群（インターテクスト）として捉えたうえで、考察を進めていく。ここでテクスト／インターテクストとしてこれらの番組を分析していく理由は、なにもその制作主体が同一だからというだけではない。これら四番組は「女子マラソン代表」を取り巻く人間模様を時系列を追って描き出している。その結果、後続の番組はそれに先行する番組を明に暗に参照するかたちで構成される。つまり、先行するテクストとの関連性において、個々のテクストが紡ぎ出されていくのである。

さらに、これら独立した諸テクスト間には、明らかに一貫したテーマが見て取れる。それは、前説で論じたスポーツ・ドキュメンタリーの「文法」ともいうべき感動の物語にほかならない。「シドニーオリンピック女子マラソン」に関わったアスリート／監督／家族の生きざまに照準することで、それぞれの番組は成り立っている。スポーツを題材として視る側に感動と共感を伝えることが、番組制作の柱に据えられているのだ。

だがこのことは、そこでの感動の物語が安定した構造を持っていることを意味しない。当然ながら、それぞれの番組ごとに「物語」の主人公とストーリーは異なるし、そこで喚起される感動の質も違ってくる。その結果、後述するように、テクスト／インターテクスト次元における感動の物語には一貫性と同時にズレや揺らぎが見出される。

このように、ここでテクスト／インターテクストとして四本の番組について論じる目的は、一方でスポーツ・ドキュメンタリーがどのように感動の物語を作り上げていくかを具体的に傍証し、他方でそうした「物語」にどのような緊張や矛盾が潜んでいるかを明らかにすることに置かれている。

『シドニーへ　女たちの闘い』――選ばれた選手／落とされた選手

この番組は、およそ半年後に迫ったシドニーオリンピックの女子マラソン代表の座をめぐるアスリートたちの闘いを主題としたものである。だが注目すべきことは、ここでの「闘い」は単に競技上のことだけでなく、より人間的な生きざまを含んでいる点である。つまり「女たちの闘い」は、それぞれの選手個人の人生を賭けたものとして描き出されている。

シドニーオリンピック女子マラソン代表枠は三名。そのうち世界陸上でメダルを獲得した市橋有里は、いち早く内定を決めていた。残る二つの枠をめぐり繰り広げられた熾烈な闘いの様子が、番組では選手各人の心理を交えながら語られていく。この時点で有利な立場にあったのは、東京国際女子マラソンで圧倒的な強さで優勝した山口衛里である。他の選手が代表の座を射止めるためには、代表選考レースで優勝するだけでなく山口のタイム（二時間二二分一二秒）を上回ることが必要とされた。こうした状況のなかで進んだ代表枠をめぐる「女の闘い」が、三人の選手を主人公として物語化されていく。

前回のアトランタオリンピックでマラソン代表になりながら不本意な成績に終わった浅利純子は、復活を賭けて大阪国際女子マラソンに臨んだ。だが、結果は途中棄権。番組では、レース後に秋田の実家に戻った浅利へのインタビューを通して、アトランタ以降今日までに彼女が味わった苦しみがどのようなものであったのか、そして母親に代表される周りの人々の応援と助けが、彼女がそうした逆境を乗り超えるうえでいかに大きな力になったかが、淡々と語られる。結果的には選考レースでは途中棄権という「惨敗」に終わった浅利ではあるが、家族やファンの励ましに支えられ、挫折から立ち直るべく再起を賭けてレースに立ち向かった姿が感動的に描かれる。

これまでトラック中・長距離の第一人者として活躍してきた弘山晴美は、今回のシドニーオリンピックではマラソン代表の座を目指した。陸連から一万メートル代表内定の打診があったが、その条件はマラソン代表は諦めるというものであった。だが、あくまでマラソンにこだわる弘山はその内定を断り、大阪国際に臨んだ。結果は、ルーマニアのシモンに敗れ惜しくも二位。タイム的にも山口を上回ることは出来なかった。しかしこの時点で、弘山は市橋・山口に続く有力候補として一気に人々の注目を集めることになる。そして、最終的な代表選考の行方は、日本記録保持者の高橋尚子が出場する名古屋国際女子マラソンの結果に委ねられた。

日本記録保持者の高橋には、早くからオリンピックでのメダルの期待が寄せられていた。だが、怪我のため大阪国際女子マラソンには出場せず、最後の選考レースとなる名古屋国際で一発逆転を狙うことになった。しかし、レース前の高橋のコンディションはけっして万全ではなかった。周囲からのプレッシャーもあってか、鹿児島徳之島での合宿では食あたりによる胃炎と胃痙攣を患い極秘に入院していた。その意味では、大本命の高橋も大きな不安を抱えて最終選考レースに臨んだのである。

しかし本番のレースでは、前半のスローペースにも拘わらず高橋は後半に驚異的なスパートを見せ、他の選手を圧倒して優勝。タイム的にも弘山を上回った。この時点で「女たちの闘い」は、代表に選ばれた高橋が「勝者」、選考から漏れた浅利・弘山が「敗者」となることで決着をみる。

だが、ここで興味深いのは、競技における勝者／敗者の結果ではなく、それぞれの選手たちが代表の座をめぐり闘うなかで「つかんだ何か」が大切だとする語りがなされている点である。つまり、競技結果そのものよりも、それに至る過程で浮かび上がる選手各人の生きざまに、番組の照準は定められている。そのことは、弘山と浅利の口から語られる次のような言葉に端的に表わされていよう。

（最終的にマラソンの代表になれなかったことについて尋ねられて）

弘山　やっぱり、何回もそこに帰るんですけども、一万メートルの内定を貰えなくて、それでもマラソンをやることは、すごく勇気がいることだったし、精神的にも辛かったので、それを考えると、多少辛いことがあっても、それはもう、うまく乗り越えていける気がします。

（選考レースでの途中棄権後、実家に戻り引退を考えていたが、現在の心境を聞かれて）

浅利　走っているときは、練習が苦しかったし辛かったんですけど、そういうなかにいるときが、なんかすごく幸せだったなぁ、と思う。（略）走るってことが私にとって、すごく大切なことだったんだなぁってことが、いますごく分かってきて……。もし、今から色んな仕事ができるなら、走ることに関係することがしたいなぁって、時々思います。

こうした「敗者」の言葉からは、選考結果には必ずしも還元されない走ることへのこだわりが伝わってくる。彼女たちのこうした生きざまに触れることで、番組を視る人々は感動を味わうのである。

しかし、高橋の口から語られる言葉は、こうした感動の物語から微妙にズレているように感じられる。例えば、徳之島での公開練習の最中に、前方に付けたカメラ取材の報道陣の車に対して小出監督に「カメラ嫌なんです」と叫んで訴えた理由について尋ねられたとき、高橋は次のように答える。

高橋　嫌だったというよりも、恐かった。見透かされてしまうのが、恐かったですし、自分が全然走れない姿を撮られることも恥ずかしかった。やはり、良い姿を見て欲しい。見ている方々には見せたいというのがあって、今は撮ってほしくない、一番最悪のときだから見て欲しくない、というのがあった。

この言葉から感動を感じ取ることは、いささか困難である。たしかに、これは高橋の素直な心境を語ったものであろう。マスコミや報道陣の前で常に笑顔を絶やさないことで知られる高橋であれば、人前に「良い姿」を見せたいと考えることは至極当然であろう。だが、先の二人と比較して、高橋の言葉には走ること自体へのこだわりが希薄である。映される／見られることへの高橋なりのこだわりを、番組を視る側が感動として受け止めることは難しい。

だが、こうした感動の物語に対する困難は、周囲からのプレッシャーに押し潰されることなく「なりふりかまわず」目標へと向かっていく高橋像を紡ぎ出すことで、解決が図られる。代表の座を手に入れたことについて、高橋は次のように振り返る。

高橋　全力でやっている自分が、姿を見るかぎりは、すごく顔も歪んでいて、なんか辛そうで、なんかみっともないような姿なんですけど、それになりふりかまわず向かっていけている自分というのが、すごく嬉しい。こんなものに出会えて、こんななりふり構わず頑張りたい、つかみたいものと出会えて、本当に良かったって、すごく思います。

この言葉は、私たちが高橋なりのこだわりを感動として理解／共感することをかろうじて可能にしてくれる。他人にどのように映るかではなく、とにかく目標に向けてしゃにむに頑張ることが大切だ。そのことを、代表枠をめぐる「女の闘い」を通して高橋は学んだ。こうした解釈を視る側に保証することで、感動の物語が保持されているのである。

以上みてきたように、代表選考をめぐる「女の闘い」をテーマとしたスポーツ・ドキュメンタリーは、勝者／敗者のコントラストを鮮明にしたうえで、それに汲み尽くされない各人の生きざまに照準することによって感動の物語を作り上げている。と同時に、最大の勝者であるはずの高橋自身の言葉は、感動の物語からズレていくものを感じさせる。だが、そうした潜在性は、次のような番組最後のナレーションによって封印される。その結果「女の闘い」について語るテクストは、少なくとも表面上は感動の物語として締めくくられるのである。

シドニーへ。ともに闘った女たちは勝負を超えた何かをつかみ、いま、それぞれの道を歩きはじめた。

『ゴールへ 女子マラソン三選手』――メダルを目指す挑戦者たち

この番組は、マラソン代表に選ばれた三選手（高橋・山口・市橋）が、シドニーオリンピック本番に向けどのような心境で厳しい練習をこなしているのかを、五ヶ月間にわたる取材を通じて追ったものである。ここでは、各選手がどのような経緯で代表の座を射止めたかを振り返りつつ、各人がどのようなこだわりを胸に、また周囲からのどのような期待を背負ってオリンピックに臨もうとしているかを中心に「物語」が進行していく。

市橋は、三人のなかで最初に代表入りが決定したが、そのことに対して批判も少なからず聞かれた。なぜなら、タイムだけをみれば選考から外れた弘山の方が優れていたからである。選考基準に対する批判や市橋の実力自体を疑問視する声が高まるなかで、市橋自身は沈黙を守ってきた。そうしたスタンスは、番組のなかでインタビューに答える際にも変わらない。彼女が自分から選考の正当性や自分の実力について述べることは皆無である。しかしながら、インタビューでの言葉の端々から、そうした周囲からの批判を跳ね返すべく本番に賭ける市橋のただならぬ決意が伝わってくる。市橋にとってオリンピックで活躍することは、アスリートとして自分の存在を証明することにほかならないのである。

山口は素晴らしい快走で東京国際を制し、代表切符を手に入れた。しかし、その後は深刻なスランプに落ち込み、オリンピックを間近に控えてもいっこうに調子が上がらない。自分の走りが思うように出来ない焦りは、やがて無理な練習による脚の故障を引き起こしてしまう。怪我の状態を心配した監督の武冨豊は練習の中止を提案するが、勝ち気な山口はそれを振り切って黙々と練習を続ける。東京国際で見せた完璧な走りを取り戻すべく、必死で練習に打ち込む山口の姿をテレビカメラは追い続ける。山口にとってオリンピックでの目標は、自分が潜在的に持っている実力をいかんなく発揮することである。代表入りを確実にした「あの日の走り」を再現すること。それこそが、シドニーに向けて練習に励む山口の最大の課題である。そうした彼女自身の秘めたる思いは、母校西脇高校での激励会における挨拶の言葉からも窺える。

山口　わくわくするような、よし、やるぞぉという気持ちを持ってスタートできるような、これから練習をしていって、本番を迎えたい。

最後に代表の座を射止めた高橋は、その後、小出監督とともにアメリカ・ボルダーでの高地トレーニングに向かった。そこで小出監督は、これまでの常識を覆すような標高三・五〇〇メートルでの高地トレーニングを目論んでいた。なぜなら、最大のライバルであるケニアのロルーペ選手には「普通のことをやってたら勝てない」との思いがあったからである。テレビカメラは、想像を絶する厳しい条件のなかで黙々と走り続ける高橋選手の姿を映し出す。

このように、オリンピックが間近に迫った時期に放送されたこの番組では、代表三選手がそれぞれの思いを胸に秘めて、本番のレースに向け必死に練習に打ち込む姿が描き出される。それを視る私たちは、一般人の常識や想像を遥かに超えた厳しいトレーニングの内容に驚嘆する。と同時に、オリンピックでのメダル獲得という目標に向けて挑戦を続ける三人のアスリートたちの姿に心打たれる。それぞれ違った境遇に置かれ、それぞれに違った思いを抱いてオリンピックに臨む三選手に共通しているのは、挑戦者としてのひたむきな姿にほかならない。ここにも、スポーツ・ドキュメンタリーの文法である感動の物語が典型的に見て取れる。特にこの番組の場合、具体的な試合が題材として用いられないだけに（選考レースは過去であり、オリンピックのレースは未来である）、スポーツ競技そのものよりも競技者たちのこだわりや生きざまが、より前景化しているとの印象を受ける。

ところで、ここで興味深いのは、またしても高橋の位置である。番組の最後の部分で、どのような思いでシドニーに臨むのかが三選手に聞かれる。それに対して市橋は「世界陸上でメダルを取っても、オリンピックのメダルにかなわないところがあるので」と、オリンピックでのメダル獲得への執念を覗かせる。また「自分の走りを世界にアピールできる大きな舞台だと思います」と答える山口の言葉からは、何としてもベストの自分を人々に訴えたい、とのこだわりが垣間みられる。こうした二人の言葉と比べて、高橋のそれはきわめて具体的であると同時に、どこかしら私たちを戸惑わせる。

高橋　最後、トラックに入ってきて、入る前の、この観客席のところをくぐり抜けるときは、すごく静かなんですね。何も聞こえないですけども、そこを通り越したときに、その観客が、ワァーという歓声が一気にこう響いてきたときに、なんかこう震えてくるような、そのときの感動を味わいたい。そしてゴールに入れたらもう、それだけで、もう十分だなぁって、それを味わいたいです、一番。

先に検討した番組の場合と同様、こうした言葉自体は高橋が自分の心境を素直に述べたものだろう。だがしかし、この言葉だけでは感動の物語は紡ぎ出されない。別の言葉でいうと、右のような高橋の言葉は、それだけではスポーツ・ドキュメンタリーの文法にうまく当てはまらないのである。

ここにおいて、小出の「語り」が重要な位置／意義を占めることが明らかになる。この番組全体において、高橋に関する映像／ナレーションが占めるウエイトは他の二選手に比べて大きい。その理由として、過去の実績や記録からみて高橋にもっともメダルが期待されること、今回の高地トレーニングが全く前例のない画期的な試みであること、が挙げられる。だが、メダル獲得への執念や高地トレーニングの過酷さは、番組のなかで高橋本人からではなくむしろ小出監督の口から発せられる。つまり、監督である小出は愛弟子高橋の天性の才能と努力を惜しまないひたむきさを称賛するのだが、当の高橋本人の言葉からは、努力や執着とは程遠いアッケラカンとした印象だけが伝わってくる。

例えば、ロルーペに勝てるかとの質問に対して小出は「安全な方法では勝てない。普通のことをやってたら勝てない。でも、勝たせたい」と闘志をむき出しにする。それと対照的に高橋は「可能性はゼロではない。それを目指していることが嬉しい。それを目指している自分が嬉しい。だから、目指していきたいなあ、と思う」と受け答えている。

こうした小出／高橋がセットになった語りには、絶妙な分業体制が見て取れる。つまり、視るものを感動へと引き込むような「語り」は、主として小出の口から発せられる。それに対して高橋は、想像を絶する努力や苦労をしているであろうに、そのことの辛さや厳しさを述べるのではなく、逆に「嬉しい」とか「楽しい」といった言葉を平然と口にする。しかし、こうした高橋の言葉は、マラソンという過酷なスポーツが喚起する感動を相殺するものではない。むしろ逆に、そんなに厳しく激烈なトレーニングをしながらも常に笑顔を絶やすことなく、嬉しい／楽しいという言葉で監督をはじめ周囲の人々に感謝を表わす高橋の姿を目の当たりにして、人々はさらに感動を深めるであろう。

こうした分業体制が、小出／高橋のコンビが意識的に取っているものなのか、それともドキュメンタリー制作者の演出なのかは分からない。しかし結果的に、ここには前説で述べたスポーツ・ドキュメンタリーにおける感動／凄さのバランスが見て取れる。つまり、類い希なる身体能力を持ち、通常では考えられないことをアッケラカンと成し遂げてしまうアスリート高橋の凄さは、そのことを熱っぽく解説し論評を加える監督小出の語りに媒介されることで、感動へと水路付けられるのだ。

『高橋尚子　私の四二・一九五キロ』――メダリストの胸のうち

シドニーオリンピック女子マラソンのレースでは、高橋尚子選手が見事金メダルを獲得した。それを受けて、試合の六日後にシドニーのホテルの一室で試合のビデオを高橋自身に視てもらいながら収録したインタビュー映像を柱として、この番組は構成されている。番組全体を貫くモティーフは、高橋本人の口から当日のレースを振り返ってもらうことで、そこにどのような「人間ドラマ」が隠されていたかを浮かび上がらせる点にある。ここでも、スポーツ・ドキュメンタリーの文法は忠実に踏襲されている。なぜなら、こうして再構成されるマラソンレースは、単に技術的な次元における試合ではなく、より人間味溢れる「物語」として位置付けられるからである。つまり高橋の言葉を媒介にレースを振り返るなかで、感動の物語が作り上げられていくのである。

この番組においても、先に指摘した小出／高橋コンビの分業が際立っている。レース映像の進行に合わせて高橋へのインタビューが続くが、要所要所でライバル（シモン・市橋・山口）たちの「証言」とともに、小出へのインタビューが挿入される。先の番組と同様、ここでも小出の語りはレース当日に証明された高橋の凄さを解説するものである。アッケラカンとした高橋／執念の小出という対比も、前のテクストにおける場合と同じである。例えば、オリンピックで金メダルを取るためにどのように取り組んできたかについて、小出が「こんなヘッポコおやじでも、一番になってみせる。それだけを考えてきた。(略)やってやれないことはない。」と答えるのに対して、高橋は「(金とか銀とかではなく)走り終わったときに、どれだけすごく気持ちよく、あたしは全力で、良くても悪くてもヤッタよと、本当に胸を張っていえるような、そんなレースをしたかった。」と答える。

こうした語りの分業に加えて、この番組では小出／高橋の師弟関係がよりクローズアップされている。容易に想像されるように、ここでの師弟関係は競技における技術レベルに関するものだけでなく、より人間的な信頼関係に基づいている。高橋はインタビューのなかで監督について「親でも恋人でもない。でも、楽しいときも、苦しいときも、悲しいときも、同じ高さで、一番あたしを理解してくれる、一番身近な、そういう存在です」と答えている。また、ゴールしてから一〇分あまり経過して、やっと小出監督との再会を果たしたときの心境を聞かれて、ビデオを見ながら次のように振り返る。

高橋　監督から送り出してもらって、監督の元に帰れて、ようやく私のこのレースは終わったという、そういう安心感と、なんか全てここにきて終わった、なんかすごく嬉しかったですし、やっぱり一番聞きたかったのは、監督の「ご苦労さん、よくやったね」っていう言葉が、わたしのなかで一番嬉しくて、やはり一番監督に「お前は強くなったよ」とか「頑張れるよ」と認めてもらうことが嬉しくて、今までやってきたので、今回もまた、その言葉がまた聞けるんだなぁって、それを聞いたときの、これがすごく嬉しいなぁって、なんか自分でも一番ホッとした顔をしているって思います。

こうした高橋の言葉からは、金メダル獲得へと至るこれまでの長く厳しい道のりにおいて、彼女が小出監督に対して全幅の信頼を置いていたことが伝わってくる。監督に誉めてもらえる「嬉しさ」が、ここまで高橋を支えてきたのだ。

また、小出監督も「この子は、思ったよりも相手のことを考えている。一見調子良く見えるが、細かい点まで気にしている」との言葉から窺えるように、高橋をわが子のように気遣っている。ここに見出されるのは、技術面のみならず精神面をも含んだ「理想的な」師弟関係にほかならない。

こうした監督への全幅の信頼が根底にあることを考えると、一見したところ他の選手のような走ることへの強烈なこだわりを感じさせない高橋の言葉の「真意」が、あるいは理解できるではないだろうか。つまり、高橋が「楽しい」とか「嬉しい」といった言葉で走ることを語るだけで、主体的・積極的に「こうしたい」とか「ああなりたい」と自己主張することがないのは、全面的に監督を信頼している限りにおいて「自分」を前面に出す必要性がないからであろう。別の言葉でいえば、監督やコーチに代表される自分を支えてくれる周囲のスタッフを完全に信頼し任せ切っている高橋にとって、「自分がすべきこと」は走ることへのこだわりを持ったり生きざまを賭けることではなく、彼らによって作られたハードな練習スケジュールをきちんとこなしていくことほかならない。このように考えれば、高橋自身が語る言葉が感じさせる「アッケラカンとしたこだわりのなさ」には、それ相応の理由が見出されるのである。

だが、高橋に垣間みられる「アッケラカンとしたこだわりのなさ」は、やはり人々に大きな衝撃を与えずにはおかない。

なぜなら、おそらく他の誰一人として、アッケラカンとオリンピックで金メダルを手にすることなど出来ないからである。オリンピック史上日本人初のマラソン金メダル獲得という偉業を、見た目にはいとも平然と成し遂げてしまう高橋の姿。それはやはり「スゴイ!」の一言に尽きる。

こうした凄さの衝撃は、これまでのスポーツ・ドキュメンタリーを規定してきた感動の物語を超え出ていく潜在性を秘めているに違いない。しかし、この番組が通例のスポーツ・ドキュメンタリーとして成立するうえで、凄さを感動へと結び付けることが不可欠である。つまり、むき出しの凄さを視るものに曝け出すのではなく、そうした凄さを了解/共感できるものへと変換する言説装置が求められる。この点においても、この番組テクストは先行するテクストの戦略を踏襲している。繰り返しになるが、高橋の姿から醸し出される凄さを理解可能な感動へと結び付けるのが、小出の言葉にほかならない。そのようにして凄さ/感動が絶妙なバランスのうえに置かれることで、スポーツ・ドキュメンタリーは感動の物語という従来の文法のもとで、人々の心を揺さぶることに成功するのである。

『絶対あきらめない　マラソンランナー弘山晴美』——敗者の再起

これまで検討してきた「シドニーオリンピック女子マラソン」を題材とした三本のテクストは、ひとまとまりの作品群として完結しているように思われる。なぜなら、選考過程→本番を控えてのトレーニング→本番での金メダル獲得という一連の物語の流れは、個々のテクストが織り成すインターテクスト次元において見事なまでの整合性を示しているからである。だがしかし、制作サイドはこれらに加えてさらにもう一本、女子マラソン関係のドキュメンタリーを制作した。それが『絶対あきらめない』である。

ここでの主人公は、シドニーオリンピックの「敗者」弘山晴美である。彼女はいわば二重の意味で「敗者」である。第一番目の番組で描かれたように、弘山は好記録を出しながらマラソン代表の最終選考から漏れた。さらに、代表として出場したトラック一万メートルでは、決勝レース最下位という不本意な成績に終わった。

このように先のオリンピックにおいて敗れ去った弘山が、再起をかけてロンドンマラソンに挑戦する姿を、番組は追い続ける。弘山本人とコーチであり夫でもある弘山勉二人へのインタビューを軸に番組は進行していく。そうしたインタビューの言葉を通じて、「選考から漏れたこと」が二人にとっていかに大きな傷/痛手となったかが伝えられる。例えば、選考結果についての次のようなやり取りから、いまだ彼女自身のなかで「解決」が十分になされていない様が窺われる。

弘山　なんでなれないんだろう。記録も出したし。それを何度も思いました。

（それは悔しさですか？）

弘山　悔しさもありますが、ただなんでなんだろう。

（答えは出ましたか？）

弘山　答えは……、見つかってないです。

こうした「シドニーオリンピック」という過去へのわだかまりを払拭するためには、もう一度納得のいくかたちでマラソンを走りきることが不可欠である。そのように考える勉は、今回のロンドンマラソンが二人にとって極めて大きな意味を持つことを、次のように語る。

勉　シドニーオリンピックの日本代表になれなかった、惜しくもなれなかった弘山晴美っていう選手像が、やっぱり残ってると思うんですね。周りもそうですけど、自分たちのなかでも、やはりそれは消え去らない事実であって、それを本当に過去のものにするには、まず一本とにかくマラソンを消化することが一番早い方法だと思っているんですよ。そういう意味で、とにかく無事にスタートラインに立って、それでゴールしてほしい。そこから本当に、マラソンランナー、新たな弘山晴美っていうのが、そこからスタートすると自分は思っているんで。

小出／高橋の師弟コンビの分業とは対照的に、弘山／勉の二人は二人三脚でオリンピックを目指してきた。だが、二人が「世界に挑戦」するうえで、ときとして夫婦／家族であることが問題として浮上する。より具体的にいえば、現役選手を続けるか、それとも引退して家庭に入り子供を作るかとの「二者択一」が、弘山に心理的プレッシャーとしてのしかかることが示唆される。だが、三〇歳を過ぎて子どもを作らずにいることについて周囲から言われることはないかと聞かれ、弘山は次のように答える。

弘山　それはいわれます。でも、もうちょっと、やりたいことがあるんで……。それをなんと言うかなぁ、あの時やりたかったのに、とか将来思いたくないんで。

こうした語りを通して、周りから期待される女であること／妻であることを十分に承知したうえで、それに屈することなく、陸上で世界の頂点を目指すという夢を追い続けようとする彼女の心情が吐露される。彼女なりの夢に向かって進むことへのこだわりは、母校の講演会での言葉からも聞き取れる。

弘山　日本一になりたい、そして世界で闘ってみたいという、それぞれ中学・高校・大学と競技を続けていくときに、それを、夢を叶えたいと思って、一つずつクリアーしてやってきた結果が、今につながったと思います。失敗しても成功しても、それはその人にとってすごく大きな財産になると思うので、色んなことにチャレンジしていって下さい。

番組では、こうした弘山本人の言葉を交えながら、自分の人生を賭けて現役選手として走ることにこだわる彼女の逞しい姿が、感動的に描き出されていく。

綿密なトレーニングを積んで臨んだロンドンマラソンではあったが、直前に脚の故障を引き起こしてしまったこともあり、結果的には平凡な記録に終わった。世界の舞台で活躍するという夢は、またしても敗れてしまった。だが、帰国後すぐにトレーニングを再開した弘山の様子を追う映像からは、悲愴感ではなく晴れがましさが感じられる。インタビューに答える弘山自身の言葉からも、今回の挑戦／失敗がけっして無駄でなかったこと。むしろ、過去へのわだかまりを「消化」するうえで貴重であったことが述べられる。「走り終えたゴールで、弘山選手はいったい何を見たのでしょうか」とのナレーションに続く弘山の言葉は、次のようなものである。

弘山　一番感じたことは、選考会で落ちたことを「あのときはどうでしたか」と聞かれて、「もう思い出すこともない」と、今まで何回も答えてきたと思うんですね。でもやっぱり、気持ちのどこかでは、すごく傷が深かったということですね。それがゴールして、もう普通に振り返られるし、ああそんなこともあったなぁ、という感じで、自分のなかでは、もう本当に消化してしまった感じがしますね。

たしかに勝負として見れば、ロンドンマラソンは敗北であった。しかし、弘山本人の生きざまに照らしてみれば、この度の挑戦は今後へ向けた大きな一歩にほかならない。現役選手として挑戦を続けるという弘山のこだわりは、逆境に負けることなく今回も見事に貫かれた。だからこそ、シドニーでの敗北→ロンドンに向けた努力→再起を賭けた挑戦→平凡な結果という一連の流れから、挑戦を続ける「マラソンランナー弘山晴美」の凄まじいまでの生きざまを、私たちは感動と共感をもって感じ取るのだ。ここには、スポーツ・ドキュメンタリーの文法である感動の物語が典型的なかたちで見て取れる。そして、今後の弘山のさらなる挑戦を予感させるエンディングのナレーションによって番組が締めくくられることで、視るものはある種の清々しさを味わうのである。

いま、三二歳。三年後のアテネ・オリンピックにも挑戦しますか、という問いかけに、それは分からないですね、と笑って答える弘山晴美さんです。

以上、「シドニーオリンピック女子マラソン」を題材とした四本のドキュメンタリー番組について論じてきた。これらのテクスト／インターテクストでは、勝者のみならず敗者にもスポットライトが当てられることで、それぞれのアスリートの生きざまが感動的に描き出されている。ここには、スポーツ・ドキュメンタリーの文法である感動の物語が確認される。

しかし同時に、番組のなかで映し出される高橋尚子の姿には、そうした感動とは質的に異なる契機が垣間みられる。独特のアッケラカンとしたキャラクターで知られる高橋＝Qちゃんの口から紡ぎ出される言葉は、マラソンに伴う苦しさに打ち勝つ克己心や走ることへの執拗なこだわりを感じさせるものではない。むしろ、厳しい練習や過酷なレースを楽しい／嬉しいと回顧する高橋の姿を目の当たりにして、視るものは戸惑いと同時に凄さを感じずにはおれない。

しかしながら、こうした凄さの衝撃は、二重の言説戦略を通じて感動の物語へと回収される。一方のテクスト次元では、高橋を称賛し論評する小出監督の語りによって、他方でインターテクスト次元では、弘山に代表される敗者たちの生きざまが対照的に強調されることによって、「高橋」という存在が潜在的に引き起こす揺らぎは感動へと結び付けられる。その結果、凄さは感動を引き立てるものとして、ドキュメンタリーという語りの文法のなかに取り込まれる。このように凄さ／感動のあいだに序列的なバランスが保たれることで、番組を視る私たちはテクスト／インターテクストを理解／共感可能なものとして受け止めることができるのである。

3　番組の作り手の論理
――ディレクター中村氏へのインタビュー

『にんげんドキュメント』が目指したもの

前節で「シドニーオリンピック女子マラソン」を題材とした四本のテレビ・ドキュメンタリーをテクスト／インターテクスト次元において分析することで、そこにおいて感動の物語が具体的にどのように紡ぎ出されているかを検討してきた。では、こうしたテクスト／インターテクストの生産者である番組プロデューサー側は、今回の一連の企画において何を伝えることを目指して制作に携わってきたのだろうか。企画・制作の過程において、スポーツにおける感動はどのように位置付けられていたのだろうか。こうした点を明らかにすべく、四本の番組でディレクターを務めた中村直文氏にインタビューをおこなった。[5]

　中村氏によれば、『にんげんドキュメント』という新しいシリーズを始めるうえで、『ＮＨＫスペシャル』との差異化が考えられたという。『ＮＨＫスペシャル』が、どちらかというと俯瞰的な位置から眺めた番組構成のスタイルを取るのに対して、『にんげんドキュメント』では現場にカメラを持ち込むことにこだわる「現場主義」のもと、より個々の人物に焦点をおいた番組作りを目指したという。さらに、そうしたヒューマンドキュメントを描く際に「綺麗な部分」だけでなく「精神的な葛藤や本音の部分」もできるだけ描きたい、との希望を制作サイドは持っていた。要するに、人々が織り成す人間模様を、よりリアルに伝えることが『にんげんドキュメント』の基本方針として定められたのである。シドニーオリンピック女子マラソンの選考過程は、こうした新番組の制作方針に合致する題材であった。その結果、第一作目の番組『シドニーへ　女たちの闘い』は『にんげんドキュメント』の最初の企画として制作されることになったのである。

　こうした制作サイドの番組作りの基本方針からは、「現場主義」のもと人々のリアルな姿に迫ることが目指されていたことが窺える。俯瞰的に「全体」を捉えるのではなく、あくまで「個人」に照準することにこだわったドキュメンタリー番組を制作するうえで、マラソンランナーたちの凄まじいまでの生きざまが格好のテーマと考えられたのである。アスリートたちの精神的な苦しみや本音の部分に肉迫することによって伝えられるリアルさが、視聴者に共感や感動をもって受け止められることが期待されていたに違いない。

言葉で伝わるもの／映像で伝わるもの

二番目の番組『ゴールへ　女子マラソン三選手』は『ＮＨＫスペシャル』の枠で放映された。制作スタッフはこの番組を制作するうえで、シドニーへ向けての「過程」を追うことの難しさを痛感したという。競技の結果が題材としてないところで間近に迫ったオリンピック本番に向けた各選手をカメラで追ううえで、何らかの視点が必要とされた。中村氏はそれを「乗り越えるテーマ」と名付ける。つまり、それぞれの代表選手は、シドニーに行くまでに何かしら乗り越えていかねばならない問題や課題を背負っているに違いない。そのように考えた制作スタッフは「乗り越えるテーマ」に焦点を定めた番組作りを目指したのである。それは具体的には、市橋にとっては「あのタイムでなぜ？」との疑問や批判を吹き飛ばすことであり、山口にとっては「東京国際で見せたあの走り」を再現することにほかならない。そして高橋にとっては、

「常識を超えた高地トレーニングを克服し、結果が出せるか」が問われていたのである。

各選手が必死に「乗り越えるテーマ」に取り組む姿を追った番組が、視る側に感動を引き起こす「物語」となっていることは、先に確認した通りである。ここで興味深いのは、高橋を題材として番組を制作する際に、時として彼女自身が喋る言葉よりも走っているときの表情を捉えた映像の方がインパクトがあった、と中村氏が述べていることである。彼はそのことを、「山ほど出る言葉よりも、望遠で撮っている彼女の本当の表情の方が訴えることがある」と表現する。その理由として「彼女のしゃべりはすごく上手いんだけど、時々ツルツルと流れていって、心に引っ掛からないことがある」と説明している。そうした高橋の饒舌とは対照的な「寡黙な他の選手の方が、伝わったりする」のである。

番組を制作した中村氏が持ったこうした印象は、先に論じたスポーツ・ドキュメンタリーの文法である感動の物語と「高橋」という存在との間に生じるズレや緊張を、別の観点から明らかにしてくれる。つまり、「乗り越えるテーマ」にひたむきに挑戦するアスリートたちを感動的に描き出そうとするとき、高橋の「言葉」ではなく走っている姿や一瞬見せる表情などの「映像」に、中村氏はよりリアリティを感じ取ったのである。別の言葉でいえば、ドキュメンタリーを感動の物語として伝える際に、インタビューに応えながら繰り広げられるアスリートの饒舌は、必ずしも有効な道具になりえないのである。

高橋尚子の「本当の言葉」

高橋の言葉が醸し出すある種の捉えどころのなさは、三番目の番組『高橋尚子　私の四二・一九五キロ』でも意識されていた。マラソンで高橋が金メダルに輝いたことをうけて、急遽この番組の制作が決定された。その際に中村氏は「単なる祝儀番組」ではなく、高橋の本音が窺えるような「本当の言葉」を引き出す番組作りを目指したという。そのための方法として、当日のレースをビデオ映像で視てもらいながら高橋にインタビューするという舞台設定がなされたのである。このように「本当の言葉」に中村氏がこだわった背景には、シドニーの現場でレースを見ていた中村氏自身にとって、それがあまりに「アッケない」もののように見えたからでもある。レース当日の印象を中村氏は次のように振り返る。

レース展開自体はほとんど小出監督の計算通りで、感動というよりは「あー、金メダルを取る瞬間っていうのは、意外とアッケないんだ」と思った。

たしかに高橋は、シモンとのデッドヒートを制して見事に勝利を手にした。だが、実際のレースを目の当たりにすることは、感動とはどこかしら質的に異なっていた。その理由はおそらく金メダル獲得という偉業が、高橋が語る言葉と同様、あまりにアッケなく成し遂げられてしまったからであろう。

中村氏はこうした自身の実感に基づき、「本当の言葉」を引き出すことにこだわって高橋へのインタビューを試みた。その結果、これまで数多くのメディアに登場するなかで高橋が口にしてきたのとは違った「思いもよらない言葉が飛び出した」。例えば、難コースのなかでもとりわけ厳しい上り坂で知られるアンザック橋付近を走っているときの気持ちを聞かれ、高橋は「苦しいのが心地よかった」と答えた。上り坂をスピードを落とさずに走り切るには、選手の身体に我々の想像を絶する負荷がかかる。普通ならば、そうした状態は「苦しい」と表現されるであろう。だが高橋は平然と、そのときの感覚を「心地よい」と言ってのける。中村氏も言うように、こうした言葉は私たちには「常識では考えられない」ものである。

さらに、金メダルを取った翌日いつものように朝のトレーニングに出かけたときの心境を聞かれて、高橋は次のように語っている。

高橋 （なにか世界は変わっているんじゃないか、バラ色になっているんじゃないかと思ったが）朝の風は涼しくて冷たくて、昨日走った、一昨日走った風と変わりなくて、なにも周りは変わっていない。自然は本当にそのまま。だから、わたし自身も変わっちゃいけないんだなぁ、ていうか、本当にこのままの気持ちでずっといよう。やらなくなったら、私なんて素質がない選手だから、すぐに落ちてしまうのは分かっているので、これからも頑張って、ていうか楽しみながらいっぱい練習をやっていきたいなぁ、って思います。

この言葉を聞いたときに、中村氏は「これで番組は作れると思った」と言う。なぜなら、それは「いつもマスコミの前で喋っている彼女とは違った」からである。つまり、この言葉には高橋の素の姿＝リアリティが感じられたのである。

想像を絶するような身体的極限状況に自らを追い込みながら、そのときの気持ちを「心地よい」と答える。オリンピックで金メダルを獲得し世界の頂点に立った翌日もいつものように練習に励み、「なにも周りは変わっていない」のだから「わたし自身も変わっちゃいけない」と謙虚な気持ちを持ち続ける。アスリートとしてよほどレベルが高くないと、このような言葉は口に出来ないと中村氏は語る。こうした高橋の

「本当の言葉」を伝えることによって、いささかあっさりと成し遂げられた印象のあった金メダル獲得という偉業を再構成することを、制作サイドは考えていたと思われる。

高橋尚子の不思議さ

だがしかし、この番組の制作過程においても高橋に対する中村氏の違和感は残っていたように感じられる。小出監督／高橋選手の師弟関係について語る際に、中村氏は「高橋はアスリートとしての意識が高いのか、欠けているのか分からない」と呟く。その理由は、高橋が自分自身の目標を持つというよりも、あくまで「小出さんの描くものを実現する」ことを目標にしているように映るからである。

本来であればアスリートは、自分自身のなかにある目標や夢を実現したいからこそ、苦しいトレーニングや過酷なレースにも耐えられると考えられがちである。だが、高橋の場合はそうではない。あらかじめ自分が設定した目標に向けて邁進するのではなく、監督が指導することをきちんとこなしていけば「結果は出てくる」と、高橋は信じているように見受けられる。だからこそ高橋は、最終的な目標（メダルの獲得や新記録の樹立）を常に意識しながらトレーニングに励むのではない。むしろ反対に、そうした「結果」を考えることなく、ただ黙々とその日の練習メニューをこなしていく。しかし、このことは決して容易ではない。多くの選手たちは、いまここでのトレーニングの最中にも「結果」を考えてしまう。そのことが焦りを生み、無理な練習をもたらし、やがて故障を引き起こしてしまう。その意味で「結果」ではなく「その日の練習」にのみ専念できる高橋は、アスリートとして特異な存在といえよう。

こうした小出／高橋の師弟関係を評して、中村氏は「彼女は考えることをあえて放棄しているように見えたりする」と言う。要するに「考えることは小出さんに任す、自分はきちんとこなしていく」との割り切りが、高橋には感じられるのである。取材を通じて高橋のこうした姿を目の当たりにして、中村氏はそのことの凄さを痛感すると同時に、それがアスリートとしての意識において高いのか低いのか判断しかねているように見受けられた。

一方で、アッケないほど平然と優勝を手に入れた高橋の強さ／凄さは、人々が思いもよらない「本当の言葉」を介して感動へと結び付けられる。だが他方で、監督を全面的に信頼し自分で考えることを放棄しているようにすら見える高橋の姿は、私たちが素朴に想定するアスリート像とはズレていく。高橋評価をめぐる中村氏の微妙な言葉は、番組テクスト次元におけるこうした両義性にも反映している。

「敗者」へのこだわり

第三作目の番組で「シドニーオリンピック女子マラソン」シリーズを完結させずに、あえて弘山晴美に焦点を当てた第四作目を制作した理由について中村氏に尋ねてみた。その問いに対して中村氏は「敗者に思い入れがある」からと答えてくれた。だがこれは、彼の個人的な趣味だけを述べたものではないだろう。ドキュメンタリーを制作していくうえで、勝者（高橋）よりも敗者（弘山）の方が魅力的であることを、この言葉は問わず語っている。多くの人々は弘山の方により共感が持てるし、彼女を追った番組の方がより大きな感動を伝えることができる。そのように制作サイドは感じ／考えていたに違いない。第三作目よりも第四作目の方が番組を作るうえで「モーティベーションがあった」との中村氏自身の言葉からも、そのことが確認される。さらに次のような中村氏の言葉は、高橋の凄さがドキュメンタリーにおいて必ずしも感動となりえないことを窺わせる。

高橋選手には尊敬の念を抱く。僕はなれないなぁ、とよく思う。それは天才の世界であって、共感を得るというよりは、多分視ている人は「スゴイなぁ」とか「こんな言葉、どっから出てくるんだろう」という気持ちで視ると思う。僕は、そういう部分も大事だが、「でも、そうはいっても自分自身は失敗続きだよなぁ」と共感を持てるところが、気になっていた。

この言葉には、ディレクターとしての中村氏のこだわりが端的に表われている。そこでは、自分たちとはあまりにかけ離れた「天才の世界」の「スゴサ」だけではなく、「失敗続きの」私たち自身が「共感を持てる」ような番組が目指されているように思われる。

このように考えると、どうしてシリーズ最後の番組で「敗者・弘山」を取り上げたのかも理解できるだろう。オリンピックのマラソン選考から外され、一万メートルでも惨敗。再起をかけたロンドンマラソンも故障のため不本意な成績に終わる。だが、こうした度重なる苦難にも負けることなく、常に前向きに挑戦を続けていく弘山の姿は、多くの人々が自分自身の人生と重ね合わせながら視ることを可能にしてくれる。そして私たちは、そこに共感を覚えるのだ。

あえて弘山を番組で取り上げたのは、「オリンピックのようにみんなが注目するところではない、華やかではない、そうした部分がどうなっているのか」を伝えたかったからだ、と中村氏は振り返る。こうしたテーマは「テレビ的でない」とも中村氏はいう。「客観的」に淡々と伝えるのではなく、より制作サイドの「主観」を前面に出さないことには、弘山の走ることへのこだわりや生きざまを描き出すことはできない、と中村氏は感じた。だからこそ、そうした「主観を出す」試みとして、上田早苗アナウンサーとともに中村氏自身が番組のなかでナレーションを担当したのである。

第一作目の『女たちの闘い』から弘山の取材を続けてきた中村氏は、彼女を「ポリシーがあるアスリート、自立している選手、大人の女性」と評価する。そうした弘山像と対照的なものとして、小出／高橋の師弟コンビが想定されていることは明らかだろう。この点に鑑みれば、シリーズ最後の番組が弘山にスポットを当てたことは、ある意味で必然であった。なぜなら、シリーズ最後のテクストで「敗者の生きざま」が再度クローズアップされることで、「シドニーオリンピック女子マラソン」をめぐるスポーツ・ドキュメンタリーは、インターテクスト次元においても感動の物語として完結するからである。[6]

4 「感動の物語」の臨界

ドキュメンタリーにおける揺らぎ

ここまでの議論で、「シドニーオリンピック女子マラソン」をめぐるテクスト／インターテクストの分析ならびに番組制作者である中村直文氏へのインタビューを踏まえ、四本の番組において感動がどのように語られているかを検討してきた。こうした作業を通じて、スポーツ・ドキュメンタリーにおいて感動の物語が中心的な位置／意義を占めていることが確認された。

だが同時に、そうした感動を生み出す文法におさまり切らない揺らぎも見出された。それはアスリート高橋が鮮やかに具現する凄さにほかならない。こうした揺らぎに対して、テクスト／インターテクスト次元で凄さを感動へと水路付ける言説戦略が取られていた。つまり、凄さの衝撃はむき出しのまま伝えられるのではなく感動の物語に取り込まれることではじめて、スポーツ・ドキュメンタリーにおいて語られるのだ。

感動の物語として構成された番組を視聴した人々は、そこで描き出されるアスリートたちの走ることへのひたむきさやこだわりに心動かされる。その意味で、凄さを感動へと結び付けるメディアの語りは効果的であるといえる。しかしながら、これとは異なる語りの戦略は、ドキュメンタリーにおいてありえないのだろうか。別の言葉でいえば、絶妙なバランスのもとに凄さを感動に従属させるのではなく、凄さの衝撃をそれ自体として生々しく伝えるような語りは、スポーツ・ドキュメンタリーにおいて不可能なのだろうか。

実を言えば、そうした可能性を中村氏自身は十分に意識しているように思われる。インタビューのなかで中村氏は、高橋を題材とする場合に、ボルダーで続けられた驚異的な高地トレーニングの厳しさを科学的に取り上げる番組作りの可能性を示唆していた。つまり、トップアスリートたちがどれほど並外れた身体能力を持ち、そうした能力をフルに発揮すべく私たちの想像を絶する過酷なトレーニングに取り組んでいる様子を淡々と伝えることによって、視る側に驚きや共感を呼び起こすような番組作りを、中村氏をはじめ制作スタッフは考えていたのである。

しかし同時に、そうした「科学的なドキュメンタリー」よりも、従来からの「人間的なドキュメンタリー」の方が視る側の感動を喚起しやすいとの判断も持たれていた。そうであるとすれば、一連のシリーズにおける高橋の描かれ方は、こうした制作サイドにおける葛藤の産物として理解されるべきであろう。アッケラカンとしたQちゃんのキャラも手伝って、アスリート高橋の姿から感じ取られる凄さ／不思議さは、スポーツ・ドキュメンタリーの文法を大きく揺さぶる。だからこそ、そうした揺らぎを何とかしてこれまでの感動の物語の枠内におさめ込もうとする戦略が、四部作を通じてテクスト／インターテクスト双方の次元で試みられたのである。

ところで、こうした揺らぎをもたらす「高橋的なもの」は女子マラソンだけに特有なものだろうか。おそらくそうではない。むしろ「高橋尚子」という存在は、現在のスポーツ界の動向を特徴づける「凄さの衝撃」を象徴的に表わしているのではないだろうか。

「凄さの衝撃」の現代性

近年のスポーツテクノロジーやスポーツ医学の目覚ましい進展は、これまでのスポーツのあり方を大きく変えようとしている。近年、オリンピックの度ごとに「ドーピング問題」が取り沙汰される。たしかに、違法薬物を用いて好成績を収めようとする選手を「フェアプレー精神に欠ける」と非難することは簡単である。しかし少し考えれば分かるように、薬物投与によって身体能力を向上させる技術自体は、今ではトップアスリートに共有されたトレーニングの一環である。問題となるのは、それが合法か非合法かの違いだけだ。「ドーピング問題」をめぐるイタチごっこからも明らかなように、最新の生理学に支えられた医療テクノロジーの応用は、現代のスポーツ界にとって必要不可欠なものである。

こうしてテクノロジーを駆使した記録への挑戦が激しさを増していくなかで、アスリートの身体はますます「ヒューマン」から乖離し「マシーン」へと近付いていく。かつて「より速く／より高く／より遠くへ」とのスローガンには、暗黙の前提として「健全な精神」が想定されていた。アスリートは運動能力のみならず精神においても「優れている」ことが規範とされたのだ。だがしかし、「より速く／より高く／より遠くへ」を目指す近年のテクノロジーは、もはやそうした近代的な「主体」を必要としていないようにすら見受けられる。アスリートたちの精神面をもテクノロジーによってコントロールしようとする現代スポーツの動向は、その意味でまさに人間のマシーン化（マシーンのようなヒューマン）に向かっていると言わざるをえない。[7]

スポーツ・ドキュメンタリーのこれから

「高橋的なもの」とは、こうした「マシーンのようなヒューマン」のひとつの現われにほかならない。その意味では、内面的な深さや人間的なこだわりを感じさせることなく、見事なまでにアッケラカンと偉業を成し遂げる高橋の姿は、現代のスポーツが進みつつある方向性を問わず語っている。アスリート高橋の凄さが衝撃的なのは、それがスポーツ・ドキュメンタリーが素朴に想定してきた「ヒューマン」自体をも揺るがす潜在性を秘めているからに違いない。

現代スポーツの最先端では「ヒューマン」から「マシーン」への移行が着実に進んでいる。だからこそ逆説的に、スポーツをめぐるメディアの語りは、殊更にヒューマンドキュメントに照準した感動の物語を紡ぎ出そうとするのではないだろうか。[8] それは一方では、現在進行中のスポーツそれ自体のあり方への「反動」であり、ノスタルジックな語りといえる。だが他方で、そうした語りは、人間をマシーンへと変えてしまう「無気味なテクノロジー」に対する人々の不安を喚起しながら、ますます共感をもって受け止められるであろう。マシーンではないヒューマン＝人間の生きざまを見せつけられることで、私たちは安堵をもって「スポーツにおける感動」を噛みしめることができるのだから。

これからも感動を語るスポーツ・ドキュメンタリーは続いていくだろう。だがそれは、人間的な生きざまが、スポーツにおいて変わることなく中心的な位置／意義を占めるからではない。むしろ反対に、人間的な「主体」がスポーツ競技／技術において希薄化する現実動向への反動として、感動の物語は人々に支持されるに過ぎない。

だとすれば、今後のスポーツ・ドキュメンタリーのひとつの課題は、身体テクノロジーの発達によってますます「マシーン化」の度を深めていくアスリートたちが感じさせる凄さ／不気味さを、それ自体として語っていくことではないだろうか。[9] アスリートが体現する「マシーンのような身体」という事象そのものにどこまでも肉迫し、そこに感じ取られる不気味さ／不可解さを生き生きと描き出すこと。それが果たされたとき、人々を戸惑わせる不気味で不可解な映像は、私たちが日頃当たり前に想定している現代社会の深層を白日のもとに浮かび上がらせるだろう。[10] 安易な感情移入に基づく感動へと回収してしまうのではなく、どこまでも無気味で／グロテスクなものとして「凄さ」を映し出せたときにはじめて、スポーツ・ドキュメンタリーは、アスリートのみならず私たち自身の問題でもある「現代社会における身体」について独自の語りを手に入れることができるに違いない。

さらに、「凄さの衝撃」を追求するドキュメンタリーの語りは、「メディアのなかのスポーツ」における「ナショナルなもの」に対しても、大いなる批判力を秘めていると思われる。ナショナルな「想像の共同体」に容易に重ね合わせられてしまう「感動の共同体」を作り出すのではなく、「私たち」の共感や共有を易々とは許さない衝撃を伝えることで、これまで「感動の物語」において自明視されてきた担い手／伝え手／受け手の「同一性」に楔を打ち込むこと。それが果たされたとき、「凄さの衝撃」を伝えるスポーツ・ドキュメンタリーは、これまでスポーツとメディアの関係を根深く規定してきた「ナショナルなもの」を内破する契機を得るだろう。

感動ではなく凄さを語る言葉を手に入れたとき、スポーツ・ドキュメンタリーは鋭い批判性を秘めた独自なメディアの語りとして、新たな姿を現わすに違いない。

注

1　例えば、純粋に競技のルールや技術面のみを伝える番組（スポーツ教育番組）や、過去の試合や競技を題材としたバラエティ番組やクイズ番組なども、広い意味での「メディア化されたスポーツ」と言えるだろう。

2　スポーツにおける「凄さ／感動」を、ここでは以下のように定義付ける。凄さとは、アスリートの身体能力や運動技術の卓越性を目の当たりにした人々に、感嘆を伴う興奮を喚起するものである。それに対して感動とは、「物語」として再構成されたスポーツを見る人々に共感を引き起こすものである。もちろん、実際の「メディアのなかのスポーツ」ではこれら二つの要素は入り交じっているが、ここでは分析的に凄さ／感動を区別して議論を進めていく。

3　スポーツ・ドキュメンタリーにおける「主人公」が、「私たち」の仲間／一員として表象される点については、アトランタオリンピック女子マラソンを題材としたドキュメンタリー番組を分析した、阿部（一九九九）を参照。

4　受け手が「感動の物語」を「私たち」という「想像の共同体」との関連で受け止める点については、シドニーオリンピック開会式を題材とした番組を分析した、阿部（二〇〇一）を参照。

5　中村直文ディレクターへの聞き取りインタビューは、二〇〇一年十二月八日に東京にて実施した。インタビュー時間はおよそ九十分。

6　中村氏は第三作目を作り上げた後の十二月に、それまでの「シドニーオリンピック女子マラソン」に関する取材データをもとに著書を刊行している（中村、二〇〇一）。既にその時点で、近く弘山晴美を取り上げたドキュメンタリーを制作することが予告されている。「テレビのドキュメンタリー番組と活字の書物とで、どのような違いを感じましたか」との筆者の質問に対して中村氏は、

「主観的な印象やコメントを、通常ドキュメンタリーには入れ込めない。それが書けることが面白かった」と答えてくれた。このことからも、弘山に象徴される「敗者の生きざま」を主観を込めて描き出すことを、中村氏がテレビドキュメンタリーにおいて目指していたことが窺われる。

7 現代のスポーツ医学の凄まじさ／無気味さを取り上げたドキュメンタリーとして、二〇〇一年に放送された『ＮＨＫスペシャル世紀を超えて　テクノロジーあくなき挑戦　第三集　疾走　人間の限界に挑む』が興味深い。

8 こうした「反動」の具体例として、長野オリンピックでの金メダルに続きソルトレイクシティー・オリンピックでも銀メダルを獲得した、スピードスケート男子五〇〇メートルの清水宏保選手をめぐるメディアの語りを挙げることができる。清水選手は、その驚異的なスタートダッシュのスピードで知られるが、そうした世界一流のテクニックは科学的トレーニングに支えられた驚異的な身体があってこそ可能である。太さ六五センチを超える鍛え抜かれた清水選手の太ももの映像は、まさに「マシーンのようなヒューマン」を感じさせるものにほかならない。しかしながら、多くのメディア言説は、「練習パートナー」である武田豊樹選手との友情物語や母親・津江子さんとの家族物語を殊更に強調することによって、結果的に清水選手の「凄さ」を「感動」に回収してしまっている。

9 余計な人間性を排した「マシーンのようなヒューマン」としてアスリートの身体能力や運動技術の凄さを表象するテレビ番組として、九五年七月から開始された『筋肉番付』（ＴＢＳ系列）が挙げられる。そこではプロ・アマを問わず各界のアスリートたちが一堂に会し、さまざまな競技が繰り広げられる。それを視る私たちは、感動や共感ではなく驚きと感嘆をもって「スゴイ！」と感じる。『筋肉番付』はスポーツバラエティ番組に分類されるものであるが、スポーツ・ドキュメンタリーというジャンルにおいても、こうした「マシーンのようなヒューマン」を「凄さの衝撃」として語ることが可能かつ必要な作業であろう。

10 ミハイル・バフチンのカーニヴァル論に準拠しつつ、「グロテスクなもの」に潜む政治的かつ詩的な批判性を検討したものとしては、ストリブラス＋ホワイト（一九九五）参照。スポーツ・ドキュメンタリーの語りが、私たちの「身体」をリアルかつグロテスクに描き出すことに成功したとき、それは独自な「ドキュメンタリー」としての位置／意義を獲得するであろう。

参考文献

阿部潔（1999）、オリンピック女子マラソンは「何を語ったか」、伊藤守・藤田真文（編）、『テレビジョン・ポリフォニー』世界思想社。

阿部潔（2001）、シドニー・オリンピック「南北合同行進」の伝えられ方／視られ方、鈴木みどり（編）、『メディア・リテラシーの現在と未来』世界思想社。

アンダーソン、ベネディクト（1997）、『想像の共同体　増補版』白石さや・白石隆訳、ＮＴＴ出版。

ストリブラス、ピーター＋ホワイト、アロン（1995）、『境界侵犯』本橋哲也訳、ありな書房。

中村直文（2001）、『命運を決める一瞬　新・女子マラソン伝説』ＮＨＫ出版。

「主婦」向け情報番組の罠
——沈黙は饒舌に包囲される

田中東子

1 はじめに

「主婦」のイメージは、放送メディアが提供する表象の中に日々、散見している。とりわけ、情報番組のような「主婦に向けて」放送されている番組の中で、「主婦」という表象が繰り返し生産されていく。しかも、その生産するという実践を通じて、本質的かつ実体的な存在として「主婦」が構築されている。本稿では、実際にテレビで放映されたメディアテクストの分析によって、「主婦」が実体的な存在として——物質性を帯びた性化された身体として——構築される方法を検討する。

さて、当初番組を収録し分析対象として考えていたのは、日本テレビ『レッツ!』(八時三〇分~一〇時二五分)、『ザ・ワイド』(一三時五五分~一五時五〇分)、東京放送『はなまるマーケット』(八時三〇分~一〇時二〇分)、『ベストタイム』(一一時二五分~一三時)、『ジャスト』(一四時~一五時五〇分)、テレビ朝日『モーニング』(八時~九時五五分)、『スクランブル』(一一時三〇分~一三時五分)の七つの番組であり、収録期間は、二〇〇一年一一月四日から一六日までの二週間だった。これらは、現在のテレビ番組の中でも特に「主婦」に向けて情報を提供しているとされる番組である。朝と昼に放送される「ワイドショー」ないしは「生活・情報番組」としてカテゴライズされるこれらの番組の制作者たちも、ターゲットを主婦に定めて制作していると、はっきり述べている。

だが、議論のポイントを絞るために、ここでは総てを網羅的に分析するのではなく、私たちが現在のメディアを思考する際に考える必要があると思われる中心的な問いに関連している部分だけを取り上げて検討することにした。それは、「主婦」カテゴリーは、日々の生活と連動しながら具体的にどのように実体化・物質化されているのかという問いである。つまり、これらの番組が、表象の力を通じてある特定の社会的位置に「主婦」という名称のカテゴリーを召喚・配備していく様子や、ある人々の身体を訓化する規範の作用点としてそのカテゴリーへの同一化作用を練り上げていくプロセスについて、本稿では観察することにする。

従って、主婦のイメージを単体で切り出し、並べ、比較検討するというよりは、むしろテレビ番組の構造上の仕組みや、パフォーマティヴな規範化の権力が偽装しているいくつかの手段に目を向ける。更に、テレビの中で「主婦」というものが表象可能となることが示している意味と、表象可能でありつづけるために一貫して採用されている手法について考え、その表象可能性を保証するために消去されてしまっているものの痕跡を、見つけ出すようにしたい。また、「主婦」を表象するというメディアの行為が、社会内部において、「ジェンダー」[2]という社会的規範の効力が作用する場の中で働いているのだという視点に基づいてテレビ番組を読み直し、視覚的に「見える」とされているものが、常に私たちの認識や理解可能性の枠によって条件づけられているのだという点についても考えてみたい。

2　実体論的な主婦から規範的構築物としての「主婦」へ

1　主婦という結節点

「主婦」カテゴリーの節合史として先行する「主婦」研究を読み直してみた時に一番気になるのは、これまで「主婦」というカテゴリーが、何を排除し、何と敵対することによって成立していたのか、という点である。この排除と敵対のプロセスを通じて、「主婦」はあたかもひとつのカテゴリーであるかのように考えられてきた。しかし、その一方で、「ひとつの」カテゴリーであると考えられてきたことによって隠蔽されていた問題というものもあるはずだ。例えば、都市部で生活する主婦たちと農村部で生活する主婦たちは、果たして同じひとつの「主婦」というカテゴリーにまとめられるような共通性を引き受けていたのだろうか。

また、伝統的に「専業主婦／労働婦人」という分節化を行った上で「専業主婦」のみを取り出して「主婦」の問題を論じているが、このような明確な二分法に女性たちを当て嵌めることは本当に可能だったのか。労働婦人もまた、家庭に戻れば専業主婦と同じ役割を担わされてきたのであり、有職の主婦たちと無職の主婦たちを対立するカテゴリーとして二分化するような分類法は、あらゆる女性に強いられてきた「家事業の負担」という問題を隠蔽し続けてきた。その一方で、こうした「専業主婦」と「有職主婦」との切り分けは、まさに男女間の関係の二分化に対応する形で両カテゴリーの実体化を促し、両者の対立軸を設定してきたのだと考えられる。

更に、主婦をある何らかの実体として捉える立場を取ってきたことで、階級や人種や地域性といったそれ以外の差異を無色透明化し、主婦をつねにそこに「存在」しているものとして——完全に決定されたカテゴリーとして——前提せざるをえなかった。例えば、高い社会階層に位置する無職の主婦と、経済的な困難さを抱えている有職の主婦とを比較してみた場合、経済的な領域に限定するならば、「専業主婦は抑圧されている」といった言説は、ほとんど意味をなさなくなる。このように、ひとことで「主婦」と言い表してしまうことによって、「主婦であること」が抱える多種多様な問題点が隠蔽されてきたと言えるだろう。

こうした問題が挙げられるにもかかわらず、メディアの中で、特に本稿で対象とするような番組の中で日々表象されている「主婦」は、極めて純粋なものとして設定されている。つまり、「主婦」が——ここでの「主婦」は、社会階層も居住地も学歴も職歴も子供の有無も、何もかもが脱臭化された得体の知れない存在としてたち現れているのだが——「専業主婦」と無批判に等価関係に置かれている。[3] けれども、その表象を、間違ったものであると非難し、それに代わる〈正しい主婦〉の表象を置くような解決策を、私たちは支持できるだろうか。むしろ、メディアの中に見られる表象の善し悪しを批判の軸に据えるのではなく、そこで表象されているものを、決して到達することの出来ない理想的な規範の集合体であると考え、それへの憧憬や欲望を喚起することによって、女性たちの日常的な行動や認識を規定的に生産していくメディアの役割について批判的に思考する方が、意義のあることではないだろうか。

では、このように「主婦」という名称が「専業主婦」というあたかも実体的であるような存在として固定的に配備されていることは、具体的にどのような問題を引き起こしているのだろう。水田珠枝はすでに一九六〇年に、「ほとんどすべての女性が、多かれ少なかれ一生のうちのある部分を家事労働についやしているのだから、家事労働の担当者に固定化された主婦の解放は、全女性の解放とかかわりをもっている」[4]と述べることによって、「主婦」を問題にする意義を的確に表現していた。ここで水田が言う「主婦」とはまさに「専業主婦」のことであるのだが、それを「ほとんどすべての女性」と切り分けて言及することによって、「ほとんどすべての女性」のライフサイクルの中に、「専業主婦」として表象されるものが一時的な「状態」としてしか現われないのだということとを、無意識的に言い表している。
「主婦」というこの名称は、決定的で実体的な定義・記述がつねに不可能であるということを覆い隠してしまい、その使用者たちに、その名称の新しい定義を追及することを忘れさせてしまう傾向にある。けれども、「主婦である」ということがそもそも何を意味しているのかを言い尽くすことは出来ないのであり、「主婦である状態」や「主婦としての演技」が一時的に、ないしは連続的に出現するだけだと考えてみることも可能ではないか。今も昔も、「主婦という存在」があったのではなく、「主婦である状態」が繰り返し生産されているのだと。

主婦をめぐる様々な言説を眺める時に私たちが最も問題視すべきことは、これまで、「主婦」の表象が「母親」の表象と並んで、女性の生き様、女らしさの典型例として表象されてきたという点である。実際、表象されている「主婦」の身振りというものは、「女らしさ」を構成しているイメージ群と多くの類似性を描いている。望ましい「主婦」の行いと女性らしいふるまいとは、相互参照の関係にあるので、「主婦」について考える時には同時に、「女らしさ」についても考えておかなければならない。つまり、「主婦」というカテゴリーは、ジェンダー形成と社会的役割論の結節点に位置付けられているのである。だからこそ、「主婦」の生き様や存在価値をめぐる言説が、長い間フェミニズム論争の賭け金となってきた。

例えば、『はなまるマーケット』のあるコーナーでは、女装した男性に「主婦」を演じさせることによって、「主婦」のふるまいを克明に描き出している。番組の中で、この女装した男性が演じる「主婦」は、夫役の男性とともにアウトレットショップに出かけるのだが、そこで彼女は夫に、洋服や宝石などを買うようねだってみせる。「彼女」は、青いワンピースと白いカーディガンを身につけ慎ましやかないでたちで、見事に「女らしい」ふるまいと、「主婦じみた」語りを演じていく。そのパフォーマンスは、女性らしい仕種のパロディであり、女装の男性が演じているにもかかわらず、女性以上の「女らしさ」や「主婦らしさ」を表現している。こうしたパフォーマンスによって、「女らしさ」そして、それを参照しつつ構築される「主婦」の身振りやふるまいは、引用・反復された演技にすぎないということが判明する。従って、「主婦」の規範化や「主婦」が表象される空間についての批判は、「主婦」以外のライフサイクルを兼任ないしは積極的に引き受けている女性たちにも、深く関係している。それは、伝統的な意味付けを背負わされた「女らしさ」の強制への批判だからである。また、演じられた「主婦」の本当らしさに注目することによって、規範の反復というパフォーマンスの優れた引用の場としてのメディア表象の空間を説明することができるだろう。

2　規範的構築物としての「主婦」

これら「情報番組」に見られる「主婦」の反復的構築を引き起こすパフォーマンスは、「実体としての主婦」というものが前提され絶対化された場合には、本質主義の諸言説を強化するためにたやすく奪用されるようになる。従って、構築主義の諸理論[5]に基づく思考を実践するためには、「実体としての主婦」という考えから距離を取り、カテゴリー、名称としての「主婦」を想定してみなければならない。本質化され絶対的存在へと還元された「主婦」や「主婦性」があるのではなく、社会的空間での引用的諸実践の歴史的蓄積や反復的沈澱によって生成される身体という物質を「引き受ける」[6]ために、「主婦」というアイデンティティ・カテゴリーが設定され、そこへ同一化する人々が召喚されているのだ。

「主婦」とは、アイデンティティ・カテゴリーに与えられる、ひとつの名称（＝呼びかけ）である。常に繰り返される呼びかけの遂行を通じて、また、安定したカテゴリーであると「見せかける」ことによって、それはある種の効力を発揮している。換言するなら、「主婦」カテゴリーを実体とし、その物質性を所与のものとして扱い容認することが、その物質性を強化・維持し、その出現の諸条件を再生産している。これまで通常、それを擁護する側からも批判する側からも、「ステレオタイプ」的な表象であるとみなされてきた、引用・反復的に構築されている物質性を帯びた「主婦」という名称を、時間を通じて行われる様々な実践が堆積した厚みの中で、物質化作用のプロセスとして再設定し直すこと。それによって、これら実体化され物質性を帯びたカテゴリーへの同一化の瞬間、すなわち「あるべき理想的な像」への最大接近の瞬間にこそ、規範化の力の痕跡が立ち現れるのだという点が明らかになるだろう。ここで私が問題にしているのは、諸実践が規範に照らし合わされ、それとの距離を測定され、その距離に応じて諸実践の行為主体・認識主体が社会空間の中で特定のアイデンティティ・カテゴリーの引き受け手として召喚・配置される瞬間が常に繰り返されているという点である。

このような瞬間は、メディアの表象空間の中で、いくつかの仕掛けによって、比較的安定した形で繰り返されている。もし「主婦」という実体が、議論の余地なく確固たる真実として存在しているのであるなら、私たちはこれほどまでに騒々しく「主婦」イメージについて語り続ける必要はないはずである。だがこのような瞬間がメディアを通して日々繰り返し訪れているという事実は、「主婦」という実体などどこにもないのだという不安こそが、しつこいくらいに特定の表象を反復する原動力なのではないかという疑念を、図らずも露呈させてしまう。つまり、諸実践を通じて繰り返された物質化作用の各瞬間の結果として、そこで立ち上がり行使される規範化の力によって日々再生産されているものこそ、「主婦」という実体化され物質化された身体なのである。従って、「主婦」という言説・表象がひとつの規範的なモデルとされ、それを「主婦」というアイデンティティ・カテゴリーを引き受けた身体へと転化させる日常的な装置のひとつとして、メディアというものを定義づけることができるだろう。

他方、この名付けによる物質化作用のプロセスの中でこそ、権力は作動している。[7] 表象することだけが、権力の働きなのではない。権力が表象「のように」働くことこそ――表象の手段である名称やカテゴリーや同一化作用「として」働くことこそ――が問題なのだということを確認しておく必要がある。つまり、どのような社会的存在であっても、何らかの名称を名乗り、何らかのカテゴリーとの同一化を経なければ、例えば、「主婦」を名乗らなければ――「主婦」カテゴリーに自己を偽装させ、同一化させるという手続きを踏まなければ――社会的に「可視的な」存在となれないこともまた、確かな事実なのである。[8] こうした意味において、規範化する権力は、「生産的な権力」として捉えられるべきだというバトラーの主張は、正当であるといえるだろう。

「アイデンティティ・カテゴリーは社会的に構築されている、という主張はもはや新しい発見ではない」と、人は言うかもしれない。だが、構築はつねに一回きりのものではなく、その決定的な瞬間などありえない以上――構築に継ぐ構築の瞬間が重なり合い、その時間を通じた堆積の厚みが歴史性と物質性を帯びて次なる構築を生み出す母盤を生成し続ける以上――それを観察する私たちもまた、常に繰り返される構築の瞬間に幾度となく立ち会い、その目撃を証言していかなければならない。絶え間ない生成の瞬間を倦むことなく追跡し、望むべくはその瞬間を越えてしまうこと。

日常性、日々のなにげないやり取りというものは、決して政治的に中立である訳でも、権力による取り込みから自由である訳でもない。だからこそ、私たちはマスメディアによる表象の政治的悪用を精確に指摘し批判していく必要がある。だが、このようなアイデンティティ・カテゴリーの表象は、日常的実践の安定した規範軸や参照点であるばかりではなく、カテゴリーの安定性をつねに問い返す、「躓きの石」[9]や「トラブルの場」[10]にもなりうる。何故なら、視聴者が生活する社会空間はメディア表象の空間とは異なる力学の中で編制されており、その中で視聴実践が行われる時に、その解釈に何らかのヴァリエーションが発生することによって、つねに「存在する」とされている安定したカテゴリーの境界線を揺るがす力、攪乱の契機が出現しうるからである。安定したカテゴリーが出現するや否や、そのカテゴリーを囲う境界線が引かれる場所をめぐる攻防が、つねに立ち現れはじめるのだ。

それ故、表象の悪用を指摘するだけでなく、それらに対抗する表象の解釈を読み取り証言していく、という別方向の作業を同時に行っていかなければならない。そのためには、ラディカルな構築主義の理論がもたらした成果を踏まえながら、メディアの表象の場で――いまこの場所で――行われていることに立ち会っているのだと言わなければならない。とりたてて特殊な事例について考えるのではなく、日々、なにげなく放送されている番組内容を取り上げ、そこで行われていることを観察することによって、また「主婦」の表象化のプロセスを見ることによって、女性の「解放後」といわれる現在、女性たちの現状を考えるひとつのやり方を提起できるのではないだろうか。

3 主婦の純化装置としての情報番組

1 番組の編制とその特徴

さて、ここでは「情報番組」を、東京放送のオウム・ビデオ問題以降、脱芸能・脱事件の方向で展開されてきた放送コンテンツをメインに据えている番組であると定義しておく。[11]かつての芸能ニュース・事件ニュースの報道を中心としていたワイドショーの形式を一部踏襲しつつも、健康や美容に関する情報や家庭生活のあらゆる面をサポートする情報が、「情報番組」では視聴者に提供されている。また、番組によって放送の開始・終了時間や合計放送時間は異なるものの、午前八時代から昼時を挟んで午後四時くらいまでの時間が、断続的にワイドショーや情報番組に当てられている。内容を見ると、「情報提供」と「企画物」の二つの分野から番組は構成されている。情報提供部分は、ニュース（報道系・芸能系）、特集（事件報道系・生活情報系・経済法律系）、その他（天気予報・夕刊読みなど）の三つに大きく分けられる。この情報提供部分が番組全体のおよそ半分あまりの時間を占めている。残りの部分は企画物であり、企画コーナー（衣・食・住のいずれかを主題に据えた一般の主婦参加型のコーナー）、ゲストコーナー（芸能人などをスタジオに招くコーナー）、クイズコーナーなどに分類できる。

特徴としては、まず、番組の内容と構成が一定の制約下に置かれていることが挙げられる。幾分かのヴァリエーションはありながらも、報道系のニュースを除くすべてのコーナーの主題が、「絶対に」衣・食・住というドメスティックな三本柱から外れていないことから、制約があることは明らかである。スタジオの作りも、そうした制約を助長している。そのドメスティックなインテリアは、家庭のキッチンやリビングを模したものであり、主婦のいる場所は「家の内側」なのだということを暗黙の内に主張することによって、主婦の純化を進めるための舞台装置を作り上げている。メディアを通じて表象された、いつでも家の中にいる「専業主婦」の図象と完全に一致する実体としての主婦など有り得ないのだとするならば、あらゆる主婦たちの生活の場は、「家の外」にも広がっているはずである。だが、まるでゆるやかに囲われた監獄のような場所の中でのみ、番組は進展していく。スタジオの作りが表している閉鎖性は、直ちに取材ＶＴＲの中にも浸透していき、取材される「主婦」の多くがいつでも「家の中」に囲い込まれているという不自然な限定性に対して、視聴者が違和感を抱き難い構造になっている。更に、番組の合間に挿入されるコマーシャルの内容も、その対象商品は家庭用品、食料品、化粧品などに集中しており、番組の内容や構成と共鳴して、ドメスティックな場への「主婦」の囲い込みを遂行している。つまり、コマーシャルまでも含めて、ドメスティックなパッケージングがなされたもの——それが情報番組である。

第二の特徴として、各コーナーの時間的細分化を挙げることができる。各番組で、開始直後の時間帯に流されるニュース部分は、例外的に長い時間（一五分から三〇分）を充てられているが、その他の情報提供コーナーや企画コーナーの多くは、十分前後の間隔で矢継ぎ早に展開される。そこには、製作者側が指摘しているように、「コマ切れの情報を提供して特に興味ある場面で注目してもらう[12]」、「用事をしながらでも見られる[13]」といった見解が反映されている。

さて、第三の特徴として、視聴者を参加させる形での番組作りを挙げることができるだろう。情報番組の企画コーナーには、しばしば一般の主婦たちが参加している。例えば、「お宅訪問！クローゼット探検」（『レッツ』）、「世直しビューティCHECK！」（『ザ・ワイド』）、「必殺リフォーム計画」（『ベストタイム』）、などのコーナーを挙げることができる。これらのコーナーに登場する主婦たちは、取材用カメラを前に大いにはしゃぎ、好き勝手に語っているように見える。しかし、次節以降で詳しく検討するように、承認され模範とされる主婦像からその語りが大きく外れてしまう場合には、取材ＶＴＲの映像に重ねてこまめに挿入されるスタジオでのトークによって特定の意味付けや解釈が施され、その逸脱するための余地をすっかり塗りつぶされてしまう。ＶＴＲを流しながらそこに挿入されるスタジオの声と、ＶＴＲを一時停止させて画面がスタジオに戻った時に付け加えられる声、という二種類の声による注釈によって、ＶＴＲの中で行われた主婦たちの発話やふるまいは、その作用がかなりの程度、規定されてしまうのである。

最後に、情報番組の意義を、「科学の衣装をまとった先達の智恵袋」のようなものであると要約することができるだろう。女性たちによる口承文化を通じてこれまで伝達されてきた、家庭生活に関する日常的知識を基幹として、番組は構成されている。しかし老人たちの直接的な語りが持つ言葉の重みに根ざすことのないそれらの知識は、その信憑性を裏付けるために、科学的な装い[14]を必要としている。とりわけ、健康な身体の維持を目的とする、高度に専門化された知識（栄養学、生理学等）の提供が、情報番組に独特なものとなっている。一見、料理の作り方を教えているにすぎないコーナーであっても、専門家や科学者のコメントが添付され、健康な身体の形成・維持との関連の中で、素材の選び方や調理の行程が説明されていく。確かに、番組が提供する情報は、近年より一層、健康管理や公衆衛生、栄養学といったテーマ群[15]にシフトしており、家族構成の変化や生活形態の変化を通じ、口承による知識の伝達網が衰退していく中で新たに敷設されたメディアネットワークによる身体の管理の進行をここにみることができるだろう。生活を営むための様々な工夫や技法が帯びる「必要性」を逆手に取り、「健康」や「衛生」といったキーワードを足がかりにして情報番組が提供する情報は、科学とメディアによる私たちの身体の包囲網を形成するのに役立っている。

2 「主婦の純化」のメカニズム

この節では、企画コーナーを中心に、「主婦」の純化が行われるプロセスを、番組の展開に沿って見ていくことにする。企画コーナーの基本的な構成は次のようなものである。例えば、「隣のワケあり家計簿」（『ザ・ワイド』）、「近藤典子の快適！生活Gメン」や「平野寿将の参上！お助け料理人」（『ベストタイム』）といった各局の企画コーナーでは、毎回ひとりの問題ある主婦――大抵、「主婦」としか説明されないが、時には会話を通じて有職者であることが判明する――と、ひとりのプロフェッショナルな指南役――男性だったり女性だったりトランスジェンダー風であったりする――が登場する。視聴者たちは、スタジオのキャスターやコメンテーターとともに、その主婦についての取材VTRを見ることになる。VTRの中では、まず始めに主婦の家事能力と家庭経営に関する知識（料理、家計、美容、収納など）が指南役によって厳しくチェックされ、そのダメっぷりが明示される。次に指南役は、ひとつひとつポイント立てて、主婦の行いを糾弾したり賞賛したりする。その際、指南役はその領域でのプロフェッショナルとして表象されるため、その言動は絶対的で規律正しい「主婦」のパフォーマンスを示すものとされる。その後に、その主婦たちは指南役とともに、「正しいやり方で」家事を実際に実践させられる。このとき、主婦は極めて従順であり――というよりむしろ、従順であるようにされていて――まさに「身をもって」主婦業をなぞっていくことになる。

視聴者たちは、番組の進行と共に、VTRの中の主婦、キャスター、リポーター、指南役など様々な位置との同一化を経て、自己を律し、反省し、他者を監視し、糾弾する視線を再構築していく。そこで行われているのは、視聴している人々を「主婦」の鋳型へと嵌めこむことであり、「主婦」をとりまく人々による監視的な視線の統一的再強化である。このように、諸実践が行われる範囲の「囲い込み」として、規範化する力は現れる。そして、規範的であるとされる図象と、それを視聴している人々の社会的位置取りとの間にある心理的距離感に応じて、規範化する力は強く弱く作用する。

上述したオーソドクスな構図とは多少異なるが、「近藤典子の快適！生活Gメン」(『ベストタイム』)の中で、規範化された「主婦」表象が再生産されるあり様を確認してみることができる。そこには、整理整頓を「生きがいだ」と言う主婦たちが登場し、日々彼女たちが、いかに立派に「主婦」を演じているかが証明されていく。どのような番組構造の中に彼女たちは配置されているのだろうか。リード部分のナレーションはこんな風に始まる。「これまで様々なダメ出しを行ってきたGメン。その結果、主婦たちの中に収納に目覚め、腕を上げてきた主婦が出てきた」。スタジオには、番組前半にニュースを読み上げていた男性キャスター一人と女性キャスター二人（A：「賢夫人」風、B：「若妻」風）、それに「アメニティ・アドバイザー」なる肩書きを持つ近藤典子という女性がいる。女性キャスターAが近藤を紹介した後に、「おうちでこう、真似をしてね、一生懸命改造してくださる方も沢山いらっしゃるとか。でも、それだけじゃあ物足りない。近藤さんにそれをごらんいただいて、チェックしていただく」と企画の主旨を説明し、続けて取材VTRに登場する二人の主婦が、ボードを使って紹介される。

その後、VTRが始まり男性リポーターが一人目の主婦の家を訪問する場面が流れる。リポーターはリビングの収納をひとつひとつチェックしていくのだが、その映像に、スタジオにいる近藤の解説の声と、それに反応して主婦の工夫を賞賛するキャスターの声が重ねられている。つまり、視聴者はVTR内の映像と会話を視聴しつつ、そのVTRに外側からかぶせられたスタジオにいる人々の注釈の声を、同時に聞いていくことになる。

ここで指摘しておきたいのが、「VTR／スタジオ」という二重構成による「注釈の効果」である。スタジオ内でキャスターやゲストたちがVTRを見るという企画コーナーの構成は、なにも情報番組に独特のものではなく、バラエティ番組やクイズ番組などにも見られるものである。しかし、情報番組の場合には特に、VTR／スタジオの二重構造が、登場する主婦たちの口を塞ぎながら主婦たちの行動を説明し、その良し悪しを判定していく効果を持っているようである。こうした構造の中で――表象それ自体の沈黙と、それに加えられる饒舌さとの対立構造の中で――「主婦」の純化が遂行される。

リポーター「（近藤マジックの）三大アイテム知ってますか？」
主婦「カラーボックス……すのこ……レクポスト」
〈このやり取りを映し出す映像に重ねられるスタジオの声〉
近藤「よくGメンを見てますね。」
女性キャスターA・B「すご～い。（口々に）」

ここでのリポーターによる問いかけは、番組で日々伝授している収納技法に対する知識への熟達度を測るものであり、主婦による回答とその回答への惜しみない賛美の声は、それを「知っていること」、しかも無駄なくよどみなく返答できることが、番組を構成している空間の中で望まれるべきふるまいであることを示している。そして、このような「正しい」とされる応答とそれに加えられる賞賛の声との組み合わせによって、表象される「主婦」のふるまいとそれを視聴する人々の認識を同時にある一定の方向へと誘導する仕掛けは、企画コーナーの構成の至るところに見出せる。

VTRでは続いて、ストーブの収納方法、手作りティッシュ箱、手作り新聞ストッカー、手作り小物収納箱、などリビングでの収納を工夫するための数々の技が紹介される。その度に、近藤の解説とキャスター三人の感嘆の声が映像にかぶさる。ここでいったんVTRは止められ、画面はスタジオに戻る。男性キャスターがまずにこやかに、「うれしくなりますね～。ここまでやるとね～」と語りかけ、それに対して近藤も「本当ですね～。」と相槌をうつ。そして、借りてきたティッシュ箱をスタジオで披露し、「細かい手作業ですね～、すばらしい」（近藤）などとひとしきり賞賛した後に、今度は至らなかった点についての指導が行われる。例えば、収納扉のビスのつけ方がなっていないなどと仔細な点をいちいち指摘し、より美しく収納するための技術を伝授するのである。そのまま画面はコマーシャルに切り替わるが、そこで扱われているものもまた、乳液、ダイエット食品、洗剤等の家庭や美容に関する商品であり、視聴者は家庭の外側に出ることができない。

さて、コマーシャルの後、VTRは再開される。今度は、和室の映像である。リポーターが、押入れ、収納棚、などの工夫を紹介する。それに対して、またもやスタジオにいる男性キャスターの「近藤さんの、全部アイディア使ってますよ」という声が重ねられる。次に映像はキッチンに移り、戸棚、炊事道具の収納の様子を紹介し始める。同時に、セリフだけでなく、画面左上隅にスタジオの人々の表情が次々にアップで映し出されるようになる。主婦の工夫のひとつひとつに「よしよし、よくやっている」とでもいうように満足そうな表情を見せる近藤に対し、キャスター三人はその工夫に驚きの表情を浮かべてみせる。そして、ここで再度ＶＴＲは止められ、スタジオに画面が切り替わる。

近藤「日ごろ私なんかが言っていることを実践してもらってますね」
女性キャスターＡ「ほんとに見事に出てきましたね、近藤先生のテクニックが」
（中略）
男性キャスター「つまり、こういうことから始めれば、あいう風になれると」
近藤「そういうことです。『私にはできないわ〜』じゃなくて、出来ることから始めて下さい」
女性キャスターＢ「そのぐらいだったら（私にも）できる！」
（中略）
女性キャスターＡ「もう一方いらっしゃいましたよね。（略）収納が、ライフワークとおっしゃっている」
男性キャスター「おそろし〜」
女性キャスターＢ「すご〜い！」
近藤「（その日紹介された主婦の家事技術の高さに驚いてばかりいる女性キャスターＢに向かって）ちょっと反省？」
〈女性キャスターＢは近藤に向かって、殊勝な表情で大きく肯いてみせる。〉

ここでは、スタジオの女性キャスターたちが視聴者と同様に「主婦」に戻る瞬間が訪れている。「説教する主婦」として、また時にはＶＴＲの中の「賞賛される主婦」を見ながらわが身を「反省する主婦」として、彼女たちは表象された「主婦」カテゴリーの呼びかけに応える役割を演じるのである。こうしたスタジオでのやりとり――「呼びかけ」とそれに対する応答という対話を通じて、視聴者への「家事にこれぐらいの手間をかけるのは当然だ」、「手作業、手作りは素晴らしい」というメッセージが送り出されている。そして、この「手をかけること＝手作り、手間、手作業の賛美」というメッセージは、他局の企画コーナーにも共通して、また頻繁に発せられているものであり、情報番組を通じて流布されている。

ここで再びコマーシャルが入る。今度は、ミシンの通販、キッチン洗剤、ラーメンの宣伝である。その後、またＶＴＲが再開し、リポーターが二人目の主婦の家を訪問する映像が流される。リポーターは主婦に案内されるまま二階にあがり、リビング兼ダイニング兼子供部屋という広間をチェックし始める。その映像に対して「これは恐ろしいよ、先生。すごいよ、完璧だよこれ。見事ですね〜、これは」というスタジオにいる男性キャスターの声が挿入される。そのまま画面は手作り収納棚とレクポスト棚のチェックに移る。そのレクポスト棚は子供用品の収納棚であり、子供が遊びながら片付けられるようにと、ミニカーの車庫棚などが設置されている。子供が実際に率先して片付けをする映像を流しながら、再度スタジオの声が映像につけ加えられる。

男性キャスター「これこれこれ。奥様見ましたか？　二歳でも片付けられるんです」
近藤「子供がいるから片付かないっていうのは、あれは違いますよね」
〈このセリフの後、画面はＶＴＲからスタジオへと切り替わる〉
女性キャスターＡ「そうですね〜」
男性キャスター「そうか〜、言い訳にならないんだね。子供がいても、収納する場所があればいいんだ」
近藤「そうです。システムが出来てたら大丈夫と、いつも言ってることを実践してもらってます」

（中略）

男性キャスター「今日のこと、ぜひ実践してみて下さい」

ここに見られるのは、視聴者へのあからさまな呼びかけである。これもまた、企画コーナーでよく使われる手法なのだが、「奥さん」、「全国の主婦の皆さん」といった名称を随時織り交ぜながら、リポーターやキャスターは番組に登場する一人の主婦のふるまいと、それを視聴する人々とをつなぎ合わせ、「主婦」を実体化させるための包囲網を築き上げていく。ここには明らかに、情報番組が放送され視聴されている社会空間を包囲している規範化の力によって形成される場、換言するなら「主婦」カテゴリーのステレオタイプ化された表象を承認する眼差しに包囲された空間の生成を見て取れるだろう。それは、議論の余地なく「見えているもの」の意味作用を決定している力によって作り出され維持されている空間である。テレビ番組は、そうした空間の内部で放送されているのであり、その内部で流通している図象――これまでもずっと「そうである」とされてきた表象――の姿に仮装し、それを演じる行為者でなければ、表象「として」取り上げてもらうことはできない。つまり最初から、「主婦とはそういうものではない」という批判が生成する余地が抹消された空間の中で、「主婦」の表象は繰り返し再生産されていくのである。そこは、抵抗的な試みでさえ従属へと転換され、饒舌さが沈黙と同じような効果しか持ち得なくなるような空間なのである。

この節では、現実の一側面にすぎない実践についての語りが、ごく自然な形で規範的な性格を持つ語りへと転化されていく様を観察した。テレビというこの空間の内部には〈良い主婦〉／〈悪い主婦〉という選別の結果が次々と張り巡らされるのであり、メディアはそこで表象されるいくつもの主婦のヴァリアントの間に、範囲の画定、検閲、価値付けを行う装置となる。また、テレビの中での諸々の実践者たちを同質的な集合体へと無邪気に還元してしまう表象の力が、「透明で具体的な中身を消し去られた存在[16]」、つまり純化された存在としての「主婦」を生産していく。このような純化を押し進めるために、番組の中には構造的な仕掛けがほどこされている。それらの仕掛けは、表象される当の主婦を比喩的な意味での「沈黙」へと追い込み、そのしゃべりの逸脱を決してゆるさないのである。つまり、「はみ出し」や「解釈や議論の余地」を抹消する方向への力の働きかけが作動する空間の中では、視覚の拘束力がつねに作動していて批判の余地がないのだ。けれども、そのことを十分に認識した上で、続く節ではそれでもその空間からはみ出そうと蠢くものに、目を向けていくことにしたい。

3 「笑い」が帯びる多層性

私は導入部で、主婦を実体的な何かとして捉えるのではなく、構築されたあるアイデンティティ・カテゴリーとして考えてみることを提起した。「主婦」を実体的な存在として設定するような認識の配置図は、「見えないもの」を不可視の状態に置き続けたままで「見えるもの」をつねに決定してしまう。それは、見えているものの共有を、見る私たちに絶え間なく強要することによって、そこで「見える」とされているものを実体的な存在として容認するよう促し、その結果「主婦」という揺るぎのない存在を現出させ続けている。

だが、このような揺るぎない存在として固定された表象に亀裂はないのだろうか。そこに、うっかりはみ出してしまう表象、規範を揺るがしてしまいそうになる表象の「過剰」ないしは「過少」はないのだろうか。メディアの表象空間では、「主婦」の純化というパフォーマンスが日々繰り返し遂行されているにもかかわらず、常に無数の実生活での諸実践が純化を超え出るものとして、純化を揺るがすための根源的な力を供給し続けているのではないか。そうした力は、亀裂として表象の場に現れて、純化されたものに不純物を混入させようとする。そしてまたそれらの力は、捉えることが不可能な動きの残響として、表象空間を震わせもする。テレビ画面に登場する表象に取り憑いてしまうこれら表象の残滓をすくい出していくことこそ、私たち、メディアを批判的に思考する者たちに残された数少ない対抗手段であるともいえる。私たちは、「テクスト内に現れている抵抗の痕跡、異なる種類の耳障りな力がせめぎあう場として、衝動という現象がもたらす予測できぬ潜在力として、テクストがテクストに対して自己逸脱する様や抵抗する跡[17]」を捉えた上で、抵抗の現場に立ち会ったのだという「証言」を、行っていかなければならない。

純化の遂行に役立つ限りにおいては、〈悪い主婦〉、〈逸脱した主婦〉にも、生存の余地は与えられる。これらの「失敗したパフォーマンス」、「無数の派生物」は、いつでも必ず排除されるわけではなく、場合によっては「笑い」を担う要素として、含み込まれて表象されることもある。どの番組を見ても明らかなように、実際のところ、規範からはみ出してしまう、女らしくもなく、家庭的なことが苦手な「主婦」は、あちらこちらに散見している。例えば、買いおきした食料品を冷蔵庫の中で腐らせてしまう「主婦」、掃除をしない「主婦」、浪費癖のある「主婦」など。そしてこうしたはみ出しは、前節でも説明したように、説教され糾弾され、そのふるまいを矯正されるべき〈悪い主婦〉という役割を与えられて、番組の構成の中に回収される。そもそも「具現化することが本来的に不可能な規範的な[18]」位置として「主婦」が定位されるのであるとするなら、「主婦」になるためのパフォーマンスは、常に失敗の可能性とともに現れ、「不可避の喜劇[19]」とならざるをえない。従って、彼女たちのふるまいの多くは、様々な位相で笑いの要素に転換された後に表象されることになる。

こうした角度から観察してみるならば、「情報番組」に登場する主婦たちは、「主婦」の失敗例ばかりなのだと主張できるのではないだろうか。そうすれば、完璧で過不足ない主婦など番組の中には見当たらず、より完璧に近いとされる主婦でさえ、「もっと頑張りなさい」と奨励され続ける仕組みが前景化されるようになる。こうした叱咤激励の中で、確かに、「笑い」は、その笑いの対象となる人々から闘争性を剥ぎ取り、彼女たちを従順な存在へと作り換えるような効果をもたらす。だがその一方で、そこに異質なものが居るのだということを示し、またそれらの人々が持つ脆弱ではあるけれども攪乱する力を標示する記号として作用していると考えることもできるのではないか。そしてまた、それは純化を遂行する際に、「笑い」を担う要素として生存の余地を与えられることすらないままに排除されてしまったものが、部分的ではあるものの破壊的に回帰する瞬間にもなっているのではないだろうか。

　沈黙と見紛うばかりの声なき笑いを微かに行われた抵抗の痕跡として、多重の意味を帯びたものとして目撃し、それを証言すること。そこでは、「笑い」を生産する行為者の位置もまた重要な意味を持つ。ＶＴＲの中に登場する人物たちの笑い、スタジオのコメンテーターたちの笑い、そしてまたそれらを視聴する私たちの笑い。このような視点から読み直してみると、確かに情報番組の中には、様々な笑いが点在しているようである。嘲笑、自嘲、侮蔑、撹乱、抵抗――表象の現場で見られる笑いには様々な様態があり、とりわけ場を混沌の渦に巻き込もうとする「撹乱の笑い」や、「弱々しい抵抗の笑い」へと「笑い」が推移する地点を、最後に呼びおこしていくことにしたい。

　例えば、『ベストタイム』の「平野寿将の参上！お助け料理人」という企画コーナーに、上述したような構図を読み取ることが出来る。異質なものを「笑い」へと還元していく動きと、それにもかかわらず、そこからはみ出してしまわざるをえない、女性たちのふるまいである。リード部分でナレーターは、「ツワモノが現れた！」、「いかめしい防具の下から現れたのは、りりしいやまとなでしこ」という言葉と共に、取材した主婦を画面に登場させる。取材ＶＴＲが流され始め、依頼人の紹介が行われるが、その中では彼女が剣道五段の有段者で剣道場の副館長であることがとりわけ強調される。その一方でナレーターは、「竹刀を持てば五段の腕前も、包丁に変わるとたちまち不安だらけの初心者に。それでもおじいさんの健康の為に精一杯努力してきたつもりでした。」と語り、男勝りな主婦が、義父への愛情から不器用ながらも頑張って家事をこなし、家族の感謝を受けるという物語のレールを敷こうとするのである。ここで使われる「ツワモノ」という言葉は、表面的にはこの主婦が「女だてらに」剣道を教えていることから用いられているように見えるのだが、番組が進むにつれて、別の意味を帯びたものとなる。それは、この主婦のさりげない逸脱ぶりと手におえない様を表現するものとして機能し始めるのである。

　さて、番組の主旨は、以下のように紹介される。この主婦が同居する七九歳の義父に、「元気がでる栄養のあるものを、もっと食べて欲しい」と考えながら、常々工夫をこらして調理しているにもかかわらず、義父はその料理が気に入らず、彼女が作るものをすべてお湯で薄めて食べてしまう。その一方で、義父は夜中にこっそりカップラーメンを食べており、そんな義父になんとか美味しい料理を食べさせてあげようと、彼女は「お助け料理人」を呼ぶのである。ここで、画面一杯に、「REQUEST：おじいちゃんが元気になる料理」というテロップが表示される。ＶＴＲによる一連の説明の後に、画面はいったんスタジオに戻される。そこには、男性キャスター、女性キャスターＡ・Ｂ、料理人平野寿将の四人がならんでいる。そこですかさず男性キャスターが、「相手は手ごわいですよ。手ごわい」と語りかけ、平野も「手ごわい。強かったですよー」と応じるが、この時点で既に、この男性キャスターが笑い声を上げながらこの台詞を口にしていることにまず注目しておきたい。それは、ここでもまた「手ごわい」、「強かった」という言葉が、剣道をたしなむ女傑であるという意味と、料理を上手くこなす器用さがない――つまり説教・訓化の効果を引き出すのがいかに大変だったか――という二重の意味を含んでおり、彼はその後者の意味を読み取って笑っているのだ。他方、二人の女性キャスターはこの主婦のふるまいに対して笑うという反応を示すことはなく、淡々と番組を進めていく。女性キャスターＡが家族構成とリクエストの確認をし、「それでは、メモのご用意をしてどうぞ」という言葉と共に、再び取材ＶＴＲに画面が切り替わる。

ＶＴＲでは、まず依頼した主婦と平野が近所のスーパーマーケットに買い出しに行く場面が流される。平野が次から次へと素材を選び、主婦が押すカートに放り込んでいく。素材の選び方についてギャグを交えながら得々と語る平野に対して、主婦は大袈裟な笑いで応じながらも、平野の説明の合間にいちいち「はい。はい。」とまめな相槌をさしはさむ。まるで、自分が良き生徒であるのだと自ら主張しているかのように、その相槌を打つ頻度の過剰さが目につく。この間、画面の中心的位置を占めているのは平野であり、それに反して主婦の方は、その体の一部が画面の端の方に切れ切れに写るばかりである。

さて、買い物シーンに続いて「ほくほくダイコン寿将鍋」というテロップが現れ、一品目の調理シーンに移行する。指南役の平野は、調理手順を教えるだけではなく、ほぼすべての作業を自分で行ってしまう。時折、同じ作業を行うよう指示されて、主婦も調理を実演する。しかし、彼女がダイコンに隠し包丁を入れる場面では、最初はリズム良く、「おお、いい感じじゃない。リズムリズムだ」と平野に誉められ、「はい、こんな感じで」と彼女も応じているが、途中から包丁捌きが悪くなり終には失敗してしまう。そして、「あっ、切っちゃった」と呟きながら自嘲気味に笑い、しかも包丁をまな板の上に投げ出そうとしてみせる。おろし金を使ってレンコンをすりおろすシーンでは、作業をしながら彼女は呟く。「よくやるんですよこれで。一緒に手もおろしちゃって真っ赤っ赤になっちゃって。ダイコンおろしがほんとになんかあの、紅葉おろしみたくなっちゃって。」この主婦のセリフと映像に対して、スタジオの男性キャスターが笑いながら「バカ言ってる……」と呟く声が重ねられる。このように不器用さを示す彼女の姿と平野の包丁さばきの華麗さとは見事なコントラストを描いている。その非対称さによって、指南役の平野の「正しさ」はますます保証されるのであり、その保証された「正しさ」を笠に着た平野の説明の口調は極めて高慢なものになっている。だが、彼女は背後からそれを眺めつつ間延びした感じで相槌を打つか、にやにや笑いを浮かべながら、平野の腕前を讃える言葉を言うばかりである。そうした彼女の姿は、平野の高慢さに対して正面から反発することこそしないが、「お助け料理人の力添えによって、素晴らしい料理を作り上げる主婦」を表象するというこのコーナーの本来の目的からは、逸れ続けていくことになる。

　ここで、コマーシャルが挿入され、その後「奇跡のやわらかイカリング」というテロップとともに、二品目の調理シーンに移行する。そこで、次のようなやり取りが行われ、テレビ画面の中は、大爆笑の渦にとりまかれる。

平野「まずこれ（＝イカ）をいつものように、ツボ抜きをしていただこう」
主婦「はい」
ナレーター「もう、みなさんにすっかりおなじみ、イカおろし！」
（主婦は、言葉では従順に肯きながらも、「お手上げ」のジェスチャーを。顔には諦観の笑いを浮かべている）
〈テロップ：恒例イカおろし〉
主婦「どうしましょう」
平野「剥いていただけますか？」（平野はイカを差し出す）
主婦「一回、バッとやれば良いんですよねえ」
（イカをぐっと掴む。画面では、イカを握りしめ引きちぎろうとする主婦の手が大写しにされ続ける）
平野「なにをしてんのや？　ほんと。チッ。あれ？　アンタ見てないだろ、この番組！」
（そう叫びながら、平野は主婦の手からイカを奪い取り、自らイカをおろし始める。この間も、カメラは平野を画面中央に据え、主婦は画面左端に、しかも横向きで写しだされている）
主婦「スミマセン……えへっ」（張り付いたような笑顔）
平野「えっ？」（困惑の笑み）

平野が困惑した表情のまま固まってしまう場面が数秒間続いてから、スタジオのキャスター二人の爆笑する声が、この二人のやり取りを映す映像に重ねられる。それによって、視聴者の視線はこの主婦のできの悪さに驚く平野のリアクションの面白さへと向けられてしまい、画面上で主婦が浮かべている弱々しい微笑みの持つ意味を考えるという方向からは、反らされてしまう。また、彼女の言葉に対するキャスターたちの爆笑という反応が彼女の言葉にのみ着目して生み出されてしまうことによって、笑いとともに現れた彼女のジェスチャーの意味も、この場面からかき消されてしまう。しかし、ナレーターが「みなさんにすっかりおなじみ」と高らかに宣言したにもかかわらず、主婦の「不器用さ」や「調理の腕のなさ」は、その宣言内容を真正面から裏切ってしまっているのだ。一方で、このナレーションによって彼女は「誰もが知っている調理術」を知らないダメ主婦であるとの烙印を押されてしまうが、他方で、このナレーションと映像として写しだされてしまっているものとのずれは、「誰もが」知っているという前提自体が、その宣言の瞬間すでに覆されていることを露呈してしまっている。

確かに、この手の企画コーナーでは、「家事の苦手な」、「できの悪い」主婦が、指南役から家事技術や知識を「正しく」会得することで、「家事ができる素敵な主婦」へと成長する、というのがセオリーとなっている。それにもかかわらず、実際には、この回に登場した女性のように、教えても教えても全く手際が良くならず（ないしは、手際が良くなったふりさえもできず）、常日頃の「できの悪さ」が思わず顔をのぞかせてしまうというケースは少なくないのである。

さて、このやり取りの後は、さらに調理の大半を平野が行うことになる。そのため、主婦はそれまで以上に画面上から姿を消すことになり、画面の外側から一本調子に相槌を打つ声が、画面に重ねられることになる。時には、悦に入った平野の台詞に対する主婦の笑い声も画面の中に過剰に挿入されるのだが、そうした相槌や笑い声は、妙に雑音めいて聞こえ、その不調和なトーンが、彼女をさらに画面上から消してしまう結果になっている。その他にも、平野が真剣に調理している隙に、この主婦の視線がふらふらと泳ぎ始めるという映像が挿入されており、彼女が既に調理に飽きてきているのだという気配が、ひしひしと伝わってくる。ところが、平野が説明のために話し掛けると、彼女は慌ててまな板の方に視線を戻し、礼儀正しく「はい」と相槌をうち始める。この繰り返しで調理シーンは進み、最後に出来上がった料理を家族で食べる場面でVTRは締め括られる。いつになく豪華なメニューに、義父は「うわ〜いいわ。ほんとにすごいよ」、「うまいな〜。本当にスゴイよ」などと大興奮であり、その興奮ぶりに、またもやスタジオの笑い声が重ねられる。カメラの中には左から義父、息子、主婦の三人が映し出されているが、なんと主婦の顔には「お助け料理人」というテロップがかぶさってしまっている。それは、この取材VTRの焦点がもはやこの主婦に当てられてはいないという宣告でもあり、それ故最後の場面として依頼人である主婦の映像ではなく、義父が孫に剣道を教えようとするシーンが配置され、「孫の達哉くんと剣道をする日を夢見て、もっともっと長生きしてね。おじいちゃん」というナレーションとともにVTRは終わる。スタジオでのキャスターのやり取りも、にこやかに微笑みながら「いいおじいちゃんだ〜」、「いいおじいちゃんですよね〜。笑顔がステキな」といった感じで、義父への言及しかないのである。

予定された物語の定式の中に納まりきらないこの女性は、文字通り「ツワモノ」だったのであり、物語に回収されもせず、かといって物語を壊すほどの逸脱も見せきれないまま、分類不可能なノイズとして扱われ、最終的には画面上から消されてしまう。そして、「嫁の作った料理を喜んで食べる」という、望ましい反応を示す「おじいちゃん」に焦点が移動してしまう。積極的に構造を壊すわけにもいかず、かといって要求される「主婦」のふるまいを自然な形でも演技としてさえも演じることが出来ずに、脆弱な「笑い」だけを残し彼女は口をつぐんでしまう。おそらく彼女自身は、すでに用意された物語に沿って行動するよう努力しているにもかかわらず、番組制作者や彼女自身の思惑さえも裏切って、常日頃の行動様式が彼女の身体や語り口を通じて溢れ出てしまうのである。だが、これら企画コーナーで横断的に見られる応答の公式化――〈良い主婦〉であれ〈悪い主婦〉であれ、それぞれに応じてパターン化された、リポーターと取材の対象者間にあるひとそろえの問いかけと返答の公式――という型の中で、登場する主婦たちは、語り／語らされていくのであり、結果的に、リポーターや指南役と登場する主婦の応答からは、まるでやらせでもあるかのような「ぎこちなさ」、「わざとらしさ」が出てくることになる。

ところで、この映像の面白さは、実は次に続く「今晩のおかず術」というコーナーとの連続性の中で、更に浮かび上がってくる。それは料理人の平野寿将が、スタジオに設置されたキッチンで女性キャスターBと一緒に料理実習をするというコーナーである。ここで女性キャスターが調理を手伝うことになっているのは、彼女がこのスタジオ内で「主婦」の位置にあり――このことは、彼女が身につけているエプロンのどぎつい桃色（「女らしさ」を示す色だということになっている）によっても示されている――調理という「主婦の役割」を実演することで、視聴する人々の「主婦」へのまなざしを連続的に維持するという意味を持っている。コーナー自体の目的は、料理のレシピを視聴者に提供するというただそれだけのものであるのに、そこではむしろ女性キャスターの手際の悪さばかりがクローズアップされてしまい、本来の主題以上の存在感を表示してしまう。例えば、ねぎに隠し包丁を入れるよう指示される場面があるが、彼女の包丁さばきは非常に心許ない。それに対して指南役の平野も、「お願いだからもっと早く切ってね」、「邪魔だから、入れかわろう。こっち行ってください。邪魔なんだよねー」などと、非常に厳しい口調で彼女を叱責する。

さて、続いて画面上では、まな板で鶏肉が刻まれる様子が大写しにされる。しかし、背景に重なる声は、味噌を溶かしながら火傷してしまったこの女性キャスターの騒ぐ声と、それを気遣う他の三人の慌てふためく声である。この女性キャスターが「あちーよー」と叫び、「何してんの?」(平野)、「熱いの?」(女性キャスターA)といった応答が騒がしく重ねられる。そこで、はっと我に返った男性キャスターが、慌てて視聴者に向けて「はーい、手元を見てください」と呼びかける。彼女の風貌は清純な若奥様風のそれであるように見えるのだが、その身のこなしは荒っぽく、予定以外の台詞をふと漏らす瞬間に、その言葉づかいが極めて粗野であることが明るみにでてしまう。

このコーナーで作り出される指南役とキャスターの役割関係は、先ほどのVTRの中に表象されていた関係と完全に相似形を描いている。従って、そうした罵倒の言葉に対しては、この女性キャスターも大口を開けて自らを笑い飛ばすという対抗手段を取っている。「主婦」の役柄を担う者として、彼女もまた当然手際よく主婦業をこなせることを示さなければならないにもかかわらず、それを適切に実践できないという事実が、自己検閲的に「自らを笑う」という行為を生み出しているのだろうか。〈良い主婦〉/〈悪い主婦〉の判断基準——それは常に、虚構のものであるにもかかわらず、ある一定の強制力を持ってしまう——と自己のふるまいとを照らし合わせて、自己の至らなさを罰するために、彼女たちは自らを笑いの対象の位置に貶めているのだろうか。確かに、ここで示されている笑いは、一見したところ自己検閲的であり、自己規律的な行為であると考えるのが妥当だろう。しかし、彼女の行為の適切さを律する視線の内在化であるように見える——つまり彼女を監視している他の人々に笑われるのに先立って、「自らが自らの行為を笑い飛ばす」——ふるまいは、実のところ、自らの身体行為の価値判断は自らが下すという決意表明なのだと考えてみることはできないだろうか。つまり、規範化する力とそれを撹乱する力のせめぎ合う境界線である「笑いの発生地点」を自らの手で決定し、主導権を握ろうとする無意識的なふるまいだと言えなくはないだろうか。そうであるのだとすれば、この女性キャスターの笑いと、先ほどの主婦の笑いを中心として、この番組の構成は全く違うものとして、視聴者である我々の前に立ち現れてくるのではないだろうか。

4　情報番組が仕掛ける罠

視聴者の中には仕事を持つ人が多い[20]にもかかわらず、ある一群の女性たちだけが「主婦」として名指されつつ登場するところから、これらの番組の物語化は始まっている。そして、彼女たちが登場する場面は、一定の空間的領域の内側――率直に言うなら「家の中」――に制限されている。主婦をめぐる諸言説が分節化してきた「有職の主婦」／「専業主婦」という二項対立は、情報番組においても、やはりその物語が始まるより以前に行われている。実際には、この対立する両カテゴリーのどちらかにぴったり収まるような主婦など「存在」していないにもかかわらず[21]、「有職の主婦」は、「存在」としても、「状態」としても表象の対象から外され、表象する側の女性のみが暗黙の内に「有職の主婦」であることを許されている。確かに、リポーターやアナウンサーは、「私たち主婦は…」であるとか「私も主婦として…」といった枕詞を頻繁に口にはする。しかし、先にも述べたようにこれは表象される主婦に向かって「説教」をする場合や、「主婦」の純化を目指して連帯感を高めようとする時に繰り返し遂行される発話である。また「有職の主婦」も登場することはあるが、彼女たちはその労働する側面――つまり「家の外」での諸活動――が取り上げられるのではなく、やはり家の中に配置され、有職であるが故に、その家事能力がいたらないということを説教されるために、「専業主婦の落ちこぼれ」として時折登場するだけである。結局、どの番組においても横断的に、あらゆる女性は家の内側に配置されている。この前提となる切り分けによって、女性たちが家庭の外で直面する様々な課題を番組の中で取り上げることは不可能となり、主婦を閉塞的な空間へと囲い込むことが容易く行われてしまう。同時期の新聞紙面での主婦の表象の多彩さと比較してみるだけでも、これらの番組内での「主婦」の極端な純化は明らかである[22]。

これらの表象の形成が問題となるのは、純化された「主婦」のふるまいを、本質的に「そうであるところのもの」であるとして女性たちに暗に強要しているところにある。これらの番組は安定したアイデンティティ・カテゴリーであるとみなされている「主婦」の引用的・反復的構築の現場なのであり、極端に純化された「主婦」の表象を視聴者に承認させるような呼びかけを投げかけつづけている。情報番組の罠は、見えているものをある特定の理解の様式へと導くような認識の固定化に私たちを追い込む位置に仕掛けられている。彼女たちから可動性の余地を「抹消[23]」し、表象される人々が抵抗する余地＝余白を塗りつぶす装置として、主婦向け情報番組が作動しているということが差し当たり言えるのではないか。この抵抗する余地の抹消は、純化のプロセス、ただひたすら純粋な「主婦なるもの」の保存に努めようとするプロセスの中で、また「主婦」が引用・反復される文脈を固定化し、表象される人々が「主婦」という名称を抵抗の足場として再奪用する余地を塗りつぶしていくメカニズムの中で、今日もまた繰り返し行われている。

　だからといって、私たちテレビ・オーディエンスはメディアに呼びかけられるままにその表象を受け取り、メディアが放つ声によって指定された社会的位置に、ただ配置されてしまうばかりでもない。むしろ、抵抗的なふるまいを身体レヴェルで示しているにもかかわらず「笑い」に転化されその笑いの対象として回収されてしまう逸脱する主婦たちが現れ出る表象の瞬間的な亀裂に注目し、その可動性がいかに固定されているか、また抵抗の余地や間隙を再創出する力がいかに彼女たちから奪取されてしまっているかに目を向けることによって、可動性を固定から解き放つべきである。そのために私たちは、「抵抗の可能性がある」ということと、「実際に抵抗的行為を行える」ということとの間にある乖離を見定め、その乖離を少しでも縮めていくような実践を探し出していく必要がある。権力のあるところに抵抗があるというよりも、むしろ絶え間なき抵抗の力＝可動性の流用・奪用から権力は力を得ている。抵抗する力は、常に権力によって盗まれているのであり、だからこそ、抵抗を語る際に私たちは、「抵抗の身振り」に目を向けるだけでなく、同時にその可動性の有無にも注意を払わなければならない。権力から可動性を再奪取すること。それこそが、抵抗を可能にし続けるだろう。

注

1 「各局ワイドショー責任者座談会：ワイドショーこそテレビそのもの」『AURA』九四号、フジテレビ編成制作局調査部、一九九二年八月、三頁。また六頁で、ターゲットとしている主婦のイメージとして出席者たちは、具体的かつ身近な社会に関する情報量は多いが「身近ではない話になるとパスしてしまう」といった人物像を挙げている。しかし、いまや成人女性の半分以上が何らかの職についており、実際には退職後の老人や学生などが平日の昼間これらの番組を見ているのではないだろうか。筆者の周囲には、「ワイドショーが好きだ」という男性も非常に多い。

2 日本のメディア研究の領域において、「ジェンダー」という言葉を使用した研究は、近年大量に生産されている。しかし、それらの研究の多くは「ジェンダー」という術語を「性カテゴリー」の単純な言い直し・置き換えとしてしか用いておらず、それ以上の意義をその言葉に与えていないようだ。しかし「ジェンダー」という語は、パフォーマティヴな言説的諸実践の引用・反復のただ中で性的身体を規律化し調整するプロセスを意味している。このような定義を与えられた上で「ジェンダー」という視点を用いつつ検証されたメディア内容分析は、未だ十分に行われているとは言いがたい。

3　ただし、例外的に有標の存在として、近年「マダム」というカテゴリーが登場している。この言葉は、「金持ち」で「美貌」の、更には特例的に「有職」（それも、ファッションコーディネーターや礼儀作法の先生などのいくつかの職業に限られる）の婦人を表す言葉として定着している。例えば『ジャスト』には、「マダムに会いたい」というコーナーがある。

4　水田珠枝「主婦労働の値段」（上野千鶴子編『主婦論争を読むII』勁草書房、一九八二年、一三三頁）。

5　本稿で援用するのは、ジュディス・バトラーらが提唱している、ラディカルな構築主義の立場に立脚した諸理論である。彼女は「構築とは主体のことでもなければその行為のことでもなく、むしろ『主体』と『行為』が完全に出現するようになった反復のプロセスのこと」（BUTLER, J., *Bodies that matter*, Routledge, 1993., p.9.）であると主張する。構築を主語の位置に——主体として物事を切り分け決定する位置に——当て嵌めたり、行為という一回性の位置に置いたりする論法では、構築はアイデンティティ・カテゴリーを一回きり決定的に定位する物事の起源であるということになってしまうだろう。構築主義者たちが問題としているのは、このような一回きりで決定的な構築なのではなく、「物質」のレヴェルにまで凝固してしまったアイデンティティ・カテゴリーを繰り返し何度でも所与のものとみなし容認し続けることによって、その反復的な出現の規範的条件を強化し前提としていくプロセスなのである。

6　*ibid.*, p.3.

7　*ibid.*, p.9-10.

8　*ibid.*, p.15.

9　Foucault, M., *L'Histoire de la sexualité 1: la volonté de savoir*, Editions Gallimard, 1976. p.133.（なお、翻訳一三〇頁では「障害」と訳されている）。

10　J・バトラー「模倣とジェンダーへの抵抗」杉浦悦子訳『imago』一九九六年五月、一一七頁。

11　ここ五年ほどに書かれた報告書や論文の中では、「情報番組」という言葉が使われ始めている。例えば、安達充「ワイドショーを取り巻く『現実』と『可能性』」（『AURA』一二一号、一九九七年二月）。情報番組においてはワイドショーが従来持っていた猥雑な雰囲気は消されており、むしろ不自然なまでに衛生的な雰囲気が漂っている。とりわけ東京放送の日中の番組では、事件報道や芸能ネタよりもファッションやコスメの情報や街中の流行の店の情報などを扱う傾向にある。逆に、日本テレビやテレビ朝日の午後の番組では、情報提供を目的としたコーナーも提供しつつも、従来通り女性週刊誌のような雰囲気が残されており、覗き見的な事件報道や出演者たちによる下世話なトークが変わることなく繰り返されている。

12　『AURA』九四号、五頁。

13　同右、四頁。

14　ある「主婦」は、ある情報番組でカテキンを多く含む緑茶で水分を取り、同時に漬物で塩分を補給することが体に良いと放送されるのを見ながら、次のように述べた。「昔の人は偉かったのねえ。誰も教えてくれないのに、緑茶と漬物が体に良いってことを知ってたんだから」。ここではまさに、経験と科学との効果的な転倒を見ることができる。この主婦は、番組の科学的裏付けによって、提供された情報の「信憑性」を動員するのだが、科学が裏付けとして成立するためにその場に暗黙の内に持ち出されているのが、「昔の人の経験」なのである。つまり、この主婦は、昔の人は縁側で漬物を食べ緑茶を飲んでいたという「習慣」や「伝統」があり、その意義が、「現代」の科学という「絶対的に正しい知識」によって解明されたという順序で番組内容を読み取っているが、実際に行われていることは全く逆のことである。科学的な言説が「健康に良い」というお墨付きを与えたことによって、遡って「先人たちの知恵」を正当なものとして評価し、その評価を呼びおこすことによって、番組が提供する情報の「正しさ」を認知するに至っているのである。

15 一九九二年の視聴者アンケートにおいて既に、「健康・医療」への関心が高い。(『AURA』九四号、一〇頁)。また、『おもいっきりテレビ』(日本テレビ)をはじめとする健康情報番組で取り上げられるやいなや、その商品がスーパーマーケットで売り切れになるという現象などを見ても、視聴者の関心と注目度の高さがうかがえる。

16 G・スピヴァク『サバルタンは語ることができるか』上村忠男訳、みすず書房、一九九八年、五頁。

17 S・フェルマン『女が読むとき、女が書くとき――自伝的新フェミニズム批評』下河辺美智子訳、勁草書房、一九九八年、十頁。

18 J・バトラー『ジェンダー・トラブル』竹村和子訳、青土社、一九九九年、二一七頁。

19 同右。

20 東京放送の公式ホームページには番組ごとのサイトがあり、『はなまるマーケット』のサイトには視聴者が意見などを交換するための掲示板が用意されている。そこへの書き込みを見ると、(自称ではあるが)有職主婦も多く、この番組を視聴しているのは専業主婦だけではないことが分かる。

21 鈴木由加里「専業主婦という表象」(『現代思想』二〇〇〇年二月号、青土社)二四七頁。「実際の女性達が、専業主婦か、働く女性かに綺麗にカテゴライズされ、分断されているわけではない。更にいえば、専業主婦であるか働く女性か、という選択は生涯に一度だけ訪れるものでもない」。

22 例えば、「コミュニティーFM 主婦が活躍」(日本経済新聞、一九九八年二月二三日夕刊)。

23 バトラー「模倣とジェンダーへの抵抗」一三三頁。

＊本稿で使用した番組VTRの録画にあたって、松沢由紀子さん・榊原美歩さんに大変お世話になりました。

公共の記憶をめぐる抗争とテレビジョン

伊藤　守

過ぎ去った事柄を歴史的なものとして明確に言表するとは、それを「実際あった通りに」認識することではなく、危機の瞬間にひらめくような想起を捉えることを謂う。歴史的唯物論にとっては、危機の瞬間において歴史的主体に思いがけず立ち現れてくる、そのような過去のイメージを確保することが重要なのだ。

ベンヤミン「歴史の概念について」

1　二〇世紀の記憶システム

1　記念碑、生活世界の歴史化

一九世紀ドイツの精神世界の有り様を克明に論じた三島憲一「生活世界の隠蔽と開示」が記すところによると、一八〇〇年の段階でわずか十八であった文化的偉人や王侯たちの記念碑や像が一八八三年には八〇〇を超えるほどの驚異的な増加を見せたという。日常生活における歴史の遍在、あるいは生活世界の歴史化とでもいうべきこのような事態の成立は、記念碑の急増という事態に留まらず、博物館や美術館の建設ラッシュというかたちでも顕在化した。当時、記念建造物はギリシアの陶器や彫刻といった古典古代の美術品を収容するために建設されたのだが、この建物自体が擬古典主義様式を採用し、みずから歴史を顕現するものでもあったからである。

では、なぜこれほどの規模で、起源、歴史、記憶の創造のための施設や記念碑が造形されたのか。三島の論考を簡潔に整理すれば、近代国家の形成が遅れたドイツにあって、記念碑、擬古典主義様式を模した建築物の造形は、共通の起源、共通の記憶を作為的に設定し、「国民」の社会的統合力を強化しようとする欲望の発現として捉えられる。各種の記念建造物は、生活空間全体の歴史化を進める強力な文化装置として、卓越した機能を発揮することを期待され、建造されたのだ。[1]

エルネスト・ルナンは、「国民とはなにか」のなかで、「忘却、歴史的誤謬」「それこそが一つの国民の創造の本質的因子なのである」(Renan, 1887,鵜飼哲訳 1996, 45) と指摘し、国民が共通の記憶に依拠するものであると同時に、個々人の共有されない膨大な過去の忘却に依拠するものであることを論じたが、このような近代の「国民国家」の歴史に関わる強烈な意識と欲望の噴出は、なにもヨーロッパにのみ見られる事態ではない。[2]

石井研堂は、日本において「記念」という観念が、一八八〇年代を通じてはじめて成立したと述べている。明治四〇年に初版が刊行され、その後昭和一五年に第二版が刊行された『明治事物起源』のなかで、石井は、「記念」に関するいくつかの項目を執筆し、帝国憲法発布を契機にして、この「記念」という言葉が一般化し、一種の流行といえるほどに多用されるようになったと謂う。たとえば、「記念章」について、「明治一四年一月一八日、東京市下瀧缶工場にて、三日間第四周年期祭というふを行ひしことあれども、記念祭とは言わざりし、同年十一月七日、神田学習院にて開業第四記念祭を行へり、この頃より記念といふことを行ひ始めしに似たり。一六年十二月安西栄士の当時流行物の詩「團珍」に、懇親会宴紀念碑とあり、記念碑など流行し始めるを知る」（石井研堂 1926: 35）と記している。この記述から理解されるのは、明治になるまで、「記念」という言葉が、記念されるべき出来事や事物に対して用いられることはほとんどなかったということだ。しかも、当時は、「紀念と書く者多く、たまたま記念とあるを見れば、以て誤字となすに至る。然れども、記念の正字は、言偏にして、糸偏に非ず」（同書 35）とあるように、その表記すら定かではなかった。

ところが、帝国憲法発布を契機に、「記念」という言葉が「市民権」を獲得することになる。「二二年七月八日賞勲局請議に、帝国憲法発布の儀は大典なり、即ち此栄光を記念せしむる為、一種の記章を制定せられ云々とあり、同八月二日勅令に、朕帝国憲法発布記念章制定の件を許可し、之を公布せしめる」とあり、「帝国憲法発布記念章と明記したる記念章を分かちたるは、政府にて記念の仕事を行ひたる始なり。以後、記念造林、記念図書館、記念碑、記念葉書等、記念といふ文字は、繁く使用せらるることに至る」（同書 35）。

「記念」という言葉を創出するだけでなく、この言葉を実際に活用し流布し、さらにそのことを通じて建造物の建設を具体化し、その空間の内部と外部に社会的行為を組織化する、一連の「出来事」（M・フーコー）の編制が行われたのだ。この事態から見えてくるのは、記憶されるべきもの、記念されるべき事柄、公的な記憶に足るだけの価値をもつものの選定にさいして、近代国家が強い関心を示したという事実である。明治の日本においても、過去と現在と未来を連続した一つながりの時間意識のもとに組織化し、公共的な記憶を編成する、より正確にいえば、公共的な記憶を創造するための装置と言説を具体的に生産する明確な意識が出現したのである。「想像された政治的共同体」（B・アンダーソン）の一員であることを人々に感受せしめ、国民化を強力に押し進めるために実施されたさまざまな記念事業は、これ以降、公共的な記憶を生産する新たな技術となった、教科書、様々な読み物、そしてラジオや映画といったメディア・システムに先行する記憶システムであったのだ。

2　公共の記憶を創造するテクノロジー

この小論では、以下、二〇世紀の映像文化の中心を占めてきたテレビ文化を、記憶の創造のための技術という観点から考察したいと考えている。ここまで、それとは一見無関係と思われるような、一九世紀ドイツの生活世界の歴史化と、明治期の日本の公共的記憶の国家的な編成の問題を見てきたのは、過去についてのさまざまな語りとイメージをかつてないほどの規模で、しかも日常生活に密着したかたちで流通させているテレビジョンの機能を、公共の記憶の創造のためのテクノロジーという観点からより深く問題化していくためには、近代の国民国家の成立と一体となった記憶システムの公的な編制という長期の歴史的プロセスに、テレビジョンを位置づけ、関連づけて論じる必要があると考えたからである。

もとより、記憶、歴史の創造のための技術にかんする省察と実践が、二〇世紀を通じて存在し続けてきたことに異論はあるまい。歴史教科書の編纂は言うまでもなく、写真や映画による歴史的事件の記録と保存、ラジオによる国家的事業や式典の放送は、さまざまな政治的な力によって媒介されながら、公的な記憶の編成に深くかかわってきたといえる。また、よく知られるように、ベルグソンの記憶に関する省察は写真や映画というメディアの誕生に促されたものであったし、ベンヤミンの集合的記憶をめぐる思索も記憶や歴史とテクノロジーが密接にからまりはじめた時代との格闘のなかから生成したものであると言える。記憶のテクノロジーに関する思索が二〇世紀のひとつの重要な知的水脈をなしているといっても過言ではない。写真、映画、ラジオ、これらメディア・テクノロジーによる公的記憶の編制は極めて重要な哲学的社会学的考察の対象として主題化されてきたのである。

テレビジョンもこうした一連の出来事の系譜に位置づけられるべきだろう。とはいえ、それ以前の「ニュース映画」や「記録映画」とは異なり、ドメスティクな空間に配置されたテレビジョンほど、生活世界の歴史化を押し進め、過去の歴史についてのイメージを「脱領域化」することに寄与したメディアは他にない。あらゆるジャンルの情報や娯楽を取り込みながら、このメディアに特有の新たなジャンルや表現形式を次々につくり出すテレビジョンは、歴史にかんしても独自の

「語り」とイメージを産出し、公共の記憶をかつてない規模で共有することをわれわれに強いている。

さて、メディアと公共的な記憶とのかかわり、とりわけテレビジョンと公共的な記憶との現代的関係という問題を考察するに当って、まずなによりも留意されるべきは次の事柄であるだろう。[3] それは、公共の記憶の造形というプロセスが、ハーバーマスが公共圏にかんする議論で描き出したような、公共的な討論という開かれた空間を通じて生まれてくるものではなく、むしろ権力や利害関心に基づく特定の記憶や歴史像のヘゲモニックな調達のプロセスであるということだ。それは、外部の政治的組織や種々の団体の圧力、さらには「国民感情」といった目に見えない社会的圧力など、メディアをめぐる複雑な関係、さらにはテレビ局内部の幾つかの部局の対抗関係など、さまざまな社会的エージェント間の動的な闘争と交渉の過程を通じて、時には個々の記憶のあからさまな排除や隠蔽さえもが行われる権力行使の過程であるとともに、他方ではそこに対抗的な記憶もまた生成する、せめぎあうプロセスなのである。

テレビジョンの歴史番組も、この文化と記憶をめぐる「政治的」過程と無縁ではない。むしろ、このメディアこそ、今日、公的に記憶されるべき事柄を編集する政治的な、支配的な場の中心に位置していると考えるべきだろう。

2　テレビジョンによる集合的記憶の編制

1　テレビジョンのなかの歴史

さまざまなテレビ番組のなかで、歴史番組が多いとはかならずしも言えまい。しかしながら、その判断も、歴史番組をどの範囲で考えるかで、おのずから変わってこよう。「人間講座」に代表される教育教養チャンネルのなかの正統的な歴史番組はもちろんのこと、「その時歴史が動いた」にみられる教養娯楽番組や、民放の「世界不思議発見」「知ってるつもり」など各国の文化や歴史を題材にした番組、さらに「北条時宗」「大岡越前」などの時代劇を歴史番組に含めるなら、テレビ番組全体に占める割合はかなりの数になる。また、ここ何年か、「映像の世紀」「ＮＨＫアーカイブス」などこれまで保存蓄積された映像資料を新たな視点から編集した番組が相次いで放送されることを考え合わせるならば、われわれが予想する以上に、歴史番組がテレビに占める割合は高いといえるかもしれない。テレビジョンは、さまざまなジャンルを横断し、さまざまな切り口を提示しながら、特定の歴史像と過去の記憶をくり返し継続的に再創造しているのである。

さて、ここで分析を試みたいのは二つの番組である。この二つの番組を取り上げるのは、両者がともに、現在の日本のメディア空間の中に表象される典型的な「歴史」像を提出しており、またなによりも第二次大戦以降の日本社会の戦後史にかかわる「公共の記憶」の編制がもつ政治的意味を先鋭に指し示していると考えられるからである。そのひとつが、NHKが二〇〇〇年三月から放送を開始した「プロジェクトX」である。放送開始当時、「半年くらい続けばいい」といった見通しでスタートしたこの番組は、その後、中高年の視聴者のみならず学生や若者にも広くアピールし、視聴率が一六―一八%にまで上昇、人気番組として現在まで（二〇〇一年十月の時点）七〇回の放送回数を記録している。大学の講義スタイルをそのままテレビに持ち込んだ教育テレビの番組「人間講座」や、専門家と司会者とのトークを中心に組み立てられた「その時歴史が動いた」といった教養娯楽系の番組は異なり、関係者の証言とドラマティックな映像表現、そして独特のナレーションによって、新たな歴史番組の手法を開拓したかにみえるこの番組は、一九五〇年代から一九七〇年代をどのような時代として描き、表象しているのだろうか。[4]

第二の分析対象は、二〇〇一年一月にNHKのETV二〇〇一シリーズ「特集　戦争をどう裁くか」の第二回目として放送された番組「問われる戦時性暴力」である。この番組をめぐっては、いくつかのメディアが取り上げ、政治的論争が引き起こされた。なぜなら、日本軍による性暴力の実態を明らかにし、日本政府の責任を糺した「女性国際戦犯法廷」（日本とアジア諸国のNGOによって二〇〇〇年十二月に東京で開催）を題材に制作された番組が、放送直前に改竄されたからである。この直前の改竄で、なにが消され、いかなる表象が削除されたのか。この問題を考えることから、現在の、日本のメディアが「公共の記憶」として、なにを選択し、なにを排除しようとしているのか、そのことがより一層鮮明に示されることだろう。[5]

この二つの番組に描かれた「歴史」の表象は、現代日本人の「公共の記憶」をどう再創造しようとしたのか。さらにこれらの番組を視聴者はどう受け止めたのか。番組のテクスト論的分析とともに、視聴者に対する調査から見えてくる彼らの「読みの実践」を検証しながら、現在の日本のメディアの、公共の記憶をめぐる生産と受容の一側面を横断的に論じることにしよう。

2 「プロジェクトX」にみられる戦後史の表象

この番組の公式サイトに記された紹介記事には次のように書かれている。

「プロジェクトX」は、熱い情熱を抱き、使命感に燃えて、戦後の画期的な事業を実現させてきた「無名の日本人」を主人公とする「組織と群像の知られざる物語」である。

今も記憶に新しいあの社会現象、人々の暮らしを劇的に変えた新製品の開発、日本人の底力を見せ付けた巨大プロジェクト。戦後、日本人は英知を駆使し、個人の力量を〈チームワーク〉という形で開花させてきた。戦後日本のエポックメイキングな出来事の舞台裏には、いったいどのような人々がいたのか。成功の裏にはどのようなドラマがあり、数々の障害はいかなる秘策で乗り越えられたのだろうか。

番組では、先達者たちの「挑戦と変革の物語」を描くことで、今、再び、新たなチャレンジを迫られている二一世紀の日本人に向け「挑戦への勇気」を伝えたいと考えている。[6]

この番組の狙いがはっきりと謳われている文章である。敗戦の後、復興に立ち上がり、高度経済成長に向けて離陸していった日本社会の歴史を、戦後の画期的な事業を実現させてきた「無名の日本人」の営みから描き出すことに番組の編成方針が設定されていることがわかる。そしてこの番組を制作する基本的な目的が、二一世紀の日本人に向け「挑戦への勇気」を伝えることにあるのだという。確かに数々のプロジェクトを実践した無名の「日本人」が存在しており、かれらが、そして同僚だった者たちが証言する内容から組み立てられたこの番組は、一見すると、確実で、批判の余地のないような、歴史の真実を物語るものであるように思えてくる。しかし、実際のところ、本当に、そう単純に考えて良いのだろうか。

これまで放送された七〇回分の内容が、この紹介記事の狙いに沿うかたちでどう制作され編集されているのか、その特徴を具体的に検討することから始めよう。

二〇〇一年十月までに放送された七〇回の番組の特色を形式的な側面から捉えておこう。まず第一は、テーマ化された題材の多くが一九五五年から七四年までに集中していることである。番組総本数の約半数がこの時期のプロジェクトに光を当てている。現在の年令が七〇歳代の人たちにとって、この時期はもっとも仕事に集中し精力を傾けることができた三〇から四〇歳代にあたる。また国内的に見れば「高度経済成長期」の真只中であり、工業技術や産業経済的な側面で日本の国際的な評価が高まっていく時期である。高年齢の視聴者にとっては自分の生きた時代を振り返るまたとない番組として視聴されているのではないだろうか。また他方で、一九七五年以降に生まれた二〇代の若者にとって、この番組は、直接の体験としては知る由もないこの時代の、しかも「無名の日本人」の苦難と勇気の歴史を知る数少ない機会を提供しているといえる。学校教育の現場でも教えられることの少なかった、また父母あるいは祖父母からも聞く機会の乏しかった、自分達にとっていわば「歴史の空白」とでも言えるこの時期の出来事を、「無名の」「一般の」人々の挑戦の物語を通じて知ることは、後に見るように、かれらに少なからぬ感慨を与えている。

　第二の特徴は、その内容の多くが、新しい技術の開発にかかわった技術者の挑戦で占められていることである。すべての番組を明確な基準で分類分けすることは難しいが、高度な技能の発揮を含めた広義の意味での技術に関連した内容、事故や事件や災害時に関連した内容、医療や自然保護など市民活動に関連した内容、そしてスポーツや文化に関連した内容、という四つの領域に分けて見ると、それぞれ三四本、七本、一九本、一一本となる。伝統的な技能をもつ人々を主人公とした番組も存在するとはいえ、新制大学を卒業した若手中堅の技術者が国内外の競争に果敢に挑戦する姿を物語ることに、この番組の大きな柱がある。第三の特徴は、「無名の日本人」を主人公とする物語であると謳われているものの、実際に取り上げられた主人公のほとんどが男性であることだ。女性が主人公なのはわずか三回にすぎない。[7] 以上の諸点をふまえながら、番組の構成について見ておこう。

　番組のストーリー展開はいたって単純、明解である。新たな課題への挑戦と失敗、困難の克服、再度の挫折、そして最終的に困難を克服して成功にいたる歩みが、当時の写真、再現ビデオ、関係者の証言を通じて構成される。このドキュメンタリーの手法とドラマの手法を接合した独特の単純明解な構成が、視聴者を引き付ける魅力をなしていることは間違いない。しかしながら、より注意して見ると、この単純なストーリー構成のなかに、毎回共通するかたちで、いくつかの基本的なプロットが組み込まれ、このストーリー全体が構成されていることがわかってくる。「綿密に計算された単純明解さ」とでもいえる送り手側の戦略が隠されているのである。第四八回目に放送された「液晶　執念の対決」を素材に、この点を明らかにしておこう。

　この物語は、一九六五年前後にはじまる液晶表示板の開発がテーマである。電卓の売り上げで業界トップの地位にあった早川電気（現在のシャープ株式会社）は、他社との値下げ競争で苦しい局面に立たされ、新技術の開発を迫られていた。一九六四年、中堅技術者の和田富夫は、壁掛けテレビの開発に失敗し、部下は営業など他の部署に配置替えになり、かれ自身も管理部に移動になる。最初の挫折である。その後三年が経過した頃、テレビで偶然に、電気を通すと色がつく液晶が発見されその商品化をアメリカが進めていること知り、「これで壁掛けテレビができる」と直感、業務部長にプロジェクトの新たな発足を直訴する。部長の返事は「許可はする。しかし第一線の優秀な技術者は出せない」というものだった。一一名のチームで発足したプロジェクト。和田は、新人の船田に、最も重要な、液晶の反応を速める理想の組み合わせの作業を任せる。しかし、それは厖大な作業を擁し、研究はなかなか進まない。「電卓戦争」といわれた厳しい競争のなか、プロジェクトは中止の危機に直面する。第二の失敗である。

ところが、ある日偶然にも、ごみが混入した液晶に電気を通すと瞬時に反応することがわかる。プロジェクトが再び動き出す。しかし、新製品開発会議では、交流を使った和田の開発に対して厳しい批判が寄せられることになる。「君はそれでも技術者か」。その言葉は、プロジェクトの終わりを意味していた。三度目の挫折である。だがその時、ライバルだった鷲塚が、電卓競争を勝ちぬくためには新しいやり方を採用するしかないと液晶導入を決断、液晶を使った電卓の発売まで一年という厳しい条件が設定され、プロジェクトが再開される。メンバーは徹夜の連続で一月に一五〇〇回を超える実験を行うなど、想像を絶する過酷な日々が続く。開発の最後の局面では、和田が独断専行で工作機械の発注する場面に立たされる。「ふるえる手で契約書にサインをした」後、そのことを上司に伝えた和田に対する上司の言葉は「俺が社長の事後承諾をとる」というものだった。液晶を使った電卓の開発は成功し、爆発的な大ヒットとなる。

この物語に典型的にみられるように、挫折、果敢な取り組み、失敗、再度の挑戦、巨大な困難への直面、そして最終的には大成功に至るというストーリー構成がこの番組の基本軸をなしている。そのなかで、毎回必ずと言ってよいほど基本的な複数の補助線が引かれる。第一は、プロジェクトのリーダーである技術者とこの主人公を信頼し見守る上司との関係である。この上司／部下の関係では、つねに上司が部下の独走であれ、独創であれ、かれの行動を承認し、見守る存在として描かれるのだ。第二は、主人公とかれに従う部下との関係描写である。ここでも画一的な描かれ方に終始している。過酷な困難に直面するなか、部下は仕事に対する責任観から、誰に強制されることもなく、自分から徹夜で作業に取り組む。この自由闊達な職場環境を提供するのは、主人公である中堅の技術者である。

すでに紹介たように、番組の公式サイトには、「組織と群像の知られざる物語」であり、「英知を駆使し、個人の力量を〈チームワーク〉という形で開花させてきた」人々の姿を捉えることがはっきりと謳われていた。では、この「組織と群像」「チームワーク」とは何を意味するのか。いま指摘したことからも理解されるように、それは、部下の独創性を押しつぶすことなく、つまり組織の縦の論理を強調することなく、自由に、独創的に発想する気風をつくりだす企業内部の人間的な関係なのである。言い換えるならば、この番組では、日本人の集団的特性としてたびたび語られてきた「タテ社会の論理」に裏打ちされた集団的規律の強さ、その価値意識や行動原理に組み込まれた個人、という従来の見解とは真っ向から対立する論理をことさら強調するかたちで、個人と集団の関係が表現されているといえる。しかも十分に留意されるべきは、その個人の自発性や独創性そして自己責任重視という価値が、実は「現在の」「新たなチャレンジを迫られている二一世紀の日本人」に必要な資質であり、新たな組織運営の核心であるとして、現在さまざまなかたちで喧伝されている価値観と同一のものであることだ。いわば、現在の視点からの、歴史の再構成が行われているのである。[8]

第三の補助線は、ほとんどの場合、前景化することなく、物語の展開の「地」の部分として描かれるにとどまる。それは、主人公の中堅技術者の苦労を蔭ながら温かく見守る妻や家族という、明確な性別役割分業の構図である。この定型化された表象のあり方が、視聴者にとって、この時代の一般的な家族のあり方であるとして、違和感なく、むしろリアリティをもって受け止められる、と送り手側が判断したものかどうか定かではない。その判断はともかく、ここでは夫婦間の関係がなんらの葛藤も対立もないかたちで、きわめて単純化されて表現されていることに注視しておくべきだろう。

第四の補助線は、番組のなかでほんの一瞬触れられるだけであり、第三のそれよりもずっと見えにくい。だが、この線分こそ、この番組の全体の輪郭を浮び上がらせる機能をはたしている。それは、アメリカと日本、欧米と日本という対抗／対立の図式である。この構図の描写は、すでに指摘したように、ほんの一瞬触れられるだけである。とはいえ、多くの物語に一貫して採用され、この物語が個人のドラマではなく、日本人の努力と栄光のドラマであることを視聴者に強く印象づける背景をなしているのだ。

「液晶　執念の対決」では、電気を通すと色がつく液晶の存在がアメリカで知られることとなったこと、しかしその商品化までには至っていないことが描かれる。このことを知った主人公が上司に「我が社でも開発をやるべきです」と提案する場面では、アメリカに問い合わせた上司が「アメリカでは商品化は無理だと言っている」と答えた、とのナレーションが入る。また、それに続けて、和田が「それでも引き下がらなかった」とのナレーションも挿入される。このようなシーンをあえて構成することで、アメリカができないことに対して、日本が果敢に取り組み、最終的にはそれが成功する、というサクセス・ストーリーが形作られるのである。テクノロジーの開発で先行するアメリカ、それに追い付き追いこす日本、開発を断念するアメリカに対してそれを可能にする日本、このような構図は他の物語でも同じように繰り返される。第六四回の番組「逆転　田舎工場世界を制す　クオーツ革命の腕時計」では、一九六九年に発売されたクオーツ腕時計の開発にさいして、当初アメリカの電子時計が先行していたこと、さらに世界の時計王国スイスがこぞってクオーツ時計の開発に乗り出したことが語られる。アメリカや欧州に対する日本という対抗図式のなかで、物語が展開する。第六八回の「リヒテルが愛した執念のピアノ」でも同様の構図が描き出される。一八五〇年に発表されたヤマハのピアノは「タガのゆるんだ音」と欧米の人たちに酷評され、一八世紀イタリアで生まれたピアノを「東洋の日本人にはつくれるはずがない」とまで言われてしまう。この困難なグランドピアノの開発に携わった技術者を描くこのドラマの基本的な軸は、「西洋」音楽の伝統たるピアノ製作に挑戦した、「東洋」の「日本」の技術者たちの熱き戦いにあるのだ。

このような補助線は、「起死回生　アラビアの友よ」、「男たちのH‐Ⅱロケット」、「ルマンを制覇せよ」、「翼はよみがえった」、「執念が生んだ新幹線」など、番組の開始当初から現在まで一貫している。そしてこの構図を戦略的に設定することで、いわば確信犯的に、「無名の個人」のさまざまな営みを、欧米諸国では不可能な事柄であるとして追求されずにきた課題や困難を解決し、成功に導いた「日本人」の物語に接合していくのである。欧米と肩を並べるかそれを凌ぐほどの底力を発揮した「日本人」の「優秀さ」「勤勉さ」を、視聴者が自然に、無理なく、想像する（想像可能な）物語として、この番組が構成されているのだ。

もちろん、そうであるからといって、この番組が偏狭なナショナリズムを煽るような番組となっている、というわけでは絶対にない。しかし、政治的なナショナリズムとは位相を異にしつつ、個々人の過去の記憶を、われわれ「日本人」全体の記憶として、繋ぎ止めていくような、より深いレベルでのナショナリティの感覚がこの番組に体現されているのである。

では、このような構造的な特徴をもった番組を、視聴者はどう受け止め、どのように視聴しているのだろうか。

3　ナショナルなものへの同一化と離反

この番組をよく見るという学生のレポートには、次のようなコメントが書かれている。[9]

「見始めた動機は、自分の身の回りにあるモノがどのように開発されたのか知りたかったから。それに加えて、人間のドラマに焦点を当てて、綿密に構成されているため、無意識的にのめり込んで見ている」。

「ほぼ毎週予定のない限り視聴している。形式は変わらず、マンネリぎみだが、毎週見てしまう。試行錯誤を繰り返す姿に胸をうたれるか」。

「数々の逆境に立たされ、挫折を味わいながらも、その逆境を糧にして栄光を自分のものにするその精神の強靱さはどこから生まれるのか、何に根ざしているのか、ただ単純にそのことを知りたくて、この番組は結構よく見る」。

家族と一緒に見る機会が多いという学生はまた次のように述べている。

「人間の生き方を切り取ったドラマとして見ることもできるし、技術開発物語として見ることもできる。たとえば、我が家では、わたしが後者で、父は前者である。わたしは、スタジオでの最後の場面で登場人物が涙ぐむあたりになると、テレビから離れるが、父は最後に涙ぐんだりする。このように、世代によって様々な見方、感情移入ができることが、多くの人を引き付けていると思う」。

六〇歳代、七〇歳代の高齢者の感想はどうだろうか。

「わたしはメーカーに勤務していたが、毎回欠かさずこの番組を見ています。当時の社会の雰囲気が感じられて、登場人物に共感しながら見ています」。

「NHKの番組のなかでも一番熱心に見ている番組です。自分の若い頃の苦労とダブらせながら妻と一緒に見てしまいます」。

「わたしも最初はよく見ましたが、最近はほとんど同じ内容のような気がして、関心の持てるテーマの時に見ています。夫は欠かさず見ているようです。わたしも、夫の遅い帰りを待つ妻でしたので、いろいろ昔のことを思い起こさせてくれる番組です」。

「親に薦められた」「友人から面白いと聞いて」「テーマに関連したモノや技術に関心があって」など、若者がこの番組を視聴するきっかけは多様である。とはいえ、継続的に視聴している若者にとって、この番組の大きな魅力は上記のコメントからも窺えるようにほぼ二つに集約されるようだ。ひとつは、生活のなかですでに一般化した技術の知られざる開発の裏側を知る楽しみであり、もうひとつは逆境を克服する挑戦者の姿とかれを取り巻く人間の関係が感動や勇気を与えてくれることである。もちろん両者は切り離されているわけではなく、それぞれが密接に結びついているところにこの番組の魅力がある。たとえば、複数の学生が、「液晶　執念の対決」でもっとも印象に残ったのが、「自分達の生活からは見えてこない、技術開発の裏にある、企業の内部事情や人間関係」であったと述べている。かれら彼女らは、技術開発の知られざる「真実」や、中堅技術者の努力のみならず、その両者を繋ぐ企業の人間関係の描かれ方も敏感に読み解いているのである。

また、高齢者にとって、この番組は、「人間の生き方」、あるいはこれまでの「自分の歩んできた道」「自分の生きた時代」を振り返える契機を提供してくれる格好の番組として視聴され、共感を持って受け止められているようだ。

このように、継続的に視聴している者、はじめて見た者を含め、多くの視聴者が好意的にこの番組を受け止めていることがわかる。もちろん、この番組が「マンネリ化している」といった意見や、「幾多の試練に出くわしても、決して諦めず自分を信じ続けることで最後には夢を成就させるというお涙ちょうだいもののサクセスストーリー仕立てで、みえみえの構成」といった、一見突き放したような若者の見方や、「全部が全部、番組のように成功に終わるわけではない。わたしも開発に携わったが、そんなもんではない」と指摘する高齢の視聴者もいる。しかしながらそうした覚めた見方をした学生や年配の視聴者でさえも「やはり引きつけられる」と述べていることからも理解されるように、この「みえみえの構成」の番組に対して冷やかな反応をするだろうと思われた若い世代の視聴者にとっても、同時代を生きた世代の人たちにとっても、この番組はなかなかの魅力をもつものとして受容され、消費されているのである。

では、この番組の公式サイトが強調する「無名の日本人」というメッセージについて、若者はこれをどう受け止めているのだろうか。アンケートに答えてくれた学生の約三分の一が、その文章のなかで、日本、日本人、という言葉を「自然に」、無意識のうちに使って、感想を記述している。その幾つかを見ておこう。

「日本人であることを自覚させてくれる」
「日本人もすごいことがわかった」
「日本人技術者の頑張りがもっとも印象に残った」
「すごい日本人がいた、ということで勇気づけられます」

この番組は、すでに論じたように、その構成から言えば、日本、あるいは日本人という事柄を前面に出しているわけではない。しかし、かれらは、自然に、「無名の技術者」の活躍を、「日本人の活躍」、「日本人もすごいこと」と受け止め、日本人の物語としてこの番組を視聴しているのである。言い換えるなら、視聴することを通じて、自らもまた日本人であることを強く再認するプロセスに巻き込まれていくのだ。送り手側の狙いやメッセージが、十分視聴者に届けられたかのようである。

しかしながら、他方で、次のように指摘する学生がいることも同時に指摘しておかなければならない。

「誰もがこの番組で取り上げた人々のように成功できるわけではないということを忘れさせ、この番組は人々を上昇気分にさせる。だが、それ故に、現実認識を誤らせる側面もあるのではないかと思う。また日本人の成功を見せることにより、よい悪いは別にして、ある種のナショナリズムを発生させている気がする」。

「これは、七〇年代の「ディスカバージャパン」の現代版のような気がする。失われた日本の技術力を懐かしむことで、原点回帰（ありもしない幻想の原点かもしれない）を意図しているようだ。日本人のアイデンティティを技術力に求めようとしているような」。

かれらは、この番組の登場人物が実在したこと、日本人の技術者が現実に活躍したことを否定しているわけではない。しかし、かれらは、この番組が作られたものであり、そこには誇張があることを理解している。さらに言えば、個々の個人の活躍が大文字の日本人の活躍として意図的に表象されていること、成功できずに終わった者の視線からする歴史もまたあること、もしかするとその歴史にこそより十全な現実認識をわれわれに迫る契機が孕まれているかもしれないこと、そうした見過ごすことのできない重要な論点を鋭く見抜いているのだ。ケビン・ロビンスがテクノオリエンタリズムと形容する西洋からの日本へのまなざし[10]、つまり東洋の国家たる日本が達成した高度なテクノロジーの開発能力に対する「脅威」と「羨望」を、みずから「日本」「日本人」のアイデンティティの核として表象することに対して、かれらなりの違和感を表明しているのである。テクノオリエンタリズムをみずからの自画像とするようなこの番組が、ひとつの「神話」をつくしだし、ある種のナショナリズムを発生させる感覚的、感情的な基盤となりうるのではないか。かれらはそのように疑念を提起しているのだ。

3　公共の記憶の産出をめぐる係争

1　公共の記憶を産出する社会政治的コンテクスト

これまでわれわれは「プロジェクトX」のなかで何が語り出されているか、その特徴的なストーリー構成と多くの物語に共通するプロットを析出するとともに、このテクストを視聴者がとりわけ若い世代の視聴者がどのように読み解いているかについて検討を加えてきた。あらためて、この問題を整理してみよう。

番組は、従来のドキュメンタリー番組や、ドラマ番組の枠組みには収まらない、両者のジャンルを横断するような番組であると言える。一方では、当時の写真の提示、スタジオでの関係者の話しや証言による構成を取り入れながら、他方で、再現ビデオを多用し、一定の視点と狙いをもってストーリー全体を構成する手法を採用しているからである。このドキュメンタリーの要素とドラマの要素をバランスよく組み合わせながら、戦後の一九六〇年代、七〇年代の歴史を描き出していくのである。それらの映像は、公共の記憶として、多くの視聴者に受け止められていくだろう。とりわけ、若い世代の視聴者にとって、この番組は、これまで知ることのなかった時代の「無名の日本人」の努力と精神力を教え、勇気と力を与えてくれるものとして視聴されていた。

ここで確認すべきことがある。第一は、無名の人々の記憶を辿り、かれらの行為を記録し表現した歴史番組が、ドラマの手法を用いているという理由から、その内容がどの程度確かなのか（不確かなのか）わからない、と単純に非難することはできないということだ。かれらが熱い情熱を抱き困難に挑戦したことはまぎれもない事実であるだろうし、かれらが自らその記憶を辿りなおし、自己の歩みをふりかえり、今日の時点から自己の歴史を位置付け直そうとしていることは疑う余地のない事柄であるからである。かれらの記憶が確かか、不確かか、詮索することにそれほど意味があるとは思えない。しかし第二に、そのことが同時に、かれらの記憶を手がかりにして表象代表された番組のテクストが、個人的な意味でも、公共的な意味でも、過去の出来事に関しての、より十全な、真実の表象である、ということをけっして意味するものではないということも決して忘れてはならない。過去は、あるいは過去にかんする記憶は、もともとの形では復元不可能なものなのであり、個人的なものであれ、公共的なものであれ、さまざまな過去にかんする記憶とは、現在の社会的政治的なコンテクストと当事者のポジションによって、つねに、媒介され、その媒介の過程のなかに生成するものだからである。共通の出来事を体験した者たちにとってさえも、かれらが置かれた現在のポジションの違いに応じて、過去に関する記憶はさまざまに異なる相貌を呈するだろう。場合によっては、記憶を語り出すことを禁じられ、こうした過去が存在したことすら記憶の彼方に封印されてしまうことさえある、そうした政治的社会的な文脈に布置化されていることを忘れてはならないのだ。しかも、テレビジョン番組とは、証言する人物を選択し、登場させ、語らせ、さらに番組制作上の意図に沿うかたちで証言者の声を編集する装置でもある。問題は、そこで、個人の具体的な経験が語られることによって一般化された「国民の歴史」が構成され、ある特定の経験が表象されることによって他の「記憶」「歴史」が隠蔽されるということである。

したがって、ここで問われるべきは、記憶の産出に関与し、個人的な記憶を公共的な記憶として再編する、現在の社会的政治的な文脈とそこに作動するパワーの正体を、テレビジョン・テクストの構成に即しながら精緻に読み解いていくことなのだ。

七〇回に及ぶこの番組全体を通じて、個人的な過去の記憶を手がかりに組み立てられ、多くの視聴者が共有すべき公共的な記憶としてメディアによって強調されたのはいかなる事柄なのか、そのことが問われねばならないのである。

さて、こうした問題をより深く考究するに際して重要な視点を提示する、もうひとつの番組の考察に移ろう。すでに紹介したNHKの番組「問われる戦時性暴力」である。

2 公共の記憶から排除されていくもの

すでに指摘したように、この番組は、二〇〇〇年十二月に東京で開催された「女性国際戦犯法廷」を題材にした番組である。この法廷は、日本とアジア各国のNGOによって開催され、日本軍による性暴力の実態を明らかにし、女性に対する性暴力に対して、戦後、謝罪と賠償の責任を果たしてこなかった日本政府の姿勢をあらためて問い直すことを目的としていた。他方で、ETV二〇〇一シリーズ「特集 戦争をどう裁くか」の狙いは、ドイツやフランスで一九九〇年代以降に顕在化し、国際法上も大きな流れとなってきた「人道に対する罪」(guilty of humanity)を大きな主題として取り上げ、ナチス政権下のユダヤ人虐殺やフランスのビシー政権時代のユダヤ人強制連行など、各国がそれぞれの歴史の「暗部」に正面から向き合うことではじめて、二一世紀の社会が人種、性、宗教などの違いによる差別を克服することができることを訴えることにあった。差別と抑圧を克服するために、国家、政府、そして市民がいかなる責任を果たすべきなのか、いかなる制度があらたにつくり出される必要があるのか、その具体的な方途を示すことを意図して制作されたのである。そのような制作者側の趣旨に合致するとの判断の下に、「問われる戦時性暴力」は、このシリーズの第二回として「女性国際戦犯法廷」を取り上げ、東/東南アジア地域における戦時期の日本人による「性暴力」の問題を放送したのである。しかし、関係者と協議され合意をみた最終の内容が放送直前に改竄された。なにが改竄されたのか。

「女性国際戦犯法廷」が示したのは次のような事項である。第一は、日本軍による元「従軍慰安婦」に対する性暴力は突発的な事例ではなく、軍による組織的な犯罪であること。第二に、元「従軍慰安婦」に対する性暴力がレイシズムを伴った複合的な差別であること。第三に、この犯罪が組織的なものである限り、日本軍の最高責任者である天皇の責任は明白であって、天皇は有罪であるとの判決を下したことである。さらに法廷では、このような事態を長年にわたり放置しつづけてきた責任が、日本政府とともに国際機関にもあることが明確に指摘されたのだ。

番組「問われる戦時性暴力」は、取材に協力し番組の解説者を務めた高橋哲哉によれば、以下で指摘するような、重要な修正がなされたと謂う（高橋 2001）。もっとも重要な修正は、「戦時下の性暴力、性奴隷制が人道に対する罪にあたる」と判断し、「日本国家と昭和天皇の責任を認定」した法廷の判断をすべて削除したことだ。番組は、日本軍という言葉すら、天皇という言葉すら、一度も語られることのないまま終わり、法廷の判断内容はおろか、判断が下されたことすらも一切伝えられなかったのである。それ以外にもさまざまな修正が施された。当初は収録され放送されるはずであった「加害兵士の証言」がすべて削除された。また、法的な実行力は持たないとは言え、これまでも、そして現在も、十分なかたちでは聞き届けられていない日本軍の元「従軍慰安婦」の「声」を、国際法の専門家に届けて、あらためて判断を示してもらうという、法廷を開催した重要な意義についてコメントした高橋の発言も削られた。シリーズの第一回で、ドイツやフランスでも「人道に対する罪」で自国の責任者を裁いてきたことを肯定的に紹介したにもかかわらず、日本軍の犯罪にかかわる責任に所在についてはまったく語ることなく終始したのである。

それに対して、放送直前に付け加えられたのは、被告が不在（日本政府は法廷への出席を求める書簡を無視した）の民間法廷には裁く権利はないこと、一議不採理の原則に従えばこの法廷を開催すること自体に意味がない（実際には、東京国際裁判でも裁かれずにすまされた日本の植民地地域の性暴力が訴追されていることが明確であるにもかかわらず）と主張し、さらに加えて「慰安婦」の問題には親が娘を売ったケースや同国人が斡旋したケースが多いと指摘した、法学者の「解説」であった。日本軍の強制連行という事実と責任の所在を曖昧にすることを意図したとしか思えないコメントが挿入されたことで、番組の狙いは、番組自身によって裏切られてしまったのだ。

この改竄問題から、わたしたちは何を読み取るべきなのだろうか。それは、「天皇の戦争責任」、そして日本軍「慰安婦」

といった事柄を、わたしたちが想起すべき過去の記憶、公共の記憶としてはふさわしくないものとして構造的に排除する、日本の社会的コミュニケーションの構造の暴力性である。

元「慰安婦」の勇気ある証言の背後には、これまで、悲惨な記憶を語り出すことを禁じ、こうした過去が存在したことすら記憶の彼方に封印してきた、ポストコロニアルな状況下における構造的な暴力が存在する。そしてその暴力によって、今日いまなお自らの記憶を語り出すことのできない数多くの犠牲者が存在する。今回の事態が知らしめたのは、こうしたなかで、ようやく「語る」ことを決意した彼女たちの「声」に聞き入り、公的な歴史の陰に隠された歴史の「襞」を辿ること、こうした作業をふたたび拒否する政治的社会的な文脈にメディアが布置化され、メディア自身がそうした構造的暴力を行使したという事実だ。歴史を凝固させてしまう組織的暴力。

本当のところ、彼女たち、元「慰安婦」の「声」や「襞」にこそ、未来への力が宿されているかもしれないのに。

3　葛藤の中のオーディエンス

しかし、この事態をめぐって、わたしたちが注視すべきは、こうした改竄を、むしろ正当な処置であったと受け止める視聴者が少なからず存在することである。そして、改竄が、正当な、妥当な、処置であったとかれらが述べる理由もさまざまである[11]。このさまざまな理由にこそ、わたしたちは深い考察のまなざしを向ける必要がある。

「国家の争いに派生して出てきたのが慰安婦問題であり、メディアはあまり取り上げるべきではない。女性の人権として取り上げるならば、死の恐怖に晒され、戦死する兵士の人権はどうなるのか」。

「太平洋戦争の記憶を持ち続けている人も多い。また、天皇絶対の時代に教育を受けた層もまだ多い。いかに日本の番組が世界のメディアの注目を集めても、日本国民の感情に配慮する必要がある。局側の意図は十分評価できる」。

「放送直前に消された部分が相当に有って、当たり障りのない深みのない内容になったと感じた。しかし、一般の放送メディアで伝えるには致し方なかった事であると理解した。この問題を取り上げただけでもよしとしなければならないのだろう」。

「日本軍による組織的な性暴力は存在していない。民間法廷の判決は絶対に誤りだと思っています。NHKが、民間法廷の主催者側の主張通りに流さなかった事は正しい判断だと思います」。

これらいくつかの意見からも理解されるように、慰安婦問題を取り上げること自体に不快な感情を示す人たち、取り上げる事には共感を示しつつ「国民の感情に配慮する」ならば「NHKの対応は致し方なかった」と考える人たち、さらに民間法廷の判決に異義を呈してNHKの改竄を積極的に支持する人たちなど、一人一人のオーディエンスがさまざまな理由から、この問題をめぐる多様な解釈の位相、多様な解釈のグラデーションのなかに、自らの位置を設定していることがわかる。しかし、ここで一歩踏み込んで考えてみる必要があるのは、多くのオーディエンスが「兵士の人権」あるいは「国民の感情」といった概念を用いることでなそうとしていることだ。そこで行われているのは、慰安婦の問題を起点として、被害者としての「戦争の記憶」を今一度問い直し、加害者としての「戦争の記憶」を想起する回路をつくりだすことではない。むしろそうした回路をふたたび抹消することが無意識のうちに行われているのではないだろうか。換言すれば、この改編が「致し方なかった」「許容できる」「支持できる」と指摘した人たちに共通しているのは、従軍慰安婦という「日本」「日本軍」による被害者の存在を直視することへの忌避の感情であり、加害者として自己規定することへの強い拒否の感情である。このような感情のもとでは、被害者はつねに不可視化されてしまうだろう。被害者が無化されたところに、加害者は存在し得ないし、逆に加害者のいないところに被害者も存在し得ない。

　このような解釈コードとそれを支える感情や心情の水脈が存在する社会的なコンテクストに照らして見るならば、この改竄問題が示した「日本の歴史」「戦争の記憶」にかかわるメディア表象を、テレビ局が外部の圧力団体に屈して制作した、恣意的な歪曲の問題として捉えるだけではすまないことが了解される。それはたしかに、アジアの人々、日本植民地化の被害者である「他者」の排除のうえに立つ、「日本人」のナショナルな記憶への無批判的な同一化という意味で「捏造」であり「歪曲」である。だが、それは一時的な突発的な「歪曲」などでは決してなく、戦後「日本人」の圧倒的多数が抱いてきた、そして長年にわたりメディアが繰り返し構築してきた「日本の歴史」「戦争の記憶」の実相に沿った「歪曲」なのである。

　言い換えるなら、元慰安婦の存在を排除し、彼女たちを見えないものにすることによってはじめて成立するところの、メディアが造形するナショナルな公共の記憶は、かれら「無名の」オーディエンスの感覚と心情によって支えられもし、またかれらの心情と思考のあり方を再創造し、再強化してもいるのだ。

　もちろん、こうした意見とは対立する見解を表明する視聴者もいる。

「放送番組の改編内容については、基本的に削除すべきではなかったと考える。天皇の責任、日本軍の責任の論議を回避すること自体、日本の戦争に対する反省を不透明なままに放置することにつながったと思います」。

「日本の戦前、戦中の隣国に対する人道に対する罪は欧米程問われていません。なぜなのか。わたしは、いつもそこに関心がありました。過去を清算するには過去の罪を背負わねばなりません。ＮＨＫは率直に「歴史の暗部」も流すべきです」。

しかし、こうした声を発することすら緊張を強いられるような、オーディエンスを取り巻く社会的文化的コンテクストが存在することもまた確かである。番組の感想を述べてくれたある女性は、男性に感想を聞いたところ「あんなのは見たくないね」と指摘されたという。それに対して、彼女は次のように述べている。

「わたしも「あんなのは見たくないね」という言葉に同感です。でも、わたしは、「現実から目をそむけてはいけないですよね、苦しいけれど」と答えました。この気持ちを日本人は曖昧にしてしまうのではと思ったからです。しかし、上記のようなことを言いますと、そうすかん、にあいそうな気がします」。

緊張を強いられる社会的文化的コンテクストは、ジェンダーをめぐる非対照的な関係によっても形づくられているのだ。

結び　記憶のエコノミーにおける暴力性

わたしたちは、二つの番組の検討を通じて、現在の日本のメディアで、戦時期そして戦後の歴史がいかに表象されているか、そこでなにが押し出され、なにが隠されているか、を明らかにしてきた。「プロジェクトＸ」では、諸外国の技術開発に先行されつつも、個々の技術者の実践によって追い付き追いこしたことを描くことで、「日本人」の「優秀さ」や、変革に立ち向かう「日本人」の「底力」が強調された。そこに出てくるのは、いわば模範的な日本人の優秀な技術者や叩き上げの社長の話であり、そこで「よき国民」「よき日本人」が表象代表され、日本の戦後が辛く厳しい時代ではあったとはいえ、「よき時代であった」と位置づけ直すことが行われている。言い換えるなら、「勝者」の観点から、歴史の解読が試みられているのである。すでに指摘した単行本『プロジェクトX：リーダーたちの言葉』では、このことが番組以上に強調されているようだ。「思いは、かなう。これが日本人の底力だ」と。

同時期に放送された「問われる戦時性暴力」は、公的な記憶を作成する技術の権力性を、記憶のエコノミーにおける暴力的なまでの不均衡を、「プロジェクトX」以上にあからさまに指し示している。ポストコロニアルの問題系が提起され、植民地化した側の歴史認識と記憶の有り様が根本的に問われているにもかかわらず、そこでは、「弱者」「敗者」の歴史、「犠牲者」の歴史を、わたしたちが想起すべき記憶、想起すべき出来事ではないものとして、わたしたちには関係のない事柄として、われわれの関心の埒外へと排除する、組織的暴力が渦巻いている[12]。

繰り返し強調するならば、そこで生じている問題は、一方では「プロジェクトX」に代表されるような、戦後日本社会の歴史を肯定的に記憶することを強いる表象や言説がさまざまな形をとって肥大化することと平行して、他方ではわたしたちが想起すべき過去の記憶としてはふさわしくないと判断された（一体誰が判断したのか）ものの選別と排除を不可視のうちに強化する力がメディア空間の内部で顕在化していることである。しかもそれは、現在の日本社会が抱える社会的コミュニケーション構造の暴力性と深く接合し、現代日本のナショナリズムの、感情的、感覚的な貯水池として、きわめて重要な機能をはたしはじめているのだ[13]。

ベンヤミンはかつて「歴史の概念について」と題された論文のなかで次のような文章を書いた。

過ぎ去った事柄を歴史的なものとして明確に言表するとは、それを「実際あった通りに」認識することではなく、危機の瞬間にひらめくような想起を捉えることを謂う。歴史的唯物論にとっては、危機の瞬間において歴史的主体に思いがけず立ち現れてくる、そのような過去のイメージを確保することが重要なのだ。危機は、伝統の存続と伝統の受け手とをともに脅かしている。両者にとって、危機は同じひとつのものであり、それはすなわち、支配階級に加担してその道具になってしまうという危機である。伝承されてきたものを制圧しようとするコンフォーミズムの手から、それを新たに奪還することが、どの時代にも試みられねばならない。（Benjamin 1940, 久保哲司訳 1995: 649）

過去の記録が「支配者にころがりこんだ勝利」を帰結してしまった一九二〇年代三〇年代の写真、映画の時代、ベンヤミンは、文化財として「ある者から他の者へと渡っていった伝承の過程もまた、野蛮から自由ではない」ことを深く認識していた。だからこそ、「なしうるかぎりそうした伝承から離れ、歴史を逆撫ですることを、自分の使命と見なす」ことができたのである。

一九世紀以来絶えることなく続く公共の記憶を創造するテクノロジーの中心に、テレビジョンは今も位置している。グローバル化が急速に進展し、公共の記憶に関わる厖大な映像が流通しているなかで、「政治」抜きで過去を表象しているという「神話」をどう打ち砕くことができるのか。わたしたちは、ベンヤミンの問いとともに、メディアのなかの「歴史」をあらためて真剣に検討すべき時期にいる。

注

1　なお、プレスナーは、この三島が指摘した「生活世界の歴史化」を、「遅れてきた国民」が急速な富と権力の増大のなかでアイデンティティを追い求めたものと見なしている。「人間生活にいかなる安らぎも許さず、そこから人間を追い立てていく産業の進展、この進展の持つ革命的性格が人間の心に時のはかなさへの思いを呼び覚まし、過ぎ去ったものへの後ろ向きの憧憬を生み、歴史主義をも形成した」（プレスナー、一九五九、松本道介訳一六一頁）。

2　ジョエル・ロマンが指摘するように、ルナンの「国民」にかんする見解がきわめて矛盾に充ちたものであることに留意しておく必要がある。種属（race）、言語、宗教、利害の共通性、地理といった要因を退け、「国民とは魂であり、精神的原理」であることを強調するルナンは、「フランスのナショナリズムの唱道者」としての側面と「遅れてきた共和制主義者」という側面とを合わせ持つ「矛盾の織物」といえる。

3　「メディアと記憶」という問題設定についていえば、かなりの文献を上げることができる。代表的な論考として、Hartmann（1997）、Yates,（1966）、Young（1990）があるが、テレビジョンと記憶の問題を提起するものとして、Silverstone（1999）がある。

4　この番組のビデオやDVDが発売される一方で、番組のプロデューサー今井彰監修の本も発売され、長期にわたって主要書店の売り上げベストテンの上位を占めている（今井2001）。同書の「はじめに」には、「日本の戦後は、数千数万のプロジェクトのドラマの歴史であり、そこに身を投じた無名の人たちが困難に立ち向かってきた日々の記録でもあります。敗戦により、文化や科学技術が根絶やしになるほどの壊滅的な打撃を受け、日本人が絶望の前に立ち尽くしたのはわずか半世紀前のことです。「ゼロからの挑戦が、日本人に与えられたテーマでした」と書かれている。ここでは、番組や公式ホームページよりも一層明瞭に、「日本の戦後」「日本人の絶望」「日本人にあたえられたテーマ」が強調されている。売り上げに関しては、「週刊読書人」二〇〇一年九月二八日付けの「ベストセラー告知板」を参照。また中島みゆきが歌うテーマソングの売り上げが昨年二月の発売以来月に二万枚売れ続ける記録的なロングヒットになるなど、この番組自身が一種の流行といえるほどの状況をつくりだしている。『朝日新聞』二〇〇一年九月二〇日付けの記事「中島みゆき　大人に心守歌」を参照。

5　この番組の改竄をめぐっては、日本の右翼の圧力にNHKが屈するかたちで、改竄が行われたとの指摘が多くなされている。高橋（2001）、西野（2001）、竹内（2001）を参照した。

6　公式ホームページ http://www.nhk.or.jp/projectx/index.htm による。

7　第三四回「女たちの一〇年戦争　男女雇用機会均等法誕生」、第三五回「エベレストへ熱き一四〇〇日　日本女子登山隊」、第三八回「女子ソフト銀　知られざる日々　不屈の闘い／リストラからの再起」の三本である。

8　この点に関しては、渋谷望、酒井隆史（2000）、ならびに斉藤純一（2000）を参照されたい。

9　番組を見て書いてもらったアンケートは、総数五八枚、二〇〇一年十月に早稲田大学教育学部の学生が書いたものである。「この番組をよく見るか」「番組を見て印象に残った点はなにか」「この番組の視聴率が比較的高く、人気番組になっている理由はどんなところにあるか」などの質問に自由に回答してもらった。その中で、「よく見る」「たまに見る」と回答した学生の数は一八名、これまで一度も見たことがない学生は一三名である。また高齢者のアンケートは、東京都文京区に居住する六〇～七〇歳代の一二名の方々から回答してもらった。

10　Morley, D. & Robins, K. *Spaces of Identity; global media, electronic landscapes and cultural boundaries*, Routledge, 1995 の第八章 Techno-Orientalism : Japan Panic を参照。

11　「法廷」を主催したVAWW-NETが制作したビデオとＮＨＫの放送番組を見比べてもらった後に、六〇歳代、七〇歳代の世田谷区に在住の一二〇名ほどの視聴者に自由に書いてもらった感想の一部である。

12　この「女性国際戦犯法廷」を伝えたテレビ局はＮＨＫだけである。それは、外国の多くのメディアが自国でこの問題を伝えたことと対照的である。また、改竄問題を報道したメディアも、朝日新聞、東京新聞などに限定されている。最大の発行部数を占める読売新聞は一切論評しなかった。

13　ヤングは、権力による「公的」な歴史の編制、メディアを通した「公共」の記憶の編制に対して、カウンター・メモリー（counter-memory）、カウンター・モニュメント（counter-monument）という概念を提起している。それは、「公共の記憶」に対立する歴史や記憶を対置することを指示する概念ではない。それは、二項対立そのものを内破するあらゆる、多様な、歴史や記憶が表現され表出される空間を意味するものだ。それは、正確に、ベンヤミンのコンステレーション概念と対応する。今、メディアに求められているのは、そうした空間の造形であるだろう。（Young 1993: 47）

文献

Anderson, Benedict, 1983, *Imagined Communities; Reflections on the Origin and Spread Nationalism*, Verso. 白石隆／白石さや訳『想像の共同体：ナショナリズムの起源と流行』リブロポート 一九八七。

Bergson, Henri, 1896, *Matière et mémoire*, Presses Universitares de France 田島節夫訳、一九六五、『物質と記憶』白水社。

Benjamin, Walter, 1940, "On the Concept of History (Über den Begriff der Geschichte)", *Walter Benjamin Werkausgabe*, Suhrkamp 浅野健一郎訳、一九九五「歴史の概念について」『ベンヤミン　コレクション1　近代の意味』ちくま学芸文庫。

Foucault, Michel, 1969, *Archéologie du savoir*, Gallimard 中村雄二郎訳、一九八一、『知の考古学』河出書房新社。

Habermas, Jurgen, 1962, *Strukturwandel der Öffentlichkeit; Untersuchungen zu einer Kategorie der bürgerlichen Gesellschaft*, Neuwied (Luchterhand) 細谷貞雄訳、一九七三、『公共性の構造転換』未来社。

Hall, Stuart, 1980 "Popular-Democratic vs. authoritarian-Populism; two ways of taking democracy seriously", Hunt, A., (ed.), *Marxism and Democracy*, Lawrence & Wishart.

Hall, Stuart, 1986, "On Postmodernism and Articulation: an Interview with Stuart Hall", Morley, D, and Chen, Kuan-Hsing (eds.), 1996, *Stuart Hall*

;Critical Dialogues in Cultural Studies, Routledge.
Hartmann,G., 'The cinema animal', in Yosefa Loshitsky (ed.), *Spielberg's Holocaust*, Indiana University Press.
今井彰 2001『プロジェクトX：リーダーたちの言葉』文藝春秋。
石井研堂、1926『明治事物起源』春陽社。
北原恵 2001「沈黙させられたのは誰か」『インパクション』一二四号。
Morley, D. & Robins, K.,1995, *Spaces of Identity; global media, electronic lanascapes and cultural boundaries*, Routledge.
三島憲一 1983「生活世界の隠蔽と開示――一九世紀における精神科学の成立　上」『思想』十月号。
西野瑠美子 2001「ＮＨＫ消された映像：ＥＴＶ特集『戦争をどう裁くか』改変問題」『マスコミ市民』五月号。
西野瑠美子 2001「ＮＨＫ『女性国際戦犯法廷』番組改変騒動のその後」『創』五月号。
Plessner, H., 1974, *Die verspätete Nation*, Frankfurt,（松本道介訳、一九九五、『ドイツロマン主義とナチズム：遅れてきた国民』講談社学術文庫)。
Renan. E.,1887, 'Qu est-ce qu'une nation?' in *Œuvres Complétes*, vol.1, Calmann-Levy, : 277-310.（鵜飼哲訳、一九九七、「国民とは何か」『国民とは何か』インスクリプト）
Said, Edward W., 2000, "Invention, Memory, and Place", *Critical Inquiry*, Volume 26. Number 2.
斉藤純一 2000『公共性』岩波書店。
渋谷望、酒井隆史 2000「ポストフォーディズムにおける人間の条件」『現代思想』vol. 28-9。
Silverstone,R., 1999, *Why Study the media?*, Sage.
Slack, Jennifer Daryl., 1996, "The Theory and Method of Articulation in Cultural Studies", in Morley, D. and Kuan-Hsing Chen (eds.), *Stuart Hall ;Critical Dialogues in Cultural Studies*, Routledge.
T・モーリス＝鈴木 1998「グローバルな記憶・ナショナルな記述」『思想』第890号。
竹内一晴 2001「『問われる戦時性暴力』改変にみる『編集権』とは何か　上／下」『放送レポート』七／八、九／十。
米山リサ 2001「メディアの公共性と表象の暴力」『世界』七月号。
Young, James E, 1988, *Writing and Rewriting the Holocaust; Narrative and the Consequences of Interpretation*, Indiana University Press.
Young, James E, 1993, *The Texture of Memory: Holocaust Memorials and Meaning*, Yale University Press.

メディアに表象される沖縄文化

田仲康博

二〇〇一年九月一一日、世界貿易センター崩壊の映像はメディアによって瞬時に世界を駆け抜けた。事件は、はるか遠く離れた沖縄の「南海の楽園」イメージを根底から揺るがす契機をはらむものだった。事件の衝撃と沖縄が受けた影響の大きさを最も鮮烈な形で伝えたメディアは、米軍人・軍属を対象とするAFNだろう。[1] 事件直後、AFNのテロップは沖縄の全ての米軍基地が最も危険度の高い警戒態勢「コンディション・デルタ」に入ったことを告げ、「これは訓練ではない」ことを繰り返し強調した。島の時空軸が事件を境に一瞬にして「平時」から「有事」に変わったことを告げるテロップは、その平板で無機質な軍事用語故により一層緊迫感が漂うものだった。

その後、アメリカが「戦争」への傾斜を深めていくにつれて基地内外の緊迫感は急速に高まっていく。米軍基地のゲート警備に県警のみならず県外から派遣された警官まで動員され、協力して「有事」に対処するという日米両政府の意向が多分にシンボリックな装いを採って内外に示されていく。しかし、これは同時に米軍基地がテロ攻撃の目標となる可能性が高いということを示すことにもなった。ゲートで警備に当たる機動隊員、離着陸練習を繰り返す戦闘爆撃機、フェンスの内側で警戒する米軍装甲車の映像など、緊張感を高めていく基地の状況が報道されるにつれ、沖縄観光への直接の影響も出始めた。個人・団体旅行のキャンセルが沖縄観光にとって大きな打撃となったが、特に「沖縄は絶対に安全か」という父母の問い合わせを受けて修学旅行を取りやめる学校が相次いだことが話題になった。米軍基地の危険性はこれまでも常に指摘されていたこと、その基地と常に隣り合わせに暮らす人々がいることを考え合わせると皮肉な現象だが、父母の懸念は分からなくもない。事実、事件を契機に「南海の楽園」「癒しの島」として構築されてきた沖縄のイメージが、い

キャンペーン用のステッカー

かに脆く危ういリアリティ感覚に基づいていたのかということに人々が気付いたかのようにも見えた。しかし、政府、県当局、そして経済界はメディアと協調して沖縄の危険性を「うわさ」や「デマ」として位置づけ、安全な沖縄を喧伝する「だいじょうぶさぁ〜沖縄」と銘打った観光客誘致キャンペーンを展開した。

キャンペーンの主旨は、沖縄観光コンベンションビューローの「青い空、青い海、沖縄はいつもと変わらぬ沖縄です」というメッセージに要約される。その解説によれば「沖縄には基地があることから、いろいろなウワサが飛び交っている」が、県民生活、道路、那覇空港、そして米軍基地など全ての面で沖縄は「いつもと同じ」で何ら問題はないということになる。県内の各郵便局は「だいじょうぶさぁ〜沖縄、行こうよ！おいでよ！沖縄キャンペーン実施中」というロゴが印刷されたステッカーを準備した。県外への郵便物に貼ってもらえば、葉書一枚でも観光宣伝になるというアイディアらしい。那覇市と那覇市観光協会が作成したチラシには、首里城を背景に「元気な那覇に逢いに行こう！」という文字が躍る。チラシは県作成のメッセージに歩調を合わすように「沖縄には基地があることから、いろんなウワサが飛び交っているようですが、那覇はいつもと変わらぬ那覇です」と観光地の安全性を訴える。

官民挙げてのキャンペーンに呼応するかのように、全国ネットのメディアも同様なメッセージを流し始めた。たとえば毎日放送は、低迷にあえぐ沖縄観光の状況を特集したプログラムの最後を「いつもと変わらぬ普通の沖縄がある」というナレーションで締めくくった。[2] さらに、沖縄と北海道のＦＭ放送局が共同企画の番組を制作して沖縄観光を宣伝するなど、「だいじょうぶさぁ〜沖縄」のメッセージは種々のメディアを通して全国に広まった。「頑張れ沖縄」の横断幕を掲げて沖縄を訪れる修学旅行生のニュースなどが美談として取り上げられ、キャンペーンの成果として全国ネットで報道されたりもした。

「だいじょうぶさぁ〜沖縄」キャンペーンの言説は概ね次のようなナラティヴで構成される。「県民生活はふだん通り」で「スムーズに車が流れ」、「飛行機もいつも通り飛んで」いるし、「基地への出入りのチェックは厳しくなって」はいるものの「基地の外はふだん通り」で「いつもと変わらぬ風景」が沖縄には広がっている。したがってその安全性に問題はないというわけだ。[3] そのような言説において沖縄は、九月一一日以降もまるで何事もなかったかのように「いつもと変わらぬ風景」として表象される。同時多発テロという「事件」の異常性が強調される一方で、その対極に位置するものとして「日常」が定位され、両者の関係性が捨象された地点にまなざされる「沖縄」。メディアによって切り取られフレームに納まった風景から、基地のフェンスを背にして住民の側を向いて立つ機動隊員や基地内警備に走り回る米軍装甲車などの映像が徐々に抜け落ちていった。ツインタワー崩壊のイメージによって沖縄の日常風景に一瞬開いたかと思われた裂け目——それは遠くアメリカを舞台にして起きた暴力の構造と戦後沖縄がおかれてきた暴力の構造には密接な関係があることを示唆するものだった——は、メディアの手によってすぐに閉じられてしまった。

特定の枠内に切り取られた風景として表象され、消費される沖縄。そのイメージは土地の人々にも内在化され、むしろそれを積極的に利用しようとする動きが沖縄の側からも出てきたことを今回のキャンペーンは示している。一見外に向けて広がっていくように見える「沖縄ブーム」は、実は内向けのベクトルも併せ持つ。表面的には明るくエネルギーに満ち、賛美の対象となっている沖縄文化の影に隠された権力そして暴力の構造にメディアはどのように関わっているのだろうか。

1 〈南海の楽園〉——風景の創出

キャンペーンやメディア言説の中で「ふだん通り」で「何ら変わったところはない」ものとして像を結ぶ沖縄の自然や日常の風景は、観光客の視線の先にある南国のイメージそのままに描かれる。欲望を誘う南の島としての「沖縄」のイメージ。それは復帰以降、観光を県の基幹産業として位置づける政府主導の沖縄経済振興政策の中で作り上げられ、現在ではほぼ定着していると言えるだろう。かつて南太平洋の「楽園」が西欧のまなざしの中で想像／創造されていったように、「南海の楽園」沖縄も他者のまなざしの先に結ばれるイメージとして構築されてきた。沖縄に来る者の多くは、イメージ通りの沖縄を求めてやって来る。彼らは旅行代理店やガイドブックで紹介されたホテルに泊まり、流行りの店で食事をし、景勝地を訪れては観光ポスターの写真と同じアングルで記念写真を撮る。シャッターを押す彼らの視線はその時、ガイドブックやポスターの写真を撮影したカメラマンの視線とぴったり重なり合う。〈テクスト〉を忠実になぞることによって旅の「発見」が積み重ねられていく。風景は概ねこのようにして消費されていく。

風景は必ずしも外部から訪れる者だけによって消費されるわけではない。生活の隅々までメディアに侵食された今、その風景の中で暮らす土地の人々もメディアのまなざしから自由ではあり得ない。イメージが商品化され、メディア言説の中で増幅されて発信されるうちに当の観光地に住む者たちも、ある一定のアングルから風景を眺め、ある一定の言葉で自らや風景を想像／創造するようになったとしても不思議ではない。コマーシャリズムに乗って再生産された歌や踊りや工芸品、そして「青い空」や「青い海」に代表される自然のイメージは、土地の記憶を捨象され、新たな意味を付与されて「純粋な」文化や自然として島に住む人たちの前に立ち現れる。他者の眼を通して表象され、現実に対して閉ざされたテクストとして登場する「沖縄」は、いつしか地元の人々によっても内在化され、島の風景が常に／既にそこに在った〈自然な〉風景として眼に映るようになる。こうして観光客と同じくカメラマンの位置に立って風景をまなざす沖縄の人たちは、自らが暮らす土地のエキゾチックな美しさを「発見」する——。

観光パンフレットのイメージがそのまま島の風景に成りすまし、居心地のいい物語が一人歩きを始めている沖縄の現状にはかつての〈南島論〉の影が見え隠れする。沖縄を巡る〈知〉の状況を検証するためには、まず言説の主体の位置が問われなければならないだろう。誰がどこから何をどうまなざしているのかという問いから多くの問題群がただちに連想されるが、本稿の目的であるメディアの考察に繋げるためには、さしあたって沖縄をまなざす者の立つ位置が問題となる。島の風物が〈翻訳〉されて名前を与えられ、ある一定の〈まなざし〉が身体化されていく過程で、名指し／まなざす者の〈地点〉もまた定位されてきた。南島論は、沖縄の風物・文化・歴史の相対的な距離や位置を定義する装置として沖縄研究に大きな影響を及ぼした。

たとえば、その後の南島研究に先鞭をつけた『海南小記』の中で、柳田国男は神道に触れてこう書いている。

もとは異国のごとく考えられたこの島の神道は、実はシナからの影響はいたって少なく、仏法はなおもってこれに対して無勢力でありました。われわれが大切に思う大和島根の今日の信仰から、中代の政治や文学の与えた感化と変動とを除き去ってみたならば、こうもあったろうかと思う節々が、色々あの島には保存せられてあります。[4]

柳田のこのような〈まなざし〉の有り様は彼に続く者の言説にも繰り返し採用されることになるが、それは概ね次のような論理の筋道を辿る。表層部においては異なった顔を見せる日本と沖縄はその基底部において古代の記憶を共有する。両者は地下水脈を同じくしながらも異なった歴史発展の道を歩み、それぞれ固有の社会制度や文化を培っていった。日本では産業化／都市化を経て失われた深層部の〈古いもの〉が、近代化が遅れた沖縄には色濃く残されることになった……。様々なヴァリエーションがあるが、南島の物語は概ねこうした筋書きにそって展開していく。

　そこにおいては「本土よりもいっそう日本の原型を保ちえている」とされ、「日本人は自分が日本人であることを、換言すれば自己との同一化体験を意識する」と語られる谷川健一の「沖縄」は、柳田の「沖縄」と同じ地点からまなざされたものだと言える。こうしたまなざしの先で像を結ぶ沖縄は一種の〈反―近代〉として措定され、どこかしら懐かしさを感じると共に憧れを呼び起こす〈場所〉として価値を付与されたが、比較的最近の言説にも同様の視点が見られる。

　私は無意識のうちにはるかな懐かしいものを見ていたのだ。……魂の古層に触れると、私は澄み渡った珊瑚礁の海を見て考えた。このあまりの懐かしさは、まるで母のふところに抱かれるようなのだ。……それは個などをはるかに越えた、遠い遠い祖先につながる、血の記憶なのである。私が今もって繰り返している沖縄への旅はデジャ‐ヴュに導かれているのだ。[5]

　南島論に起源をもつこの沖縄に〈還る〉という特異な方向感覚は、この他にも「沖縄ブーム」を喧伝する言説に現在でも頻繁に登場する。魂が回帰する場所、ノスタルジックな「癒しの島」、憧れを呼び起こす場所として特権化される沖縄の風土そのものが、ブームの中心で焦点を結ぶ。しかし、それは想像／創造された場であって実は虚焦点にしか過ぎない。沖縄社会の全体像については本稿の最後で触れることにして、ここではまず想像／創造された風景という点から現在の沖縄、特にその表象文化の状況を検証してみることにしよう。

2　〈祝祭空間〉沖縄――メディアのまなざし

「沖縄」がちょっとしたブームになっている。政治や経済の領域には閉塞感が漂う一方で、文化の領域だけはエネルギーに満ち溢れているように見える。まず古典音楽や琉球舞踊界の活気が目につく。様々な流派の発表会やコンクールなどが目白押しで、伝統芸能のグループが定期的に海外に発表の場を求めるようにもなった。復元された首里城は幾つかの史跡と共に世界遺産に登録され沖縄観光の目玉商品となった。もともとお盆の時期、各地域の青年たちによって夜間にだけ踊られるものだったエイサーは、学校行事や婦人団体などの演目に加えられ昼の世界に引き出された。エイサーは県出身者を通して県外や海外にも輸出され、今や沖縄を表象する記号となった感すらある。さらに、芥川賞受賞者が相次いで県内から選出され、インディーズは百花繚乱というに相応しく、県出身の歌手たちの東京での活躍もめざましい。〈差異〉がそのまま商品となる消費社会にあって「沖縄文化」を賛美する情報誌や書籍の出版は相変わらず盛んで、「長寿の島」をキャッチフレーズにした料理番組や「癒しの島」を称揚する旅番組など全国ネットに沖縄が登場することも多くなった。特筆されるべきは数年前の沖縄映画ブームだろう。島を舞台にし「沖縄らしさ」の記号を満載した映画が数多く製作され、『ナビィの恋』のようなヒット作も出て沖縄ブームにさらに火が点いた。詳細については後述するが、沖縄がテーマになったドラマがＮＨＫ朝の連ドラ枠に登場して話題を集めたりもした。

ブームに触発されて県内で制作されるテレビ番組や新聞なども沖縄文化を特集することが多くなった。伝統文化紹介という従来の枠から逸脱した、若者による若者文化を紹介する情報誌的な番組が特に目につく。ブームになって初めて自分たちの島に眼を向け出したわけだが、東京を経由しないこれらの番組も他者の視線の影響を受ける。たとえば、番組の多くは失われたもの／失われつつあるものを再発見し、ノスタルジックに自己を見つめる「ディスカバー・オキナワ」というこれまでのパターンから、むしろ内在化された他者のまなざしを通して沖縄の異質性を「発見」する「エキゾチック・オキナワ」のそれに変わりつつある。

沖縄文化を賛美する内外の言説の多くに通底するある興味深い特徴がある。沖縄文化の〈異質性〉が強調される一方でその〈普遍性〉も称揚される語りが一般的だが、その種の語りには当然比較される〈他者〉が必要となる。沖縄文化の〈周縁性〉に対置され、その差異を際立たせるものとして〈中央〉の文化が措定される理由はそこにあるが、均質なものとしてまなざされるという点において、周縁の文化も中央の文化も実は想像上の産物だと言える。重要なことはしかし、沖縄の他者性とは言ってもそれが〈外部の他者〉として境界の外に表象されているわけではないことだ。つまり、異質なものを含みエキゾチックな文化をもつ社会ということで差異化／周縁化され、〈中央〉からある一定の〈距離〉が予想されてはいても、外部のものとして完全に排除されるわけではないことに注目すべきだろう。その仕組みを理解するためには、〈中央―周縁〉という二つの項に第三の項を付け加えてみると分かりやすい。例えば沖縄文化に影響を与えた「アジア」を紹介する番組で食物や音楽などが話題になったとしても、それらアジアの文化が沖縄で咀嚼され境界の内側に取り込まれたという語りの中で沖縄は日本文化の周縁部に位置づけられ、〈外部の他者〉であるアジアに対する日本／沖縄という遠近法的世界の内に回収されてしまう。つまり、沖縄は一方で〈内側の他者〉でありつつ、他方で〈外部の他者〉という鏡の前では境界のこちら側に立つ者としてまなざされているわけだ。[6] その結果、多元的に開かれていく可能性はその萌芽の段階ですぐに二元論に回収されてしまう。

〈中央―周縁〉という構造はもともと揺らぎを内包していたはずだが、ここ数年の沖縄ブームは、「沖縄」の距離を測り位置を定めることによって揺らぎを無化する装置の働きをしたと言えないだろうか。それによって国家のまなざしという遠近法的世界の中における「沖縄」の位置が想像／創造されてしまうような座標を設定する装置である。沖縄という風景のまなざされ方の位相という点において沖縄ブームを考察する必要がありそうだ。なぜこの時期に沖縄がブームになったのかという問いは必然的に、ブームの真の受益者は誰なのかという問いにつながっていく。それはまた勝れて文化の〈政治性〉を問うことでもある。沖縄文化が称揚され前景化されるとき、その表象の影に隠されているものは何か、背景に退くものは何かという問いが重要になるということだ。そのような文脈で捉えると、「沖縄ブーム」は観光沖縄を宣伝する装置としての外向けの役割よりも、むしろ内向けのベクトルが強く、島の人々の日常意識の有り様に大きく関わっているのではないのかという疑問が浮かんでくる。陽光の下で年中季節に関係なく演じられるエイサーが象徴的に示すように、全てが永遠の〈ハレ〉の時空にさらされる〈祝祭空間〉の中で沖縄が「沖縄」を演じる、演じ続けるということがありはしないのか。生活者にとって〈心地よさ〉を与えてくれる装置として文化が機能することじたいに問題はないのかも知れないし、事実、活気のある沖縄文化の状況は積極的に評価されることが多い。しかし、より広い文脈――日米関係、アジア、九月一一日以降の世界――で考えると、この〈心地よさ〉の虚構性が沖縄ブームの向こうに透けて見えてくる。

オギュスタン・ベルクは、私たちが現実の事物を知覚する際に無意識に用いる「図式化」について興味深い議論を展開する。ベルクによると、風景は「現実の事物に関する情報と、もっぱら人間の脳によって練り上げられる情報の両方で構成されて」いて、後者は記憶力や想像力によって「それ以上の要素をそこに付け加える」ことで風景を完成させる。つまり、「環境」は、それをまなざす者の働きかけが加わって初めて「風景」として知覚されるというわけだ。私たちは類型を設定すること、つまり図式化によって風景を知覚するが、その様式は文化によって規定される。ベルクの議論は、文化やメディアに隠された権力や暴力の構造を考える際に極めて重要な示唆に富む。

文化は、ある社会と、その社会の歴史のある時代に固有の価値に対応する形で、世界を知覚さるべきものとして（そしてありのままにではなく）人間に見せるように定められている固有の知覚の図式を生み出す。[7]（傍点著者）

本稿のテーマに引きつけると、文化は知覚の対象をある一定の様式にそって認知するように私たちのまなざしを規定する装置であると言い換えることができるだろう。

メディアは、準拠枠を設定する文化装置として、ベルクが図式化と呼ぶプロセスに深く関わっている。というのも、図式化する際のイメージも言語もそのほとんどがそれによって供給されると言えるほどメディアは私たちの日常生活に深く浸透しているからだ。要するに、メディアは知覚される〈世界〉の枠組みを決めることで個々人の日常意識の形成に大きく関与し、個人の記憶を公共の記憶に嵌め込む装置として集合意識の形成にも深く関わっている。従って、事物の距離と位置を測り、遠近法的世界の中にそれらを配置する力を持つメディアは、もはや単なる情報の伝達装置などではあり得ない。知覚されるべきものとして現れる風景、それ以外にはあり得ないものとして眼前に広がる風景に私たちの眼は焦点を合わせる。私たちはもはやメディアを通して世界を見るのではなく、むしろメディアが見るように世界を見る。

「青い空」「青い海」という沖縄のイメージが現在のように広く流通するようになり、島全体が「祝祭化」した契機は、一九七五年の沖縄国際海洋博覧会にあった。海洋博覧会のテーマ「海——その望ましい未来」は先進諸国にとって海が新しいフロンティアであることを印象づけ、沖縄にとっては海洋博がその後の「観光立県」路線の道筋を示す最初の大きなメディア・イベントとなった。一九七二年の復帰以降、開発が遅れていた県経済の基盤整備が政府にとっては急務となったが、基幹産業として特に注目されたのが観光だった。復帰の年に沖縄開発庁から出た第一次沖縄振興開発計画は「余暇生活の充実と観光の開発」を重要課題として位置づけた。これを受けて政府、県当局、そして経済界はそれぞれの思惑を抱きつつ「観光沖縄」の商品化ということで一致して巨大プロジェクトの実現に取り組んでいくことになる。海洋博はそのきらびやかさにおいてまさに沖縄観光の目玉商品となるはずだったが、予測された経済効果を達成するには程遠く、公共工事による赤土汚染など多くの負の遺産を後に残した。海洋博に関する先行研究はその経済的効果の評価に終始するものが多いが、しかし、表象文化の領域で博覧会が多くのことを成し遂げたことに私たちは眼を向ける必要がある。[8]

海洋博が、それ自体、沖縄の「祖国復帰」という政治的課題を自然環境や文化イメージの中に溶解させていくイベントであったとするならば、そこで演じられたさまざまな沖縄らしさは、その異質性の提示にもかかわらず、いやむしろそれだからこそ、ある種の文化的統合の中に容易に回収されていったようにさえ思えてくる。[9]

換言すれば、海洋博は沖縄の風景から「政治」を捨象し、そこに「自然」や「文化」を書き込んだ。その経済的失敗とは裏腹に、人々のエネルギーを一定の回路に流し込む装置として海洋博は多くのことを成し遂げたと言える。事実、沖縄本島の空間を「祝祭化」し、人々の日常意識を編成し直すという点において海洋博はその後の沖縄にとって重要な分岐点となった。

七〇年代以降、航空会社やホテル業界の大々的なキャンペーンによって、「青い空」「青い海」という「南国」の記号が島の風景に書き込まれていくことになった。島に暮らす者にとってはあまりにも自明で特に意識することもなかった海や空の青さが、突如「観光資源」として名指され、商品価値を与えられたわけだ。海洋博の直後に大きく落ち込んだ観光入域客数も三年後には持ち直し、その後は順調に増加し続ける。本島西海岸にリゾート・ホテルが建ち並ぶようになり、合わせて基幹道路、遊歩道、ゴルフ場、離島の港や空港なども整備された。それに加えて、島のあちこちに椰子並木や人工ビーチが登場する。沖縄らしさの記号が次々と配置され、後に「いつもと変わらぬ沖縄」と表象されるまでになる風景の整備が急ピッチで進んでいった。一九八七年の総合保養地域整備法（リゾート法）制定が観光ブームの新たなきっかけとなって開発がさらに進行し、今や沖縄は八重山や宮古も含めてその全域がテーマパーク化した感すらある。

3　『ちゅらさん』の風景——リアリティの編成

二〇〇一年四月二日から九月二九日まで一五六回に亘って放映されたNHK朝の連続ドラマ『ちゅらさん』は、沖縄をめぐるメディア言説や沖縄文化の〈今〉を語る上で、多くのことを示唆してくれる。沖縄がテーマとなったドラマはこれ以前にも九三年に放映されたNHKの大河ドラマ『琉球の風』があったが、それは琉球王国を題材にしながらもキャストと言葉の問題——いずれも沖縄／琉球が反映されていないという批判が多かった——があって視聴率が低く、沖縄での評判も芳しくなかった。それに比較すると『ちゅらさん』は、沖縄出身の母親を持つ脚本家の作品であることやヒロインを含め多くの沖縄出身者がキャストに登用されることなどを事前にPRしたメディアの力も与かって放映前から注目された。

ドラマは、小浜島に生まれたヒロイン古波蔵恵里が上京し、家族や彼女を取り巻く人々の助けを借りながら看護婦として成長していく様を描いたものだが、朝ドラの定番となっていた「根性物」からは逸脱した作品となった。運命を信じ、衝動の赴くままに行動する恵里は、楽天的で明るい。番組プロデューサーの言葉を借りると「朝ドラ史上最もアバウトなヒロイン」ということになる。近代的合理性とはおよそ無縁の人物として描かれる主人公は、周囲の理解を超える存在でアパートの住人たち——彼／彼女ら自身も「孤独な都会人」というステレオタイプ的な役割を与えられている——から、「不思議な子」、「理解不能な人間」、「宇宙人」、「天然記念物」などと名指され、一種異質な者として位置づけられる。たとえば、重病を抱えつつも通院治療を拒み続けるアパートの住人島田は、嫌な顔をされても笑顔を絶やさず半ば強引に自分の面倒を見続ける恵里のことが最初は全く理解できない。彼は管理人に次のように問い掛ける。

「こんな子はじめてだ。この子は何だろうか？　管理人さん」

「そうねえ」

みづえは恵里の無垢な笑顔を思い浮かべた。

「ま、しいて言えば、生まれたままの赤ん坊かしらねえ」

「赤ん坊」

島田は微笑みを浮かべながらスヤスヤと眠る恵里を見た。[10]

無垢の赤ん坊として表象されるヒロイン恵里を見下ろす二人の視線に南島論のまなざしを重ね合わせることはさほど難しいことではない。恵里の異質さは孤独なアパートの住人たちにとって簡単に名指すことのできない類のものだが、それは次第に失ってしまったものへの郷愁を住人たちの心に呼び起こしていく。この場面で語られているのは赤ん坊のような恵里の純真さだが、その純真さゆえに騒動を巻き起こす彼女のおかげでアパートの住人たちはひとつにまとまっていく。恵里を中心にした賑やかな食事会の後で管理人はふと「昔はこうだったわ、東京も」という感想をもらす。ここで彼女が抱く郷愁はドラマ全体の底流をなす気分や感情を集約するものだ。過去へ向かうドラマのまなざしは物語の進行につれて転移され、本土においては失われてしまった古き良き物が未だに残る「沖縄」へと焦点を合わせていく。こういったまなざしの有り様はそのまま南島論のそれと重なるものだ。

温情主義的なまなざしの先に像を結ぶのは主人公の恵里だけではない。ドラマに描かれる沖縄人にはある一定の特徴がある。実際、視聴者にとってドラマに描かれた恵里やその他の沖縄人のイメージはどう映ったのだろうか。学生に聞いてみると「明るい」「人なつっこい」「優しい」「大らか」「親切」「前向き」「暖かい」といったイメージが浮かび上がってきたようで、沖縄人のイメージ描写については「ほぼ的を得ている」と評価する意見が多かった。違和感をもつ学生もいたが、それも「今はあまりいない古き良き時代の人たち」とか「田舎や離島にはまだいるかも」という程度でイメージそのものを否定するものではなかった。特徴的なことは、ドラマに描かれる沖縄人のイメージ――それは他者のまなざしの先に結ばれる虚像という側面をもつ――が沖縄の学生たちにとってあまり違和感を抱かせるものではなく、ほぼそのまま鏡に映る自身の姿として捉えられていることだろう。新聞の投書欄や社説、そしてラジオやテレビにおいても批判的な意見はほとんどなく、むしろ手放しでドラマを賛美する声が多かった。

都会の住人たちによって一旦は異質な者として表象される恵里だが、彼女が外部の他者として排他的に描かれることはない。恵里が立つ位置を端的に示すエピソードがある。邪悪なものを一切排除したかのように徹頭徹尾明るいドラマの中で、主人公の半ば脳天気な天真爛漫ぶりを茶化し相対化する役柄が城ノ内真理亜(菅野美穂)に与えられている。その二人が連れ立って恵里が生まれた小浜島を訪れるシーンがある。島の風土に初めて触れた真理亜は恵里に質問を浴びせる。


「質問、その一いいですか?」

「はい、何でしょう?」

「ここは……日本ですか?」

「何言ってんですか。日本ですよ。沖縄ですから」

「そうは思えないんだけど……質問、その二」

「何でこんなに暑いわけ……ですか?」

「……だから沖縄ですから」

「質問……その三」

「何です?」

「……何で牛が歩いているのですか?」

「……何でって、だから沖縄ですから」[11]

ドラマの視線がどこに向けられているのかを示す象徴的なエピソードだといえる。沖縄は沖縄でしかないのだが、このエピソードはしかし、ある一定の「読み」を準備してオーディエンスを待ち受ける。ある一定の風景と主体が、見る者に予め準備されていると言ってもいい。言葉通りに聞くと、沖縄にある小浜島だから当然日本に属するということで、特に矛盾するところはない。事実は確かにそうなのだが、しかしより重要なことは、このエピソードが指し示す方向に結ばれる沖縄のイメージなのだ。一見何の変哲もない短い会話だが、古波蔵恵里の誕生日が一九七二年五月一五日(復帰の日)という設定になっている事実を重ね合わせるとき、そこにあるメッセージが浮かび上がってこないだろうか。

復帰後の歳月とヒロインの人生を重ね合わせるという設定から、恵里が沖縄を代理／表象する存在であることは明白だろう。『ちゅらさん』は古波蔵恵里の物語であると同時に復帰以降の沖縄の物語でもあるのだ。物語の中で一旦は異質なものとして相対化される恵里／沖縄だが、小浜島でのエピソードに象徴されるように彼女／沖縄はある関係の内部、境界の内側に召喚される。つまりここには、恵里／沖縄が異質な者として名指され排除されるのと同時にある一定の空間内に周縁化されて配置し直されるというナショナルな物語が暗示されている。実はこのエピソードに限らず、大文字の〈物語〉がドラマ全体にある指向性を与えている。ドラマは、小浜島で生まれた恵里が沖縄本島を経て東京に移り住み、最後にもう一度小浜島に戻るという〈移動〉が横糸となり、恵里の〈成長〉のプロセスが縦糸となって進行していく。そこには、恵里／沖縄がある空間（境界）と時間（歴史）の枠内に定位されていく〈物語〉が暗示されているのだ。高校を卒業した恵里は東京への憧れを抱き始めるが、それは幼い頃に結婚を約束した文也がそこにいるからでもある。文也は幼い頃、兄や母と共に小浜島を訪れ、恵里やその家族に出会う。入院中の文也の兄がたまたま「最後の楽園、小浜島」のチラシを目にしたことが発端となっての旅行だが、兄は小浜島でその短い生涯を終えることになる。兄の言葉に後押しされるまま幼い文也と恵里は結婚を約束するのだが、恵里がそこに感じた〈運命〉がその後の彼女の行動に陰に陽に影響を及ぼしていく。恵里／沖縄が、運命に導かれて文也／本土に憧れ、出会い、結ばれるという物語構成の向こうには、均質な空間を夢想し指向するある〈語り〉の形が透けて見える。

ドラマを貫くのはしかし、単純な中心指向の矢印だけではない。紆余曲折を経て憧れの文也と結ばれる恵里だが、彼女は息子が病気になれば故郷小浜島に癒しを求め、最終的には家族共々小浜島に還るという設定になっている。南島をめぐる言説に特徴的な沖縄に帰還するという特異な方向感覚が、ドラマにもみられるわけだ。沖縄／沖縄人が〈中央〉に引き寄せられるプロセスの中で他者のまなざしによって再定義され、もう一度元の地点に戻って周縁化されるという物語。ここでドラマの形を借りて語り直されているのは、〈排除〉と〈包摂〉が同時進行する復帰以降の沖縄の物語で、もはや「同化」や「異化」という単純な二元論では現在の沖縄の状況を語り得ないということだろう。象徴的なのはドラマ最後のエピソードだがそこでは恵里の成長を見つめてきた登場人物のほとんどが小浜島に集い、宴を開く。「沖縄をよろしくねー」というおばぁの言葉でドラマはフィナーレを迎えるが、彼女がまっすぐ見つめているのはブラウン管のこちら側にいる私たちオーディエンスなのだ。

ドラマが戦争や基地問題に触れていないという批判は放映当初からあった。実は、土地の記憶や歴史への言及をほぼ完璧に欠いたドラマの中で、唯一戦争にまつわる記憶が暗示される部分がある。上京した恵里の祖母が、アパートの管理人相手に問わず語りに沖縄のことを話し始める場面がそれだ。

（沖縄の人たちは）人に優しいよ。沖縄は悲しいこと一杯あったし、今もいろいろあるさぁ。でもね、悲しいこと一杯あったからこそ、人に優しいんじゃないかと思うわけ。[12]

ここに含意されていることは明らかに戦中／戦後の沖縄の記憶なのだが、それらは果たして「優しい」という美しい言葉に昇華してしまえるほどに遠い過去のものとなってしまったのだろうか。記憶／歴史の希薄化が進行する日本そして沖縄の〈今〉に照らし合わせると、さりげなく挿入されたかの感すらあるこの沖縄のおばぁの言葉が含意するものについて思いを巡らさざるを得ない。「いろいろあった」けれども沖縄は「人に優しい」という語りは、戦後沖縄の歴史に書き込まれてきた「痛み」や「怒り」を排除／忘却するもので、「優しさ」などという言葉に還元できないような記憶／現実を抱えて生きている人たちの口から出ようはずもない。

「優しさ」や「癒し」という言葉は実際、沖縄／沖縄人を語る言説の中でキーワードになりつつあるが、恵里が周りの人たちに癒しを与えるというプロットがドラマの中でも繰り返される。ドラマの背景となる沖縄の風景も、観光案内などで定番となっている「癒しの島」のイメージさながらだ。メディアが描き出すイメージと現実の生活世界が再帰的に絡み合ってイメージを実体化していく螺旋状の装置はすでにあったが、全国ネットの連ドラはこのプロセスをさらに強力に推し進めるものとなった。その効果はすぐに現われた。たとえば、ドラマを「沖縄をアピールする絶好のチャンス」と捉え、「県民が主体となり、観光基盤を整えサービスを提供することで、気分を回復する憩い・いやしの土地を築きたい」とする新聞投稿があった。[13] 地元メディアの側にもドラマを積極的に評価する声が多く、それは「ドラマの中だけでなく、本物の『癒しの島・沖縄』を私たちの手でつくり、育てていきたい」とする新聞コラムに代表されるだろう。[14] 他者のまなざしの向こうに「沖縄」のイメージが可視化され、付加価値を与えられて「商品」となり、それが島の人々に内在化されるプロセスが進行する島の状況がここにみえてこないだろうか。

『ちゅらさん』は沖縄らしさの記号満載のドラマだが、見る者はまずオープニングのタイトルバックに映し出される青い空・青い海のイメージから「ちゅらさん」ワールドに入っていく仕掛けになっている。さらにドラマでは「沖縄らしさ」を演出する多くの大道具・小道具が使用されたが、学生にそれらの物を書き出してもらった。三味線、瓦葺きの民家、仏壇、琉球料理、墓、赤と黄色のお箸、泡盛などが挙がったが、興味深いのは「大道具・小道具」を列挙せよと断ったにもかかわらず、「海」と書いた学生が多かったことだ。ドラマの中で「青い海」がもつ象徴性に否応なく気付かされたということだろうか。「風景のつながり方がおかしい」「美しすぎてこの海は本当に自然のものなのかと思った」「現実ではないかのような特別な物語の舞台…」と捉え、過剰なまでの沖縄らしさの演出に違和感をもった学生もいたが、全体としては「沖縄の海はやはり美しい」「海がメインで沖縄らしい」と好意的に受け止める学生の方が多かった。[15] 地元新聞の受け止め方も「独特の文化と南国の美しい風景を連日、全国にPRしているようなもので、観光振興の面からも期待は大きい」といった論調で「ちゅらさん効果」を積極的に評価する記事や社説が多かった。[16]

注目すべきことは、学生アンケートや新聞の投書欄に見る限り、『ちゅらさん』が多くの沖縄の人たちにとって、多少の誇張があるにしても現実をよく反映し沖縄の良さを本土に発信するチャンスとして受け取られたということだ。創出された風景によってまなざしの回路が作り上げられ、物語を受容し易すい状況が出来上がっていたということなのか、九月末の放送終了直後から沖縄では「続編を」という声が多かったようだ。NHK沖縄では、年末の二度に亘る総集編放送に続いて、ついに二〇〇二年一月から再放送を始めるサービスぶりだった。ドラマは、少なくとも沖縄では、製作者側の期待通りの成功を収めたと言えるだろう。

『ちゅらさん』が描き出した沖縄の風景は、「だいじょうぶさぁ～沖縄」キャンペーンが描く沖縄のそれと重なり合う。そして、それはまた「南島論」がまなざした沖縄とも共鳴し合う。伝統的な共同体の輪郭が未だに残る癒しの土地、そこに息づく日本の古層を外部から覗き込むような視線が『ちゅらさん』には感じ取れるが、それがまんざら見る側の思い込みでもないことは、脚本家・岡田恵和のインタビュー記事を読むと明らかになる。

「ちゅらさん」ではかつてどこにでもあった人間関係の深さ、命の大切さを描いた。「今の日本で一番ちゃんと残っているのが沖縄でしょ。家族関係だとか、ヒロインの真っすぐさとか日本人全体のある種のノスタルジアだったかも知れない。[17]」

日本人全体のノスタルジアがまなざす地点。ここに描かれる沖縄は、土地の記憶や生活者の体験が切り捨てられることで再構築された「沖縄らしい」風景で、それは想像上の〈起源〉へと回帰していくまなざしの先でナルシスティックな像を結ぶ。ドラマは、既存の準拠枠を全て捨象しておいて新たな物語の準拠枠を設定する。本質主義的な語りの中で、郷愁が惹きつけられる地点として自己準拠的に想像／創造される「起源」の風景。『ちゅらさん』の風景に書き込まれているのは、そのようにして創り出された原風景としての「沖縄」なのだ。

4 〈沖縄らしさ〉の誘惑――アイデンティティの呪縛

前節で検討したようにメディアは、そのまなざしの先に風景を実体化させることによって社会意識を一定の回路に封じ込める文化装置として機能する。同時に、メディアは社会的アイデンティティの構築にも媒介的に関わっている。『ちゅらさん』に象徴的に現れたメディアのまなざしは、繰り返し表象される遠近法的世界、「南海の楽園」の中に自己を置く安心感を島人に与え、アイデンティティを固定化する装置でもあるのだ。〈祝祭空間〉としての沖縄は、原色の鮮やかな南国の記号を配置して観光客を誘い、同時に島に暮らす人々の心を酔わせていく。

メディアの翻訳を通して記号が実体化され、「沖縄らしさ」を表現する付加価値がついたモノが身の回りに溢れるようになるとそこで暮らす人々にとっても変化が起きる。個人の記憶や感覚や経験が「沖縄」という想像上の地点に回収され編成されていく中で「沖縄人」という主体もその地点に召喚される。そこにおいて沖縄人らしくあることを求められ、ついには自ら積極的に――しかし、そのことを自覚することなしに――その役割を演じていく。そのプロセスの果てに予想されることは、当のプロセス自体が忘却され、本質主義的な言葉で「沖縄」「沖縄人」を語り始めることだろう。「沖縄ブーム」に浮かれるここ数年の沖縄は、すでにその段階にさしかかっているように見える。メディアは、オリエンタリズムの内在化とでもいうべきこのプロセスに深く関わっている。

祝祭的な沖縄の風景と、沖縄人という主体は同時に立ち上がってくるものだということをここで再確認しておこう。風景の創出と単一の主体の出現が、ある社会的実践の関数として同時に起こるものとして理解されれば、現在の沖縄社会の無機質な明るさと軽さ、そしてそれにもまして軽く楽観的な沖縄の〈知〉の状況もまた合わせて理解されうるだろう。メディア言説が創り出す定式化された沖縄の風景に安住し、他者のまなざしに同一化することによってエキゾチックな文化をもつ「沖縄人」を自ら明るく演じてしまう――。自己の位置を定位する際に、メディアが描く風景を準拠枠として使うことから立ち上がってくる主体の〈位置〉を思うとき、私たちは〈主体化〉がまた〈隷属化〉でもあるということに思い至らされる。

〈多言語〉や〈多文化〉がキーワードになった今、「異なること」が称揚される時代になった。かつて同化政策のターゲットになって排斥された沖縄の言葉も今や装いを新たに「ウチナーヤマトグチ」として「発見」され、『ちゅらさん』の影響もあってその独特のイントネーションが話題になった。土地の言葉の響きを日本語という媒体にどう乗せるかという点で様々な試みが続けられてきた沖縄文学は、今やむしろその独特のリズムで読者を魅了する。「地域の時代」ということなのだろうか、アナウンサーですら沖縄訛りを隠さなくなった。さらに活気溢れるお笑いの世界も特筆されるべきだろう。彼ら／彼女らはウチナーグチ（沖縄語）を自らの芸に巧みに取り入れることで「標準語」、そして日本を相対化してみせた。音楽の世界でも沖縄の若者たちが自己主張を始めた。喜納昌吉の音楽は世界に飛び出し、若手のミュージシャンたちも自らの音楽に島の言葉や沖縄音階を取り入れるようになった。沖縄は、少なくとも表面的には、言葉や音といった身体のレベルでかつて失ったものを取り戻し始めているように見える。

問題は、しかし、沖縄文化礼賛とでも言うべき内外のムードの中で、自己実現が全て自己表現の段階で留まるような仕組みが出来上がってしまったことだ。沖縄が自らを語る位置は常に揺らいできた。その揺らぎこそが常態だと思えるほどに、他者との関わりの暴力的な歴史が島の記憶に織り込まれてきたからだが、揺らぎはまた「安定」への志向を生む。復帰以降、同化へのうねりが高まる中で翻弄されていた沖縄の人々が、自らのアイデンティティの拠り所を文化に見出したことは無理からぬことなのかも知れない。しかし、それはまた他者のまなざしに同一化する回路を自ら開くことにもつながった。沖縄が沖縄であろうとする欲望が、ある回路に囲い込まれ、視線や物語を共有していく同化プロセスの中でいつしか「沖縄らしさ」の記号が配置される風景に溶け込んでしまったのではないだろうか。〈起源〉や〈伝統〉に寄りかかるうちに〈物語〉が創出され、「沖縄らしい」風景がいつしか自然なものとして人々の前に立ち現われる。やがてメディアによって媒介された風景の中で、人々もまた自然で「いつもと変わらぬ」優しい沖縄人を演じるようになる——。

同一化された「沖縄人」はそうして境界の内側へ定位される。メディアは、その際に集団成員に〈境界〉を指し示すことで規範的な力を発揮する。境界の内側で集団的な主体が想像／創造されていくプロセスをＮＨＫの人気番組『プロジェクトX』を例にとって見てみよう。沖縄が初登場したエピソードは、復帰の年に沖縄県宮古島でウリミバエが見つかったというナレーションと佐藤・ニクソン会談の映像で始まる。害虫の北上を「なんとか沖縄でくい止めたい」と立ち上がった男たちの物語を紹介する導入部分の言葉とイメージの選び方は、どこか絶対的な他者／悪の北上をこの地でくい止めるという太平洋戦争末期の語りを想起させるようなものだった。戦争中に家族をマラリアのために亡くした沖縄出身の植物防疫官が害虫と闘うことを一生の仕事に選ぶという個人の記憶／物語が、ウリミバエの日本本土への進出を沖縄でくい止めるという公の記憶／物語に回収され編成し直されていく筋立ては、『プロジェクトX』に特徴的なものだ。脈絡をほとんど無視して挿入された復帰記念式典で「日本国万歳」を声高に叫ぶ佐藤首相の映像。「沖縄の男たちはその身をかけて日本の野菜を守り抜いた」というナレーション。いずれも番組がどこに位置し、どこをまなざしているのかということを象徴的に指し示すものだった。[18]

5　沖縄文化のポリティクス——現状

遠くニューヨークで起きたテロ事件が沖縄に及ぼした影響については冒頭で触れた。実は以前にも、しかもごく近い過去において、沖縄は日常風景に亀裂が走るような経験をしている。一九九五年、沖縄の少女が三人のアメリカ兵に暴行された。この事件は、米兵による犯罪には慣れていたはずの沖縄社会を震撼させた。県民の間に燻っていた反基地感情が一挙に表面化して八万五千人を集める抗議集会へと発展し、県と政府間の溝が大きく広がった。高揚した住民のエネルギーは、当初の「反基地」という運動目標を越えて〈中央〉を見据え相対化する運動へと深化する契機をはらむものだった。事件を境にアイデンティティ論が再燃し、「自立」や「独立」という言葉が巷に飛び交ったりしたことがそれをもの語る。折々の国家の論理によって排除と包摂の力学に翻弄され続けてきた沖縄の〈位置〉がまたしても人々の意識に上り始めたようにも見えたが、結果的に県側の妥協という、これもまたそれまでに何度も繰り返された結末を迎える。しかし、基地使用の継続をめぐって国が県知事を訴えるという前代未聞の事態にまで陥ったことへの「反省」が、政府サイドにあったことは想像に難くない。

その「反省」が遠因の一つになったのだろうか、二〇〇〇年夏のサミットは、大方の予想に反して沖縄で開催されることになった。八百億円を越す巨額の出費が内外の失笑を買い、目に見える結果を残せなかった当時の政権の無能ぶりが指摘されるなど表面的な部分に批判は集中した。しかし、

「政治ショー」と揶揄されたサミットは、ある意味で復帰以降の沖縄同化政策の総決算とも言えるもので、もともと何かを形にして残そうという意図で開催されたものではなかったはずだ。それならば、サミット招致に名乗りをあげていた幾つかの県の中で最も不便で準備が遅れ、基地あるが故に安全性に問題があるとされていた沖縄での開催が決まることはなかっただろう。あのサミットはむしろ、何かを残すことではなく、逆に何かを残さないために、つまり忘却の装置として意図されたのではないだろうか。近くは一九九五年の忌まわしい事件の記憶、そして遠くはそれに構造的に連なる戦後沖縄の記憶の一切を忘却させ、その上で新たな歴史を書き込むために島の言説を組み替え、日常意識を再編成するための〈文化装置〉として。そして、それが沖縄を境界の内に迎え入れるための壮大な〈祝祭〉であったとして理解すれば、テロ事件以降の県内の動きを見る限り、サミットは実に多くのことを成し遂げていたことが分かる。

祭りの余韻が遠のいた今も沖縄には奇妙に明るい空気が漂い、相も変わらず文化の領域は活気に満ちている。しかし、陽光に満ちて明るく楽しい癒しの島という演出された沖縄の〈祝祭性〉が、サミットで最大限に利用されたことをここで思い起こしてみるのもいいだろう。サミット期間中、主催者側はあらゆる機会を捉えて沖縄文化を紹介することに努めた。島全体が準備に明け暮れた一年有余の「サミット狂想曲」の総仕上げに相応しく、それは〈祝祭性〉に満ちたものだった。各国の首脳はまず空港でエイサーの出迎えを受け、県主催の歓迎レセプションでは琉球舞踊、古典音楽、空手が披露され、サミットのイメージソング「ＮＥＶＥＲ　ＥＮＤ」が県出身の安室奈美恵によって歌われた。首里城が舞台となった晩餐会では琉球王国時代の参拝行事を再現した古式行列が各国の首脳を出迎えた。大統領や首相に来てもらうことで地域の活性化をはかろうとした県内の市町村によって事前に「首脳争奪戦」が繰り広げられたが、首脳らはそれぞれの訪問先でさらに琉球舞踊やエイサーによる歓迎を受けた。これらの映像は首脳を追いかけるメディアによって発信され、サミットによって「我が国の文化の多様性を内外にアピール」する（県議会六月定例会、一九九七年）という当初の目的は達成できたとする楽観論も多く聞かれた。

しかし、そんな沖縄側の思いとは裏腹に、サミットを演出した者たちが本来どこをまなざしていたのかを明確に示したのはクリントン大統領の演説だった。サミット初日の七月二三日、沖縄に到着した大統領は日米首脳会談を延期して沖縄本島南部の『平和の礎』を訪れた。まず県知事と女子高生による歓迎の挨拶があったが、あの場に女子高生が登場したことにサミットや大統領演説を演出した者たちの強い意思を感じた人もいたことだろう。サミット直前に又も起きた米兵による女子中学生強制わいせつ事件によって県民の反基地感情が再燃していたことを考え合わせると、大統領演説が県民に対する「和解」の身振りであったと考えるのはそれほど穿ち過ぎでもないだろう。演説の中で大統領は沖縄戦によって島が被った被害の大きさに言及し、二三万余の死者の名を敵味方の区別なく刻んだ「平和の礎」の思想を称えあげてみせた。しかし、注意深く選ばれた彼の言葉は「礎の心」の意味を完璧に読み替え、礎そのものをナショナリズムのモニュメントという記号に組み替えるものだった。

過去五〇年間、日米両国は、この礎の心を持って、そうした責任を満たすべく協力してきました。日米同盟関係の強さは、二〇世紀の偉大な物語です。[19]

従って、日米同盟はアジアの平和のために今後とも維持されなければならないと大統領は続けた。本来、二三万余のそれぞれの記憶がとどめられるべき場において、大統領の演説はそれらを「二〇世紀の偉大な物語」に回収し、今なお基地と隣り合わせに生きる生活者の視点を捨象することによって、沖縄の〈風景〉をアメリカの世界戦略の枠内に再文脈化してみせた。あの場で読み替えられたのは言葉だけではないことに留意すべきだろう。メディアの眼を十二分に意識した演出が、演説の舞台そのものにも施されていた。県知事と女子高生を両側に従えるかのように大統領は青い海を背にして立った。テレビの映像や報道写真には大統領と共に常に青い海が映し出されることになり、結果的に彼の視線の先にあった物言わぬ一一六基の刻銘碑は二重の沈黙を強いられたことになる。大統領の映像や言葉として世界に向けて発信されたのは、県側が望んだ基地の整理縮小などでは決してなく、アジアの平和のために自らを犠牲にして米軍基地とともに生きる沖縄のイメージだった。そもそも日米両国の物語の中に沖縄を位置づけた大統領の演説は、内（沖縄）向けのメッセージ性が強いものだった。それが最もよく現れたのは、彼が「命どぅ宝」（命こそ宝）という言葉を含む琉歌を演説の最後に引用してみせた部分だろう。日本語訳ではなく沖縄の言葉で歌を読み上げた大統領のパフォーマンスに、平和のメッセージが沖縄から発信できたとして喜ぶ向きもあった。しかし、合衆国主導のグローバル・ポリティクスを前提にして目的合理論的に米軍基地の重要性を説く大統領の語りの中で、「命どぅ宝」は、沖縄の反戦・反基地感情のエネルギーを別の回路に流し込み、合衆国の文脈に回収してしまう記号と化してしまった。

九〇年代に入って熱を帯びてきた国家の再定義という語り

が、言葉の様々な意味で〈周縁〉に位置してきた沖縄の座標軸をも定義し直す。そんな大きなうねりの中でサミットは開催された。期間中、積極的に喧伝された「沖縄文化」は沖縄／沖縄人のアイデンティティを定位する装置として機能した。異質なものを均質空間に回収するとき、そしてそのために強権的な手段が発動できないとき、文化を通して取り込む方法が最も有効となる。文化の領域に留まる限り〈差異〉は認められ、むしろ奨励されるということなのだろうか。[20]沖縄の祝祭空間化はしかし、何もサミットに始まったことではない。先に述べた通り、復帰直後の混乱期を経た海洋博あたりから島に住む人々の日常意識の編成が進み、先島も含めた沖縄全域の祝祭化が始まった。国策として行われてきた同化プロジェクトは数多く、その主要なものだけを挙げてみても、「国道」建設（七二年）、復帰記念沖縄特別国民体育大会（七三年）、沖縄国際海洋博覧会（七五年）、交通内容変更（七八年）、種々の復帰二〇周年記念行事（九二年）、第四四回全国植樹祭（九三年）、二千円札発行（二〇〇〇年）、そして九州・沖縄サミット（同年）などがある。これらはいずれもサミット同様、メディア・イベントとしての側面を持ち、沖縄の人々の日常意識は折々の〈祝祭〉を通じて一定の回路へと収斂されていくことになった。

これらのイベントの多くは観光産業が直接関わり、あるいはそこで公共工事に絡む様々な利権が交錯する場でもあった。イベントの立案者たちは商品としての文化に目を向け、文化を担う者たちはイベントを発展の縁にしていく。円環の中で観光産業と沖縄文化の依存関係が深まり、「沖縄ブーム」が喧伝されていく。「祝祭化」が進行し、他者のまなざしの中で「沖縄」や「沖縄人」が想像／創造され、そのイメージに寄り添う動きが沖縄の側からも出てきた原因は、戦後沖縄をめぐる政治と経済の構図に深く根ざしている。沖縄文化が前景化する一方で、政治や経済の問題は構造化され背景に退くことで人々の日常意識に上らなくなる。端的に言って後景化したのは、沖縄に集中する米軍基地と沖縄振興に絡む利権の問題なのだが、文化の領域に人々の目が向けば向くほど、それらの問題は忘れられていくという構図になっている。文化の前景化といわゆる「沖縄問題」の後景化が同時に起きる中で、本稿で述べてきたような風景が創出され身体化されていく。「沖縄ブーム」には、生活者の日常風景を編成していく装置としての側面があることを忘れてはならないだろう。

現在の沖縄にカテゴリーとしての「沖縄らしさ」を本質主義的に求め、起源／伝統に回帰していくような〈知〉の状況があることはすでに述べた。事実、ここ数年の沖縄社会で起きた最も重要な変化の一つは、「沖縄の再定義」という語りの登場だろう。国民国家の再定義を指向する中央の語りに寄り添うように、沖縄の側から積極的に米軍基地を容認する言説が出現した。二〇〇一年五月の内閣府の調査によるとその年、沖縄県内で初めて基地容認派が反対派を上回った。戦後沖縄の歴史上、初めての逆転劇だが、実はそれを予見させるかのような〈出来事〉がそれ以前にすでに起きていた。サミットの沖縄開催決定、新平和祈念資料館の展示物改竄、県議会による普天間基地の県内移設決議には一見何ら直接の関係はないように見えるが、いずれも一九九九年に起きたこれら三つの出来事は、深層流が一定の方向に流れ出したことを窺わせるには充分だった。東京で新しい〈国家統合劇〉が演じられる一方、沖縄では自らを領域の内に囲い込むための舞台装置が準備されていたことをこれらの出来事は物語っていた。一部の識者から危惧する声が挙がりはしたが、〈サミット狂騒曲〉の賑々しさに声は掻き消されてしまった。その後の知事選、那覇市長選、名護市長選など節目の選挙においていずれも基地容認派が勝利を収めたことを考え合わせると、沖縄の社会意識全体に大きなシフトが起きたことを物語っている。

文化は時として権力や暴力の構造を覆い隠す。一九九五年以降、沖縄へ向かうまなざしの焦点は政治の場から文化の場へ移り、「政治ナショナリズム」から「文化ナショナリズム」へとベクトルが移行した。後者が前者を吸収し、無害なものへと変換する限りにおいてその存続を許されるということなのだろうか。重要なことは、メディアに媒介された風景の中で、生活者の視線が一定のイメージ／物語に封印されていくということだ。同化でもなく、異化でもない、新しい形の監視と規律の網の目の中に現在の沖縄は置かれている。「祝祭空間」沖縄の自然や文化がメディア言説によって賞賛され消費されていく中で、様々な矛盾や暴力の構図が隠蔽／忘却されていく。メディアのまなざしが完全に身体化された時、一時避難が可能な外部は恐らく存在しなくなる。文化に隠された〈政治性〉を批判することができる地点もまたその文化の中にしか存在しない。メディア言説によって編成された風景と意識を自分たちの手に取り戻し、編成し直すための新しい言葉と実践が今求められている。二〇〇一年九月一一日、日常風景に一瞬だけ裂け目が開いた。まずはそこへ立ち返り、裂け目に身を投じることから始めるしかないだろう。

注

1　かつてFar East Network（FEN）と呼ばれたAmerican Forces Network（AFN）は、世界中に展開する米軍基地の軍人・軍属やその家族に米本国の商業テレビ・ラジオ番組を提供する使命を持つ。沖縄本島では一部地域を除いて一般のテレビでAFN Pacificを受信することができる。

2　毎日放送『リアル・タイム』、二〇〇一年一〇月二四日放送。現地取材を軸に構成された番組は、「観光収入減が六〇〇億円…」

と伝えた後で、「いつもと変わらぬ沖縄」というナレーションを最後に流した。

3　これらの表現はいずれも沖縄観光コンベンションビューローのホームページ（http://www.ocvb.or.jp）による。

4　柳田国男、『海南小記』角川書店、一九七四年。柳田民俗学は主として沖縄と本土の同質性に注目したが、両者の同質性／異質性の問題に関しては谷川健一を中心とする座談会の記録「柳田国男と沖縄」『季刊柳田国男研究』第七号（一九七四年秋）が詳しい。「南島論」とここでは総称しておくが、それは決して均一の知的空間を作り上げたわけではない。南島論の様々な展開、そして沖縄側からの応答についてはシンポジウム「琉球弧の喚起力と南島論」（『文藝』一九八九年春季号に所収）が参考になる。

5　立松和平、『ヤポネシアの旅』朝日新聞社、一九九〇年。

6　「人類館事件」が直ちに想起されるが、沖縄／沖縄人が〈外部の他者〉として表象されたのはそれほど昔のことではない。沖縄が現在のように〈内なる他者〉として定位されるようになったのはいつの頃からなのか、そしてそこにどのような権力の構造が隠されているのかといった点については小熊英二『〈日本人〉の境界』新曜社（一九九八年）が詳しい。

7　オギュスタン・ベルク『日本の風景・西欧の景観そして造景の時代』講談社、一九九〇年、四四―四六頁。文化を狭義の文化、つまりハイ・カルチャーという意味で捉えるベルクの議論には若干の修正が必要だが、「仕込まれた視線」の先にある風景もまた現実であるとする彼の指摘はこの種の議論が陥りやすい二元論から一歩抜け出ていて評価できる。

8　海洋博についてのより詳細な論述は、多田治「沖縄海洋博の再検討・その内容分析（1）――〈海〉をめぐるイメージ・ポリティックス」『琉球大学法文学部人間科学科紀要人間科学』第九号（二〇〇二年三月）を参照のこと。多田の論考は従来の政治／経済的な分析の限界を見極めた上で、海洋博とそれ以降のイメージ戦略に潜む力学を綿密に検証していくもので、文化の内在的研究という新しい視点を沖縄研究の領域に招き入れるものだ。

9　新城郁夫「沖縄・『人類館』のなかの現在」『けーし風』第二七号、二〇〇〇年六月。

10　放送は二〇〇一年六月四日。このエピソードの前後についての詳細は、岡田恵和（原作）／蒔田陽平（ノベルズ）『小説版ちゅらさん』第二巻、三九頁。

11　放送は二〇〇一年七月六日。小説は、前掲書、一六四―一六五頁。

12　放送は二〇〇一年六月末。このエピソードはなぜか小説版『ちゅらさん』には収録されていない。

13　『沖縄タイムス』（朝刊）二〇〇一年五月二三日。二一歳の女性（学生）による投稿だが、この主旨の投稿は他にもあった。

14　「金口木舌」『琉球新報』（朝刊）二〇〇一年九月一日。

15　本稿で参考にしたアンケートに関しては、沖縄国際大学総合文化学部の学生たちに協力してもらった。ここに記して感謝したい。

16　『沖縄タイムス』（夕刊）、二〇〇一年五月二三日。

17　『沖縄タイムス』（夕刊）二〇〇一年九月二七日。

18　「8ミリの悪魔vs特命班――最強の害虫・野菜が危ない」NHK『プロジェクトX』二〇〇一年一月二三日放送。二〇〇二年二月五日放送の『プロジェクトX』では再び沖縄がテーマとなり、首里城復元の物語が取り上げられた。オーディエンスは「復帰の翌年に首里城復元を呼びかけた男がいた……」というナレーションに重ね合わされて「日本国万歳」を叫ぶ佐藤首相の声をこのエピソードでも聞くことになる。『プロジェクトX』についてのより精緻な議論は本書に収められた伊藤論文を参照のこと。

19　米国大使館報道室訳による。『沖縄タイムス』、二〇〇〇年七月二一日。

20 大統領演説やサミット前後の沖縄の状況についてのより詳しい議論は田仲康博「祝祭空間『オキナワ』」『現代思想』（二〇〇〇年一一月）を参照のこと。

参考文献

Boorstin, D.J., 1962, *The Image*, Atheneum. 星野郁美・後藤和彦訳 1964『幻影の時代——マスコミが製造する事実』東京創元社。

Fisk, J., 1987, *Television Culture*, Routledge. 伊藤守他訳 1996『テレビジョンカルチャー——ポピュラー文化の政治学』梓出版社。

Foucault, M., 1975, *Surveiller et Punir—Naissance de La Prison*, Gallimard. 田村俶訳 1977『監獄の誕生——監視と処罰』新潮社。

Giddens, A., 1991, *Modernity and Self-Identity—Self and Society in the Late Modern Age*, Polity Press.

Hall, S.(ed), 1997, *Representation: Cultural Representations and Signifying Practices*, Sage Publications.

Hall, S. and du Gay, P., (eds), 1996, *Questions of Cultural Identity*, Sage publications of London. 宇波彰他訳 2001『カルチュラル・アイデンティティの諸問題』大月書店。

Tomlinson, J., 1991, *Cultural Imperialism: A Critical Introduction*, Pinter Publishers Ltd. 片岡信訳 1997『文化帝国主義』青土社。

阿部潔 2001『彷徨えるナショナリズム——オリエンタリズム／ジャパン／グローバリゼーション』世界思想社。

新川明 2000『沖縄・統合と反逆』筑摩書房。

伊藤守・藤田真文編 1999『テレビジョン・ポリフォニー』世界思想社。

上野千鶴子編 2001『構築主義とは何か』勁草書房。

姜尚中 1996『オリエンタリズムの彼方へ』岩波書店。

冨山一郎 1990『近代日本社会と「沖縄人」——「日本人」になるということ』日本経済評論社。

細見和之 1999『アイデンティティ／他者性』岩波書店。

村井紀 1992『南島イデオロギーの発生』福武書店。

目取真俊 2001『沖縄／草の声・根の意志』世織書房。

吉見耕作 1997『文化ナショナリズムの社会学——現代日本のアイデンティティの行方』名古屋大学出版会。

吉見俊哉 1996『リアリティ・トランジット』紀伊国屋書店。

吉見俊哉編 2000『メディア・スタディーズ』せりか書房。

内なる他者〈OSAKA〉を読む

黒田　勇

はじめに

ナショナルなスペースを前提としたテレビ文化と、あらゆる意味で補完的なローカル、このナショナルとローカルの対比はテレビの世界ではほぼ自明化している。

日本の近代が露骨な形で進めてきた、ナショナルへの服従と強制、その現場としての学校が長くその最先端にあったし、現在もそれは強化すらされている。それとは対照的に、放送メディアは、ナショナルとローカルの序列化を、娯楽、あるいはニュースや教育番組などを通して自発的、継続的に進めてきた。さらに、より辺境のローカルと少数派においては「排除」ではなく「無視」で答えてきたともいえる。ただ、本稿で中心的に検討する「関西」「大阪」は、中心―周縁の議論に従来なじまないとされてきたように思われる。というのも、大阪（関西）は「上方」として長く日本の中心に位置してきたし、明治以降の近代化の中でも東京と並ぶ都市として存在してきた。しかし、そうした「大阪」や「関西」も、メディアによって自立した表象としては、現実の関西とは別に、「中心―周縁」あるいは「中央―ローカル」の二項対立の中で機能しているように思われる。

本稿は、一つには、メディアにおけるステレオタイプイメージの研究である。「関西」という表象があるステレオタイプで表現されてきたことはすでに自明のものである。そして多くの人がそのイメージを通して「関西」を認識し、また「関西」に住む人のかなりの部分がそのイメージを受容している。このある意味では自明化した「関西」イメージを主としてテレビ番組の中に改めて確認し、そしてそれがどのような表象として存在するのかを明らかにするのが本稿のねらいである。

その中でもとくに、それが日本という「われわれ」――ナショナルなるもの――と対立する「彼ら」（内なる他者）として利用されつづけ、その結果、ナショナルなるものと対立する様々な周縁・ローカルを隠蔽することにも貢献をしていることも示したい。もちろん、こうした大阪（関西）言説は、固定的なものではなく、日常生活の中で繰り返し再生産され、社会に流通し、テクストとして読み解かれる中で、不断にその意味を変えてきている。その意味も考えたい。

1　テレビの中の「大阪」言説

1　ニュース・ワイドショーの「大阪」言説

少し古い例であるが、現在まで繰り返し語られる関西言説、大阪言説の典型を紹介しよう。後述のように、この時期、大阪についてのステレオタイプ表現が集中的にメディアに登場した時期とも重なる。

『筑紫哲也のニュース23』（一九九三年四月一五日放送）において、「大阪人はせっかち」と題したニュースが流された。「大阪市営地下鉄券売機」に新しい券売機が開発されたというものである。

ニュースは次のように展開する。

1　（スタジオ、三雲アナウンサー）「一般に大阪人はせっかちだといわれています…」
2　（以下ビデオ映像と記者のナレーション）「大阪人のせっかちさをあらわしている…」
3　（ビデオ映像）大阪人がせっかちである「証拠」提示。信号機、歩くスピード、赤信号を無視する率、停止線の位置…など「国際交通安全学会調査」のデータを紹介。
4　市民のインタビュー、「歩くのは速いよ」「私営業やから、チャッチャッと…」
5　「せっかちさをあらわすものが町じゅうにあふれている」。自動改札、ムービングウォーク、列車接近案内など、大阪は日本で初めて導入。
6　「大阪市営地下鉄天下茶屋駅の券売機」に新しい券売機。市交通局局員の解説。
7　「一度に三枚の硬貨を投入できる」券売機の機能の説明。
8　市民インタビュー。「いいんじゃないですか」
9　旧型機と比較実験。時間短縮を証明。
10　大学教授による「大阪人気質」インタビュー。「大阪人は便利なもの、新しいものに適応しやすい…」
11　記者「大阪には確かにせっかちが多いが、便利なものが開発されるというのは、せっかちも捨てたものではない」
12　（TBSスタジオに戻って）筑紫哲也コメント

このニュースは、大阪市が開発した「新しい技術としての券売機」に関するものであったが、その開発の動機を大阪人の持つ「せっかち」という性格に帰属させて説明している。もちろん、その性格について、唯一「国際交通安全学会」の一九七七年の調査というデータが利用される。当然ステレオタイプイメージを補強するデータであるから、このデータはさまざまなメディアで繰り返し利用されてきた。

さて、このニュースについて何が伝えられたのか、関西の学生に見せて反応を調べたが、多くの学生にとってこのニュースのテーマは、「大阪人はせっかちだ」ということであり、「券売機の開発」だとした学生はごく少数にとどまった。もちろん関西地区での反応は、そのステレオタイプ表現に憤るものも多い一方で、上記3の「大阪人がせっかち」であるというデータ紹介では大きな笑い声が上がり、そのデータが事実かどうかは別として「大阪ステレオタイプ」を楽しむ態度も見られた。「大阪人がせっかちだ」という説については、かなりの学生が何らの根拠を持たずに信じており、いわゆる神話となっている言説である。

それはともかく、このニュースは当時、関西ローカルで放映されていた『MBSナウ』というニュース番組の特集として取材・編集されたものであるが、後に全国ネットへ「格上げ」されたものである。取材した記者は入社二年目の関東出身の記者であり、彼へのインタビューで、デスクから企画ニュースとして「関東出身を生かして取材せよ」といわれたという。ただし、「特に全国のオーディエンスを意識して取材・編集したわけではない」が、「編集途中から、これは全国ニュースになるという予感」があったと述べている。「せっかち」という行動特性に関連させての推論が「大阪らしい」色づけとなったと思うと述べるとともに、「振り返って考えれば、大阪に対するステレオタイプ、固定観念を強化するのではという反省もある」と振り返った。

このニュースでは、最後にまとめとして、筑紫哲也が次のようなコメントをしている。

「関西は昔から都会だったので、こうした点が工夫がされている。それに比べて、東京は券売機の前で動作ののろい人が多い」。一方的なステレオタイプ表現で「大阪」を笑うのではなく、「東京」の「異常さ」を上げることによってバランスをとろうとしているが、ニュース全体としては「大阪」の「せっかちさ」を確認するニュースとなったことは否めない。さらにこの発言内容には、あまりに自明視されているある「まなざし」を感じないわけにはいかない。というのも、なぜ筑紫は「東京」を話題とするのか、これはあくまで大阪の券売機のニュースであり、全国向けのニュースであるはずだ。しかし彼のまとめでは、そのニュースを「東京」に関連づけ、東京の問題を問うための素材として「大阪」という他者の問題をわれわれの中に取り込むという話法を用いている。そこには長年にわたって組み込まれ自明化した「東京」のまなざしがあり、自明化している東京という空間がテレビ画面の中には確立していることが垣間見られる。

ところで、なぜ関西ローカルのニュースが全国ニュースになったのか、それをTBSがなぜ取り上げたのかについて担当者の証言は得られなかった。ただ、「券売機」開発のストレートニュースであったとすれば、おそらく全国に格上げはなかったであろう。学生の多くが指摘したように、このニュースは全体として、「大阪のせっかちさ」を話題にしたものであったから格上げされたのである。

ただ、このニュースは単独のテクストとして「大阪」を語っているわけではもちろんない。一九九三年前後の時期、さまざまなメディアで大阪異質論、あるいは「ワンダーランド論」が展開された。テレビ番組でも、大阪及び大阪人がいかに特別な存在であるかが特集番組まで制作され語られた。[2] 新聞、雑誌、テレビで表現されたその内容は、周知のように、以下のようなものである。

大阪（関西）人については、せっかち、声が大きい、ケチ、柄が悪い、あつかましい、本音で生きている、公衆道徳を守らない、派手な服を着ている、ブランド品が好き、服装のセンスが悪い、演歌好き、タイガースの熱狂的ファン、元気がある（パワフル）などなど。

大阪については、治安が悪い、派手な看板、汚い、ごみごみしている、緑が少ない、駐車違反が多い、引ったくり日本一、たこやき、など。

こうした「大阪」言説が、何ら検証されないまま、繰り返しメディアに登場し、少なくとも関西以外の人々の多くは疑問をもたずに信じるようになった。日本全国の多くの人々にとって、それらは日常生活において、とくに意識しなくともよい些細な大阪の特性であるだろう。そして、いまやそのイメージは自明化し、意識の底に沈殿させ、何らかの機会にある事象の説明のために、この神話化したステレオタイプの言説を再浮上させ、利用するに過ぎないほどに定着している。したがって、九〇年代後半以降は、この大阪言説を中心に取り上げる番組はほとんどなくなっている。[3]

2　大阪ステレオタイプの変遷

ここでいう大阪のステレオタイプ・イメージは、前述のように「大阪人」「関西人」の特性として語られるものであるが、それは八〇年代以降の「関西の」お笑い芸人の「東京進出」によって、主としてテレビを通して全国に流布し確固たるものとなっている。

しかし、かつて「大阪」はその様な意味を持った都市ではなかった。たしかに、昭和初期、ラジオ放送初期に「エンタツ・アチャコ」の漫才がラジオに乗り、新たな娯楽ジャンルとしてメディア文化のなかに登場して以来、大阪とお笑いが結び付けられるようになったことは確かであるが、それは現在語られる「お笑い」のイメージとは若干異なるものであった。例えば「お父さんはお人好し」（NHK大阪局制作、一九五四―六五放送）は大阪の人々の生活をコメディタッチで描いたラジオドラマであり、このドラマによって大阪弁は全国に知られるようになったといわれているが、そのことばは、むしろ「優しい」「あたたかい」ものとして受けとめられたようだ。その後、大阪のテレビ局から全国放送されヒット番組となった「番頭はんと丁稚どん」（毎日放送制作一九六〇年）やその後「てなもんや三度笠」（朝日放送制作、一九六六―一九六九年）にしても、「お笑い」であり関西の喜劇人が出演し、ますます大阪と笑いが結びつけられるようになったが、大阪という都市の性格そのものが笑いの対象となってはいなかった。

テレビ番組ではなく、映画でその一例を挙げよう。一九六六年制作の「青春のお通り」（日活）では、大阪を舞台として、吉永小百合、浜田光夫、松原智恵子らが出演し、大阪で働く若者たちのいわゆる青春模様を描いている。この作品では、主要な出演者はほとんど大阪弁で話し、大阪城でのデートや中之島公園を散策しながらの恋愛談義などが描かれる。また浜田光夫は駆け出しの声優を演じ、テレビ番組でのチンパンジーの声を当てる場面が登場する。そこでは、大阪は六〇年代半ばの若者たちが憧れる都市とそこでの仕事がある場（空間）として描かれている。そこから舞台は東京に移動するが、その両都市間に特別な落差があるようには描かれていない。そしてこの作品で話される「大阪弁」は大阪という都市で話されていることば以上の意味はない。このように六〇年代半ばまでに確かに大阪及び大阪弁がメディアで登場するようになったが、その当時の「大阪（関西）」には、現在とは異なるむしろ多様なイメージが存在していたのである。

木津川計は、大阪へのメディアの「侮蔑」を「文化的テロル」という言葉で批判し、大阪自体が「含羞」のある都市へと再生することを願う立場から、大阪のマイナスイメージの形成について考察している。その中で、六〇年代初頭の菊田一男の「がめつい奴」に描かれた大阪、そして、大阪東部に位置する河内という土地の土着的な風土と人々を特別のまなざしで描き、全国に紹介した、今東光の「悪名」や「河内カルメン」などの作品が、大阪の偏ったイメージ形成に大きく寄与したとし、その時期六〇年代前半を大阪の「曲がり角」と表現している。[4]

そして六〇年代後半からの在阪局制作のテレビ番組「商人もの」「ど根性もの」の全国での受容がより明確に大阪イメージの画一化に寄与したとする。その代表格である花登筐作の「細腕繁盛記」（読売テレビ制作）や「どてらい奴」（関西テレビ制作）などの成功は、大阪が商売の町であり、経済的成功へ向けてのなりふりかまわぬ努力、あるいは「ド根性」といった精神的価値が称揚される街だというイメージをさらに強化した。当時、そうした達成努力はプラスの評価を持っていたからこそ視聴率的な成功を収めたのであるが、木津川は、その人気を、日本社会の高度成長期の社会的な雰囲気との親和性に見出している。しかし八〇年代以降のいわゆる「安定成長期」に入った日本においては、いわゆる「這い上がり」とか「下からの成功」などは、すでに過去の価値、排除すべき価値となり、そうしたある種のアノミー的状況をマイナスに評価するようになったというのが木津川の解釈である。

こうして、次第に、東京の洗練、安定に対して、混沌、無秩序の大阪という対照的なイメージで表現されるようになり、この大阪のイメージは一九八〇年の漫才ブーム、そして九〇年代初頭の吉本興行の本格的な東京「進出」によって決定的となった。

3 大阪による「大阪」言説

当時の吉本の東京進出についてはマスコミがさまざまに取り上げたが、前述のように、この頃から大阪が特殊な都市であるという大阪言説がテレビに頻繁に登場するようになっている。逆にいえば吉本の進出に対し、改めて未知なる他者、異質な文化を東京における文化秩序のなかでの位置づけを図ったという言い方もできる。ともかくも、そうした言説は吉本の東京進出と密接な関係のもとに展開されていき、それらによってさらに信憑性を増していくことになった。

というのも、お笑い芸人たちは、まさにその逸脱したイメージによって「笑い」を取り、かれら自身ばかりでなく、大阪は面白いというステレオタイプを作ると同時に、また東京が期待する大阪イメージを体現することで笑いを取っていった。さらに、お笑いタレントは、彼ら自身を逸脱した存在として表現するばかりでなく、九〇年代前半には、テレビばかりでなく、様々なメディアで相次いだ、関西を探る企画の水先案内人的役割を担った。彼らが観客、視聴者に比べてそのことに通じているという立場から、「大阪では…」とか「大阪のおばはんは…」といったエピソードを語ることによって大阪イメージを誇張したり、場合によっては捏造したことが、ますます大阪言説の信憑性を増すことになったのである。

こうして、九〇年代前半に東京のメディアは奇妙な大阪という新大陸を発見したという言い方もできるだろう。そして、その奇妙さを東京のまなざしで誇張し、また捏造していったのである。そのときのまなざしには関西のお笑いタレントたちのレンズがついていたと言ってもいいだろう。

ただ、大阪においても、また上記のタレントたちとは異なる立場から、大阪や関西の文化や風土を至上のものとする「大阪特殊論」あるいは「大阪原理主義」とも言える主張が展開される。メディアのなかで古くからそれを語っていたのは藤本義一であり、九〇年代には、新たな〈論客〉たちが登場した。[5] そのなかでも九〇年代もっともメディアに登場したのは大谷晃一と彼の「大阪学」であった。これはそのネーミングの妙もあって、関西を中心にベストセラー的に売れた。本の内容は、井原西鶴や楠木正成などの研究が収められ、大阪の近世・中世の研究として価値のあるものであったが、一般に焦点を当てられたのは、それらの地道な論文の前に収められた現代大阪人気質についての考察であった。そこには、先に列挙した大阪人の特性とされるもの――「不法駐車」「整列乗車をしない」「信号無視」「エスカレータに乗っても歩く」などなど――が東京との比較でほとんど根拠も示されずに語られている。

東京では、シルバー・シートの前で老人が座っている若者に『立ち給え』という光景がまだあるそうだが、近ごろの大阪でそれを筆者はまだ見聞したことがない。シルバー・シートという表示を無視している。[6]

彼は新聞などでもコメントを求められ、メディアの「期待」に添ったコメントを寄せている。たとえば、大阪の若者の町、「アメリカ村」の落書きについて、「大阪人は元々、自分のしたいことを抑える気持ちが弱い」[7] というコメントを提供している。

他者である東京によって語られていたものが「われわれ＝関西」の内部の「学者」によって語られたことで、ますます大阪（関西）人のアイデンティティを構成する気質として信じられるようになった。木津川は、現実の大阪が歪められていることを嘆き、本来の大阪の姿を取り戻せと主張したが、九〇年代にこうして確立した大阪言説はメディアによって繰り返し語られることで、まるで血液型と性格との関係のように、徐々に予言の自己成就的に、関西人もまたそのステレオタイプ的性格を自らのものとして理解する（少なくとも表面的には表明する）ようになっていったのである。

4　アニメの中の関西弁

前節で示した大阪（関西）についてのステレオタイプ表現が、東京のテレビ番組の中にどのように登場するかについて、一九九一年に在京民放五局の一週間の全番組を調査したことがある。前節で列挙した大阪イメージも、その際に採集されたものも多いが、ここでは、アニメで用いられる「関西弁」の使用に注目したい。

いわゆる「関西弁」をどう定義するかは難しい。ただ、ここではメディアによって一般的に「関西弁」だとされているものという程度のものである。メディアにおいて、「関西弁」とは「関西人」の表象であり、「関西人」とされるのは、「関西弁」と多数の人々が認識している言葉を使用している人をさす以外にはありえない。逆にいえば、大阪出身でも、また関西在住であっても、「関西弁」を話さなければ関西人と認定されないのが普通である。テレビにおいても、現実の関西地方出身の多くのタレントがいるが、関西人である認定を受けたくなければ、関西弁を使用しなければよく、またそうしているタレントも多い。さらに付け加えれば、「関西」地方がどこを指すのかも明確ではない。近畿地方という呼称は行政区画として存在するが、「関西」は曖昧なまま慣習として使用されてきたに過ぎない。ちなみにNHK大阪局は一九九七年四月に電波管理上の行政区画である「近畿」という用語を番組上は「関西」に変更し、たとえば「ニュースパーク関西」といった番組を開始している。そこでは行政区画としての「近畿」よりも、文化的な集合体としての「関西」という用語が、地域に密着した放送局としてのNHKへの親近性を増すためにもふさわしいという判断があったようだ。それほどにメディアに登場する「関西」とは、実体の不明確な、いわばメディアが構成したフィクションなのである。

さて、調査期間中に放送されたアニメに限ってその表現を抽出した結果が表1のとおりである。アニメの場合、現実の場が特定されることはほとんどない。多くは、現実の土地と関係付けるものはなく、架空のスペースでストーリーは展開する。したがって「関西弁」の意味が「関西地方」の言葉という位置付けを逸脱して使用されることが多く、逆にいえば、関西弁の使用が何を意味したものかを明らかにしやすいといえる。表1の中でも地域が明確に特定されているのは唯一「じゃりん子チエ」であるが、「播磨灘」においても彼の出身が具体的な場所としての関西であることが明示される。それ以外は関西という具体的な土地とは無関係に舞台が設定され、ストーリーも展開する。

その結果、神様、悪役、ロボット、宇宙生物、権威に反抗するヒーローなどという関西弁使用者の属性から次のような

表1　アニメーションの中の関西キャラクター（一九九一年七月）

番組名		関西弁を話すキャラクター
伝説の勇者ダ・ガーン	準主役級悪役	ブッチョ、宇宙からの侵入者（卑屈な人間に変身したときのみ関西弁）
ゲンジ通信あげ玉	脇役級悪役	ＰＣ郎、悪役集団のちんぴら監視ロボット犬
ヤッターマン	脇役級悪役	ドンズラー、三人の悪役の一番格下
播磨灘	主人公	播磨灘、相撲界の伝統を打ち破り権威に抵抗する最強の横綱
じゃりん子チエ奮戦記	全配役	主人公初め全員大阪の下町、庶民層の生活
タイガーマスクII世	脇役の女の子	主人公を取り巻く子供たちのひとり
ミンキーモモ	脇役	主人公の父親・妖精の国の王様、熱狂的タイガースファン
もーれつア太郎	脇役	天国の神様の従者
おらグズラだど	脇役	天国の神様

ことが言えそうである。東京弁（共通語）の世界は日常であり、関西弁は非日常・異質なものの象徴として登場する。ほとんどの場合、現実の場としての関西とは何ら関係なく、「異質なもの」あるいは「逸脱」の象徴としての関西弁が使用される。これらの番組の多くは、再放送されたものであり、こうした傾向は八〇年代からのものとはいえ、この調査以降も大きな変化なく続いている。むしろそのように使用法はアニメの「定番」として定着している。

たとえば、九〇年代後半から最近までの関西弁キャラクターとして、「バケツでごはん」（テレビ東京系）におけるペンギン芸人のギンペー、「カードキャプターさくら」（ＮＨＫ教育）における妖精動物・たこ焼きが好きなケルベロス、「ビーダマン」（テレビ朝日系）キイロボン（かつて「ゴレンジャー」でカレーが好きで、おっちょこちょいのキーレンジャーと同色のキャラクター）、「はりもぐハーリー」（ＮＨＫ教育）におけるマントヒヒのタクヤ（ちょっと乱暴ものの仲間）、「とっとこハム太郎」（テレビ東京系）の「まいど君」など、主人公を取り巻く登場人物（動物）として、こっけいなもの、逸脱した存在として登場するものは枚挙に暇がない。もちろんすべてが現実の関西や大阪とは関係なく描かれているが、「大阪」のステレオタイプ・イメージと関係づけられ、それらのキャラクターが「大阪人」あるいは「関西人」の特性と共通していることが暗示され、そこに「笑い」が発生することをねらいとしている。

ちなみに、「まいど君」は、他の登場キャラクターのハムスター仲間のなかで、ひとり(一匹？)だけ異様な容姿をしている。彼は、他のハムスターが大きい丸い眼をしているのに対し、細くつりあがった目をしており、また赤い前掛けをして、計算高いキャラクターとされている。

ただ、九〇年初頭と二〇〇〇年代に入ってからのアニメを比較すると、そこにはやや違いが見うけられる。前者においては、アニメのなかだけにそれほど深刻な描写ではないものの、地球侵略者の手先であったり、ギャングの手先であったりと、いわゆる「悪」の手先や奇怪な形相で描かれるものが混じっていたが、後者においてはすべて仲間の一員のなかのある種の逸脱者=「変り者」として描かれている点である。少なくとも関西弁(人)は、テレビが構成する自明の世界から見て、まったくの他者という存在から「われわれ」の一部として取り扱われるようになっている。[8]

その中でも、「おじゃ魔女ドレミ」(朝日放送制作)における妹尾あい子ちゃんは、確かに内なる他者としての意味ももちながら、「健全な」役割を担わされている。

一九九八年から放送されているこのアニメは、主に小学生の女の子に人気のあるアニメである。魔女の学校に行っている仲良しの三人組(二〇〇一年四月より五人組となっている)の友情を描いたもので、学童期の子どもたちの日常生活において遭遇するさまざまな問題を描いていることで、親たちにも「教育的」なアニメとして評判を呼んでいる。主人公のドレミちゃん、はづきちゃん、妹尾あい子ちゃんが、子供たちの世界に起こるさまざまな事件や葛藤を彼女たちの協力の下で解決していくというストーリーである。そのなかで、あい子ちゃんは、「しっかりもので大阪から転校・ボーイッシュ」な性格として表現される。多くのエピソードにおいて、他の人物に比べて決断力、実行力を示す。彼女の外見は明らかに他と違う。他の子どもたちがピンクやオレンジ系の服装、髪の毛の色をしているのに対し、あい子ちゃんは、黒い髪の毛で、ショートカット、そして藍色の服でつなぎのジーンズ姿である。つまり外見も「男の子」として表現される。集団内での問題解決のときにイニシアティブをとる子どもとして、「男の子っぽい」女の子を設定したのである。そして、さらにその「異質」性を暗示するために大阪弁を割り当てている。また、彼女の両親は離婚し父親と二人暮しで、父親はタクシーの運転手であり、他の子どもがミドルクラスの家庭という設定とも異質である。

さて、大雑把な区分が許されるならば、九〇年代後半になると、先に述べたような関西の異質性を誇張し、露骨に表現する番組は減少している。バラエティのジャンルでは、吉本の芸人をはじめ、関西のお笑いタレントと分類される人たちが、その中核を担うようになり、また、九〇年代前半にさまざまなメディアによって構成されたおびただしい大阪言説が、大阪という都市の性格を日本というナショナルな価値秩序のなかに位置付け定着させると、大阪なり関西を完全なる他者として恐怖したり、排除する必要が相対的になくなったと考えられる。

新しい「関西論」の論客の一人とも言える井上章一は、大阪の東京進出を軽妙な語り口で次のように考察している。

東京という新興勢力の前にマイナーへと落ちぶれた旧勢力は「新興勢力へのお追従で保身をはかるという道もあるだろう。王位を奪われたものが、新王に使える道化となる。そして新王の前でこっけいな演技を披露して、身すぎ世すぎをはかるわけだ」[9]。

このように新王=東京に道化として仕える旧王=大阪という例えで芸能文化の現状を語っている。たしかに、井上の言うように、次第に、「内なる他者」から「道化」としてかわいがられるようになったという見方もできるだろう。

こうして、前述のアニメでも、奇怪な存在への関西弁の割り当てはなくなり、かわいい愛玩動物のような存在に変化していく。と同時に、それは大阪のステレオタイプ・イメージの定着も意味し、そのイメージは時々の事件等のときに再浮上するが、日常的には意識下で安定した状況となっている。このように、大阪（関西）が「東京」によって表象されるナショナルな価値秩序の中で〈一地方〉として位置付けられ、次第に「従順なる従者」のように内面化されていったのが九〇年代後半であった。

2 アメリカ映画と関西オリエンタリズム

1 「ティファニーで朝食を」とオリエンタリズム

前節で明らかにした大阪（関西）ステレオタイプ・イメージの構造を日本=ナショナルなるものとの関係においてより明確にするために、ここでいまや「古典的な」映画を取り上げよう。米映画「ティファニーで朝食を」（一九六一年制作、ブレイク・エドワード監督）において、主演のオードリー・ヘップバーンとジョージ・ペパードに対して、滑稽な日本人カメラマンが登場する。原作においては、カメラの専門家的なニュアンスも表現されているが、映画では、ただ奇妙で滑稽な存在として登場する。このユニヨシなるカメラマンを演じるのは当時の人気コメディアン、ミッキー・ルーニーであるが、彼は、アメリカ人の保持する日本人ステレオタイプをこれでもかと演じる。この映画は、アメリカの観客にとって「われわれ」であるヘップバーンらニューヨーカーに、それを際立たせるための奇妙で滑稽な「彼ら」日本人として読み解かれるのが通常であろう。すでにこれ以上の説明は必要ではない。多くのアメリカ映画において、いやアメリカ映画に限らず、そこには観客とともにある「われわれ」と「彼ら」が存在する。アメリカ映画においては、明確な敵としての他者として、これまでに共産圏や、中国人、日本人、そしてアラブ人などが設定されてきたことは周知のことであるが、この場合は、明確な敵としての他者ではなく、内なる他者、道化として日本人が描かれている。

すでにE・サイードの「オリエンタリズム」以来、われわれ／かれらという二項対立を用いて西洋のまなざしで外部の他者を見つめるそのあり方が、さまざまな素材で議論されてきた。ここでも、アメリカ人監督と観客のもつオリエンタリズムのまなざしが、まことに奇妙なユニヨシという他者を作り上げたということができよう。そして、当然のことであるが、アメリカの観客で、ユニヨシの容姿や言動、そして彼の部屋の調度品などの奇妙さに不快感を感じるものはほとんどいないだろう。多くは、笑い転げるか、さもありなんと納得したかもしれない。ところが日本でこの映画にのめりこんでいた観客はユニヨシの登場に、もし彼を日本人として認識し、また観客も日本人のアイデンティティを保持しているとすれば、そこに強い違和感を覚えることになる。せっかくオードリーとともに洒落たニューヨーカーのまなざしで映画の中に浸っていたはずが、醜く、滑稽な「自己」を見せつけられるのである。それを自己の姿として笑うか、この映画のストーリー展開から離脱し、アメリカ映画の差別性を批判的に鑑賞していくのか、それともユニヨシという「日本人」を他者として嘲笑するか、観客は判断を迫られることになる。

ところが、現在ビデオで販売されている日本語字幕版では、興味深い工夫がされ、このオリエンタリズムに基づく日本人の姿にたいする日本人観客の心理的葛藤から見事にすり抜けることを可能にしている。このユニヨシのせりふの字幕には「関西弁」があてられているのだ。つまり、ユニヨシは単なる日本人ではなく、「関西人」として特定化されているのである。図1のように字幕の使用によって、日本の観客から見れば、「彼らアメリカ人」が「われわれ」となり、われわれ日本人であるはずのユニヨシは、「かれら」関西人へと変換され、「われわれ」から排除されるのである。こうして、主人公たちおよびアメリカの観客とともに、日本人は、他者としての関西人を笑うことができることとなる。もちろん、「関西

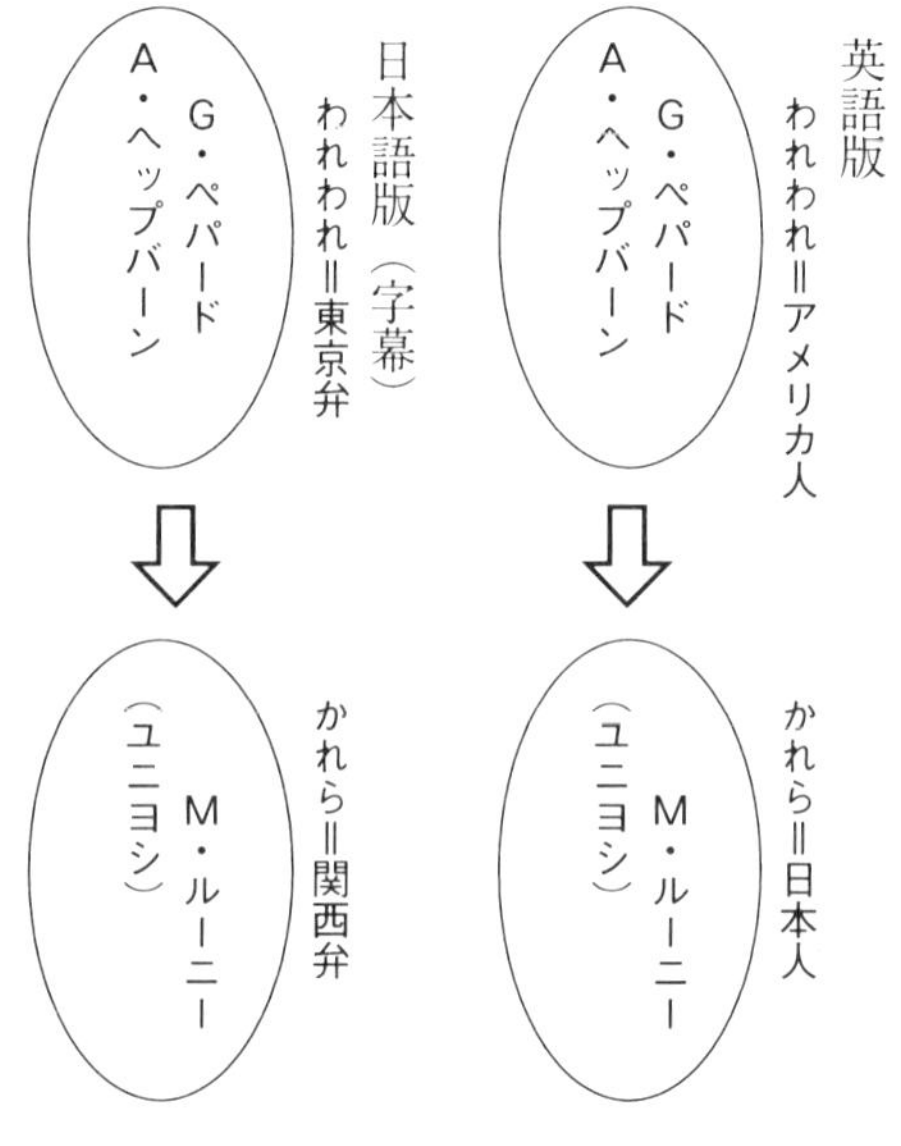

図1

人」を自認する人を除いてであるが。

前節の大阪（関西）についてのステレオタイプと、この「ティファニーで朝食を」の事例から、次のように言えるのではないか。日本、あるいは日本人というナショナルなアイデンティティあるいはプライドは、前節で明らかになった逸脱者としての「関西」という内なる他者を用いることで維持され、あるいは防衛されている。たとえば、われわれ日本人は、彼ら関西人とは違い、この映画に登場するニューヨーカーのように洗練された存在であることが、「関西人」が存在することで確認される。こうして、日本の近代化＝西洋化の中でつねにわれわれ＝日本と、目標としての西洋との差異と距離について敏感でありつづけた結果生じた明治以来の文化的葛藤の解消にも「関西」は動員されるのである。

2　『ブラックレイン』のテクノ・オリエンタリズム論

もうひとつ「関西」のかかわる映画の例を挙げよう。これによって、「ティファニーで朝食を」における仕掛けの中身がより明確に説明できるだろう。

リドリー・スコット監督の「ブラックレイン」（一九八九年制作）は、マイケル・ダグラスらが演じるアメリカの刑事たちと高倉健が演じる日本の刑事が協力して、犯人である日本のやくざを逮捕するというストーリーで、日米の文化ギャップを乗り越え和解と協力をテーマとしたアクション映画である。この映画は一九八九年の日本の洋画興行成績第五位と、日本を舞台とした映画は日本であたらないというジンクスめいたものを覆す興行成績を収めた。

この映画の日本での成功について阿部潔は「テクノ・オリエンタリズム」の観点から説明する。[10]かつての「オリエンタリズム」はアジアを混沌、無秩序、停滞、支配と指導の対象、そして愛玩の対象などとして眺め、そうしたまなざしのもとに多くの映画が作られてきたが、この「ブラックレイン」の基調となるのは「テクノ・オリエンタリズム」だとする。

日本人はエイリアンで野蛮人であると受け取られている一方で、西洋よりもよりモダンで進歩している面もあるという認識も存在する。日本は、テクノロジーと合理化が完全に溶け合った社会であるとみられている。「かれら」は野蛮であり、「われわれ」は文明化しており、「かれら」はロボットであり、「われわれ」は人間のままである。[11]

テクノ・オリエンタリズムは、このように日本がテクノロジーに支配され人間性を失った社会だと見る。モーレイらはこの見方を西洋文明にとっての近未来の不安の投影だとするが、こうしたまなざしが、技術立国を標榜してきた日本の自己意識、戦後のアイデンティティと一致し、日本人にそれほどの違和感はなく、むしろ心地よく響いたとしている。

一般的に、この時期、いわゆる「バブル経済」といわれた時期であり、日本の経済力が欧米特にアメリカにとって脅威と感じられ、そうした雰囲気のもとで日本の進出を題材としてアメリカ映画が作られている。たとえば、「ライジングサン」(一九九三年制作、フィリップ・カウフマン監督)は、その中でも日本の陰謀を描いたものとして、日本を明確な敵と見立てて、それへの対策を訴えた作品であり、そこには日本への「敵意」が表現されている。こうした作品は、日本で興行的に成功しないものとして上映されなかったが、この作品でも技術と経済で成功した日本として描かれる一方で、倫理的、道徳的には異質な存在として日本が捉えられている。まさにテクノ・オリエンタリズムのまなざしをもった典型的作品だったといえる。そうした時期に、日米の和解と協力をうたった「ブラックレイン」は、日本の観客にとって受け入れやすいものであった。そして、「奇妙な日本」ではなくテクノロジーにあふれた日本は、日本の自己認識とプライド(阿部の言葉では「テクノ・ナショナリズム」)をくすぐるものであっただろう。そしてそこには戦後の日本のアメリカナイゼーションも関わってくる。

こうした日本像を目の当たりにした多くの日本人観客は、「これは現実の日本/大阪とは違う」と感じたことだろう。だがしかし、そこにオリエンタリズム的な眼差しの暴力を感じ取るよりは、「他者」の目に映ったエキゾチックな「自己」の姿をどこかしら楽しんでいたことも偽らざる事実である。そうした快楽が得られる理由は、ここで「自己」を描き出している「他者」が、日本自らが同一化/承認を求める「理想のアメリカ」だからである。[12]

阿部は「同一化されるべき他者」であるアメリカのまなざしであるからこそ、日本人はそれを喜んで受け入れたとする。その他者であるアメリカの受容について、戦後の変化を吉見は次のように述べる。

七〇年代末以降の日本では、「アメリカ」はもはや外部の「他者」として名指され、憧憬や反感をもってまなざされる存在ではない。この時点までに日本社会は深く「アメリカ」という存在を自己のなかに取り込み、同時に「日本」という自己を他者化し、両者の間に何重もの自己=他者化の機制を作動させていたのである。[13]

吉見の指摘にもあるように、アメリカを他者とするまなざしはすでになく、自然にアメリカのまなざしから他者としての日本を眺めることができるようになっているのかもしれない。ちなみに、本稿の文脈からいえば一九九四年に坂本龍一がプロデュースしたダウンタウンの「ゲイシャガール」はその一例である。そこでは日本のゲイシャのイメージが欧米のまなざしで、そしてパロディとして扱われている。そのゆがんだイメージは、客観化され、それを演じるダウンタウンには、ゆがんだイメージを生み出してきた欧米への「告発」的な態度はもはやまったくなく、そのゆがんだイメージを他者のものとして楽しんでいるかのように見える。もちろん彼らの中にアメリカという他者が内面化されたまなざしは感じられないが、少なくともそれを楽しむオーディエンスの側にはそれがあったかもしれない（それを演じたのが関西のお笑いタレントであった点も象徴的であるが）。

こうして、日本の観客もまた奇妙な日本の描写を他者=かれらとして、マイケル・ダグラス演じるアメリカの刑事のまなざしから眺めることができたのかもしれない。さらに、古いしきたりを大切にする旧勢力のやくざの親分・若山富三郎に対してはオリエンタリズムのまなざし、そして新興やくざ・松田優作にはテクノ・オリエンタリズムが対応するだろう。しかし、ここで注意すべきは自己の他者化と、他者の内面化が自動的にいつも作動しているわけではない。アメリカのまなざしで見つめる「わたし」は確かに「日本人」として存在し、そこからは、まるで他者のような「かれら」日本が存在するのである。そうだとすれば、よりいっそう、その眺めるべき日本は、異国=他者の装いを持つ必要があるだろう。そこにはすでに「異国」としてさまざまなテクストで語られた大阪があった。

阿部の指摘に加えて、まなざしの対象の他者としての日本が「大阪」として分節されたことに大きな意味があったとは考えられないだろうか。「ブラックレイン」の中に登場するネオン街、下町、人の波、深い暗闇、やくざ、コンビナート、自転車の群れ、このようなイメージは、アメリカから見れば、「テクノ・オリエンタリズム」でいわれる、テクノロジーの発達した近未来への不安、そしてアジアの混沌がない交ぜになったイメージであるが、一方日本では、先に明らかにしたように、この時期、大阪のイメージとしてメディアの中で確立されつつあるイメージであった。そして、これらの表現は、排除すべき混沌と無秩序、不道徳、恐怖感、忘却すべき過去、ときとしてノスタルジーを呼び起こし、日本の観客にとっては、確かに「現実の日本」ではなかったろうが、それは「現実の大阪」として受け入れることができたのである。そして、「日本」が登場する映画においては、他のアジア諸国との「混同」や「誤解」への憤りや苛立ちが常に巻き起こってきたのだが、それがここでは抑制されたと考えられる。こうして、リドリー・スコットはこの映画で「アジア」を描いているにもかかわらず、日本の観客にとっては、われわれ日本とアジアの距離を実感する映画ともなったと言えるだろう。

さらに、大阪府警の現場の警部を演じる高倉健も重要な役割を演じ、注目すべきフィクションを構成している。彼は、日本とアメリカをつなぐ重要な仲介者であり、混沌とした日本（大阪）を案内する水先案内人でもあるが、ある意味では、アメリカという他者を内面化した自己＝日本人として登場していると見ることもできる。彼こそは、観客に「われわれ＝日本人」を保証する代表的俳優であり、日本人観客がこの映画にかかわる際に重要な役割を演じているが、観点を変えれば、まさに西洋、アメリカに承認される「自己＝日本人」そのものでもある。アメリカにとって価値をもつ倫理観、勇気、精神的能力、身体的強靭さ、これらを高倉健は表現することで、アメリカによって承認される日本人となる。こうして、彼は典型的日本人であることを保証されつつ、アメリカ人でもあるという役柄によって、他者の内面化と自己の他者化の機制を最も象徴する存在としてたち現れているのである。

もうひとつ注目すべきことは、彼は現場の刑事にもかかわらず、他の日本側出演者とは対照的に、関西弁ではなく、「東京弁」を使用している点である。彼のこの位置は日本の多くの観客に彼とともに、日本とアメリカが同一化し、大阪を排除するのに大きな役割を果たしていると考えられる。「われわれ＝日本人」の代表的男性として、われわれが認定し、また国際的に認定されていると信じている高倉健が、この「国際的」映画において、逆に「現実」の大阪に即して関西弁を使用していたら、多くの日本の観客は自らのまなざしの揺れにめまいを起こしていたに違いない。こうして、高倉健

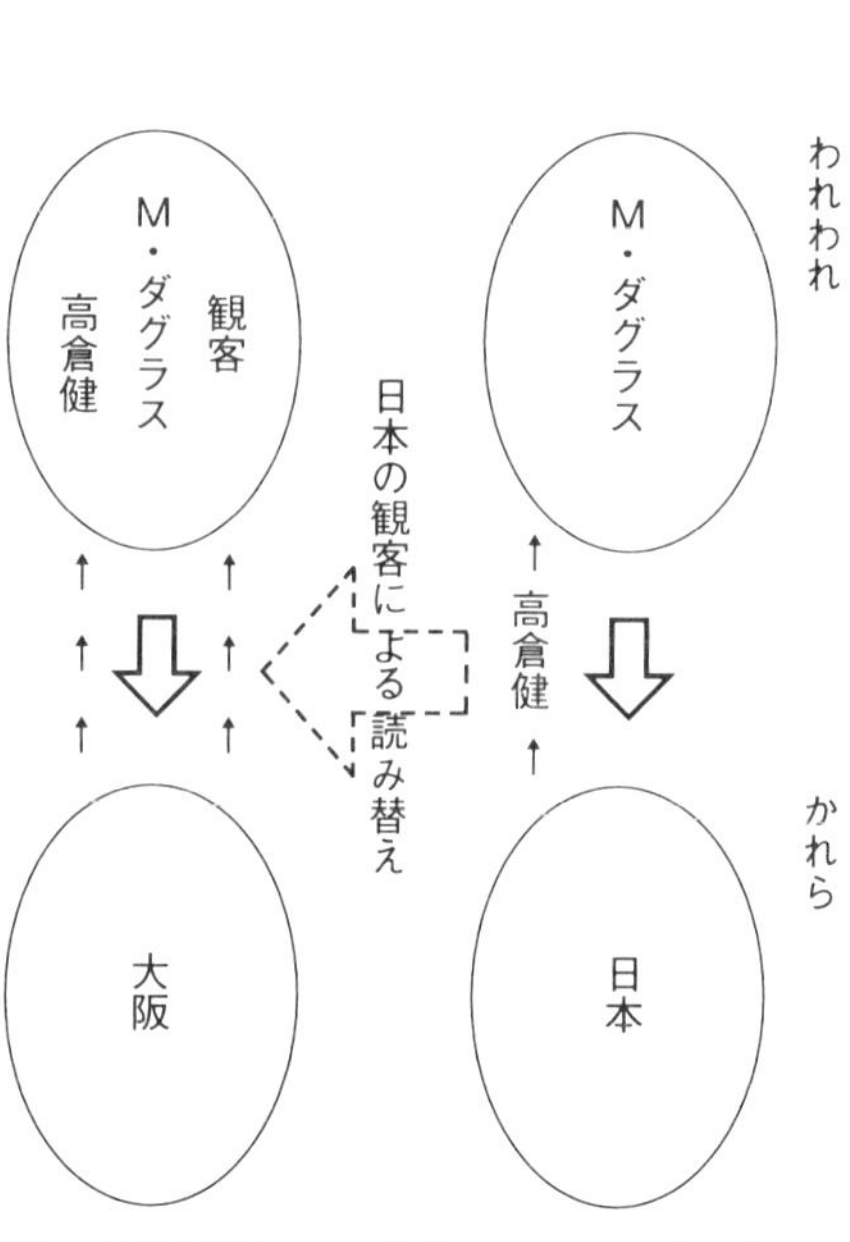

図2　日本の観客による「ブラックレイン」の読み替え

が日本人というフィクションを演じるときに、大阪という舞台とともに「関西弁」というフィクションが重要な役割を果たしているのである。

3　内なる他者と東京のまなざし

1　スケープゴートとしての関西のお笑い

前節までに述べたメディアによる大阪（関西）言説に対し、「東京」はどのように読み解いているのだろうか。

民放連の番組向上委員会の座談会において関西のお笑い批判がなされているが、そこには、自明視された東京のまなざしがあるように思える。そこでの議論には、内なる他者の排除、あるいは排除の意思を言明することで「われわれ」日本の正統性、中心性が守られるような議論となっている。あるいは関西が言明者の正統性／中心性確保の道具、いわばスケープゴートとして狩り出されているとも言えよう。

ある委員は、テレビ番組における関西のお笑いタレントの進出を嘆き、それまでの「われわれ＝東京」のもつ教養ある文化、品の良い文化に対する「ガラの悪さ」「無教養」として関西のお笑いを批判している。そして、身体差別やジェンダー差別など排除すべき不道徳なものは関西のお笑いが保持しているのであり、「関西では笑いが、相手の失敗を引き出すのがあたりまえになっているんですか」と疑問を呈し、「そういう文化には侵されたくないぞと思います」と述べる。[14] 全体として、東京のお笑いにはそういうものは無かったと主張している。これについては別の委員が同様の見解を述べている。「非常に気になるのは、今おっしゃった差別的なものが、関西から来た笑いの中により多い。特に、上の人を笑うならまだ面白いんですが、弱い者や下の者をより笑うのがとても気になっているんです[15]」。この委員は別の機会にも同旨の意見を述べている。

特に関西系タレントに多いのが、性別固定観念にもとづく女性のからかいや攻撃である。彼らは、女性はきれいで控えめ、家事に堪能であることをよしとしたり、逆に、そうでない人をそしる対象としたりする。[16]

かれらが東京系だとするであろうお笑いのコント55号もドリフターズも、ツービートも、古くはセントルイスといった漫才師たちも、身体や女性に対し差別的な表現で笑いをとっていたことを改めてもちだす必要もないだろう。「関西が多い」のかもしれない。しかし、多いかどうかについて統計的な調査が必要かどうかの問題でもない。放送におけるジェンダーの問題を「関西」という分節によって語る方法がどれほど有効なのか、そして適切なのだろうか。先に述べたように、九〇年代放送業界の需要はバラエティ・タレントを大量に必要とし、そこに関西からの「お笑いタレント」が供給され、ますますテレビ番組のそのジャンルは拡大した。確かに、この間それまでの笑いとは異なる笑いが広がったという意見もある。もちろんそれは関西の笑いと関東の笑いという対比を議論のベースにおいた指摘ではない。この委員会の座談会のゲストもまた、そうした見解を提示する為にやってきたのだが、そのあとのディスカッションは、関西の笑いの異質性とそのいじめ傾向について触れられることとなる。それは、われわれの笑いとは異なる「かれら＝関西」の笑いの中に問題を見つけようとしているように見える。

そうした「笑い」の変化に対する嫌悪、否定的評価、そして過去の笑いへのノスタルジーなどが表明されることは多いが、そうしたものの原因がすべて、われわれの笑いとは異なる「彼ら＝関西」の笑いによってもたらされたという議論である。放送番組から差別性を排除し、番組の質の向上を目指す彼らの問題意識と意欲に異論をはさむつもりはないが、そこで思わず陥っている「東京のまなざし」を感じざるを得ない。そして「東京のまなざし」が、安易にスケープゴートとして「関西」を用いて、自らの問題として考えることを阻害しているように思われる。たとえば、この身体差別と性差別の問題が「関西」の問題に回収されてしまう危険である。そしてジェンダーや「障害者」に限らず、様々な「異端」に対しての蔑みや排除のプレイを関西の中に閉じ込め、そこから切断された理想的市民社会としての「東京」という高みに立つという危うさを感じざるを得ないのである。

ジェンダーの問題と関西を絡めて語る時、加藤春恵子の次のような先駆的な指摘を思い出す。

アメリカのメディア表現が「ＷＡＳＰ男性」の視点によって支配されてきたように、日本におけるメディアの送り手の世界も、「日本のＷＡＳＰ男性」とも言うべき人々――差別の対象とされてきたグループに生み込まれた経験を持たない高学歴の男性たち――の視点によって今なお支配されている。不可視化され、自明視されているその「視点」を問い…。[17]

誤解を恐れず述べれば、この「男性」の部分を「東京」としてみてはどうだろうか。

しかし、それはまさに自明化されており、そのまなざしに疑問をもつのはたやすいことではない。テレビはニュースでもドラマでも、そしてスポーツ中継ですら、東京を自明の空間として語り、そこからのまなざしを半世紀以上も続けてきたのであるから。

2　中心の活性化とトリックスター

さて、上述のように、お笑いタレントの東京進出の代表が九〇年代初頭からの明石屋さんまであり、後のダウンタウンであり、その後は「関西」や「東京」という区分がなくなるほどバラエティ番組では「関西」のお笑いタレントが登場し定着している。こうしたバラエティとお笑いタレントを歓迎している主体は若者層であり、メディアの中の「関西」は若者文化のなかでは、単純に逸脱的、周辺的というわけにはいかない。むしろ、関西の文化が全体の文化に対して逸脱的であると認識されている結果、とりわけ、その秩序破壊的な笑いに対して、一般的に若者文化のもつ反抗性、逸脱性などが親和的であると受け取られている。

大阪を表現したワイドショーの特集について評価するという九三年に行った調査において、すでに、この傾向が現れている。[18]関東地区の学生の何人かは、大阪ステレオタイプを受け入れた上で、それが面白いと評価している。

「ダウンタウンの影響で、関西にはとても興味がある。みんなが陽気で楽しいことが大好きで、おいしいものが安く食べることができるところで、さらにやくざも多いというイメージがある。」（二一歳、女性）

「大阪の女の人は、色使い、デザインが奇抜な洋服を好み、ヒカリ物をジャラジャラつけているが、そういった外見を飾りすぎるところはあまり好きではない。大阪人のキャラクターは好きだ。明るく、にぎやかで普通の人でもやたらと面白く、大阪弁はなんとも言えず好きだ。聞いていて気持ちがいい。」（十九歳・女性）

さらに、一九九八年十一月に毎日新聞[19]が「関西弁は好きか嫌いか」という特集を組んでいるが、その中で、澁谷で若者にインタビューしても関西弁が嫌いという若者に出会うことは難しいほどであったと担当記者は記している。

「関西弁は個性があるとこが好き。関西の人って東京に来ても関西弁を直そうとしないじゃないですか。九州の人は東京に来ると言葉を直そうとするけど。」（九州出身、二一歳女性）

「僕は好き。東京のしゃべり方は事務的だけど、関西は一生懸命はなしてる感じがする」（東京出身、一九歳の男子学生）

この特集記事においても高齢者の次のような投書を掲載している。

「関西弁のアクセントが嫌なのです。関東で生まれ育った私は、日本の標準語を大事にしようとする意識がはたらいているのかも知れません。」（日野市、六〇歳男性）

このように、支配的価値として「標準」を語ることは、前項の「関西お笑い」批判と同様の立場であり、もちろん日本社会では中心的であり支配的ではある。しかし、この特集でも、ダウンタウン、さんま、ＫＩＮＫＩ・ＫＩＤＳといった若者に人気のタレントの写真を載せ「ぼくの関西弁どないですか？」と、若者を中心に関西弁が受容されていることを前提とした記事になっている。

こうして、「お笑い」タレントたちの東京「進出」を若者文化のなかだけに絞れば、「大阪」および「関西」は、周辺的なものではない。むしろ中核的なファッションとなっているといえるだろう。そして、そのタレントは当然若手であり、吉本興業の「東京進出」時からの戦略の基本として、従来の寄席の笑いとは異なるものが想定されていた。それはまた、ジャニーズ事務所のアイドル戦略にも応用され、ＴＯＫＩＯの城島や、さらに典型的にはＫＩＮＫＩ・ＫＩＤＳが関西弁を使うなど、関西を前面に出しての売り込みに成功している。

さらに、一般のドラマにおいても、時として、大阪及び大阪人の逸脱性を積極的に利用する場合もある。九〇年代後半、元プロボクサーの赤井英和は、テレビドラマや映画で、大阪弁のままに演技をした。彼の役柄は、関西人としてのステレオタイプイメージに基づいてはいるものの、例えば、腐敗した体制に抵抗する反権力性や、既存の価値に対抗する活力を表現するものであった。大阪（関西）のイメージがもつ逸脱性と混沌とした無秩序性が、かえって、古いものに対して新しいものを持ちこむ触媒として用いられたのである。

そうした意味では、かつて山口昌男が提示したトリックスターの役割を関西のタレントたちが演じているという見方もできる。繰り返し述べてきたように、実際の関西文化がどうであれ、メディアの中の「関西」言説は東京という中心にとっての、少なくとも「周縁」というフィクションを構成しているのである。

各々の文化はそれぞれの時代に特有の周縁部分を再生産してきました。周縁部分は、洗練と秩序と反対の極をなす否定性の刻印を押されながらも、他者性の持つ多義的な豊饒性を再生産してきました。その存続のために強靭な生命力を必要とする「他者性」は、秩序の解体を狙うエントロピーであると感じられていきました。[20]

この見方に従えば、関西の持つ「他者性」ゆえの「エントロピー」への不安によって、「関西」を排除するべく表象されてきたのである。前述の委員たちによる関西のお笑いの差別化と排除の欲求は、この視点からは理解しやすい。しかし、それは他者として排除されるだけでない。さまざまな文化共同体において、トリックスターが、外部と内部、文化と非文化を媒介し、両義的な存在として内部に入り込み、集団内をかき回すことによってその集団が活性化する。彼らのもたらす無秩序や破壊が、沈滞し、形骸化した既存の秩序、文化を再活性化するという。まさに、関西のお笑いが、トリックスターとして東京に象徴されたナショナルな文化的秩序を再活性化するのに役立つ、あるいはそのようなものとしてメディアによって再構築され利用されているという捉え方も可能かもしれない。

この文脈では東京というナショナルな文化秩序は、構成された「関西」というフィクションを通して存在している、少なくともその「中心性」を確保しているともいえるだろう。もちろん逆に「関西」もまた「東京」というフィクションによってしか成立しないものなのだが。

しかし、これまでに述べてきたような近年の「関西」の受容は、トリックスターとしての役割も終えたことを示しているのかも知れない。いまや、テレビが得意とする予定調和的な逸脱を表明する役回りに、テレビの世界での安住の地を与えられたといってもいいだろう。

おわりに

多くのローカルは、他者化され、そして評価され、序列化されて再び「われわれ」へと組み入れられている。それが、テレビ放送において五十年間で繰り返されてきた結果、東京という疑問の余地のない「自明の空間」と、そのまなざしから、採用され評価されるローカルが序列化され存在している。ただ、ある種の中心性を主張できた「関西」というローカルは、それだけに内なる他者として取り上げられるからこそ、東京が構成したテレビのなかの自明の空間に異化作用をもたらしたり、また異議を唱えることができたという意見もある。ダウンタウンへの支持や、関西地区以外の阪神タイガースファンの態度は、メディアが作り上げた幻想の「抵抗する大阪」というイメージに基づく場合が多いし、そうした期待にこたえてきたことも確かにある。そのことで「大阪」の無秩序性や抵抗性に反権力を託す人もいる。若者文化の脱中心性と「大阪（関西）」の人気もまた、そこに位置づけられるだろう。

しかし、一方でメディア文化の中でそのようなフィクションとして構成されてきた「大阪（関西）」が隠蔽してきたものも忘れてはならない。違和感は中和され、秩序の中に位置付けられつつ、他者として関西が存在し、利用されてきたことで、日本における中央対ローカルの関係や、階級関係、あるいはアジアとの関係がすべて「東京」対「大阪（関西）」という関係に回収されてしまい、現実に存在する問題が隠蔽されるという側面もある。

たとえば、停滞し無秩序な「大阪（関西）」が「東京」によって描かれることで、他のローカルが東京によって表象されるナショナルなものに同一化し、一体感を強め、現実のローカルの中央への従属関係が隠蔽されてきた。また、「ティファニーで朝食を」や「ブラックレイン」の例のように、日本対西洋のもつ緊張関係が「大阪（関西）」というフィクションを用いることで隠蔽されてきた。と同時に、そのフィクションは日本が明治維新以降、意識しつづけてきたアジアとの差異、その距離への意識をも隠蔽することになったとも考えられる。というのも、多くの場合、西洋によって描かれた日本像は、中国や他のアジアとの「混同」や「誤解」のゆえに苛立ちをもたらし、その苛立ちや憤りは時としてアジアへの蔑視を伴ったものなのだが、そこに「大阪（関西）」が動員されることによって、その歪んだ意識のあり方が、われわれの中で顕わになることはかえってなかったのではないだろうか。つまり不道徳や混沌、停滞として表象された大阪（関西）とアジアのイメージが接合された結果、アジアの諸社会のもつ固有性や異質性、そして日本とアジアの本当の距離と関係が隠蔽され、不可視化されてきたとも考えられるのである。

注

1 この学会は、一九七四年にホンダ技研によって設立された団体で、一般に言われる国際的な学術団体ではない。「地域文化特性と運動行動」『国際交通安全学会誌』五巻四号、六巻増刊号、一九七九年。この調査のデータの信頼性については検証に耐えるものとは思われないが、本稿では問題にしない。

2 たとえば、「ビッグモーニング」（TBS系、一九九二年六月十六日放送）では、「大阪」を特集。「現職警官による犯罪、暴力団同士の抗争、ガラが悪い、きつい、怖い。日本第二の都市、大阪の評判はあまり芳しくありません。」で始まり、さまざまなステレオタイプが展開される。「ホントに本当なの?!」（関西テレビ、一九九三年一月十一日放送）でも、「大阪人は遺伝子が違う」として、「せっかち」「マナーの悪さ」を「実証」した。なお、本文のニュースが放送された同日、NHKでは「くらべてみれば」で、「江戸っ子vs浪花っ子」を特集。先の実験の追試を行い、今度は、歩く速さ、信号無視ともに東京の方が多かったことを証明している。

3 近年では、例外的に一九九九年七月十日放送TBS系『ここが変だよ日本人』のなかで「関西人vs外国人」を放送している。ここでは上記ステレオタイプのすべてを過剰に体現する「関西人」と称する人々が登場し、外国人と議論をするという企画であった。そこに登場した「関西人」は、神話を信じて、それを批判する外国人に対し、その神話を否定するのではなく、全て肯定して、それを正当化するという演出がなされていた。

4 木津川計『含羞都市へ』神戸新聞出版センター、一九八六年。木津川計『大阪の曲がり角』東方出版、一九八九年。

5 たとえば、中島らも『西方冗土』飛鳥新社、一九九一年。また、井上宏は主に大阪の芸能に関連させて大阪論を展開するが、大阪育ちの研究者として、メディアによる大阪言説には距離をおいて「大阪独自論」を展開している。井上宏『大阪の笑い』関西大学出版部、一九九二年。

6 大谷晃一『大阪学』経営書院、一九九四年、二八頁。

7 朝日新聞（大阪本社）二〇〇〇年十月二日夕刊。

8 「名探偵コナン」（読売テレビ制作／日本テレビ系一九九六年一月八日放送開始）の服部平次はコナンのライバルとして、知性のある「カッコいい」キャラクターとして登場する。もちろん、彼はコナンの引き立て役であり、中心にいないのではあるが。かつての「巨人の星」における星飛雄馬のライバル、阪神の花形満に似た設定であるが、花形には関西弁は割り当てられていなかった。

9 井上章一『関西人の正体』小学館、一九九五年、九三頁。

10 阿部潔『彷徨えるナショナリズム』世界思想社、二〇〇一年。

11 Morley, D. and K. Robins, *Spaces of Identity*, Routledge, 1995, p.172

12 阿部潔、前掲書、一二七頁。

13 吉見俊哉「アメリカナイゼーションの文化の政治学」井上俊他編『講座現代社会学　現代社会の社会学』岩波書店、一九九七年、二〇一頁。

14 「放送番組向上委員会月報」一九九九年十月号、一〇頁。

15 同前、十八頁。

16 小玉美意子「放送におけるジェンダーの問題点」『AURA』（フジテレビ編成制作局調査部）一四九号、二〇〇一年十月、七頁。

17 加藤春恵子「フェミニズムと性表現」『新聞学評論』三八、一九八九年、七五頁。

18 黒田勇「外国としての関西（2）」『大阪経大論集』四五巻二号、一九九四年。

19 毎日新聞（一九九八年、十一月一日朝刊、とうきょう版）

20 山口昌男『知の祝祭』青土社、一九七七年、四四五頁。

参考文献

間場寿一編 1998『地方文化の社会学』世界思想社。
伊藤守・藤田真文編 1999『テレビジョン・ポリフォニー』世界思想社。
井上章一 2000『阪神タイガースの正体』大田出版。
NHK大阪弁プロジェクト編 1995『大阪弁の世界』経営書院。
大石裕・吉岡至・永井良和・柳澤伸司 1996『情報化と地域社会』福村出版。
角野幸博他編 1994『大阪の表現力』パルコ出版。
姜尚中 1996『オリエンタリズムの彼方へ』岩波書店。
黒田勇 1992「外国としての関西(1)」大阪経済大学教養部紀要No.9。
酒井直樹他編 1996『ナショナリティの脱構築』柏書房。
田宮武・津金澤聰広編 1999『テレビ放送への提言』ミネルヴァ書房。
門間貴志 1995『欧米映画に見る日本』社会評論社。
吉野耕作 1997『文化ナショナリズムの社会学』名古屋大学出版会。
エドワード・サイード 1986『オリエンタリズム』(板垣雄三・杉田英明監修)平凡社。
Morley, D. and K. Robins, 1995 *Spaces of Identity*, Routledge.
津川計 1989『大阪の曲がり角』東方出版。
山口昌男 1975『道化の民俗学』新潮社。
山口昌男 1975『道化的世界』筑摩書房。

Ⅲ　グローバル化するメディア文化の地政学

九・一一をめぐるメディア報道の遠近法
――グローバル化と主体の再編制

伊藤　守

はじめに

テロ攻撃を「戦争」と規定すること自体が過ちである。にもかかわらず、衝撃的な事件が起きた九月一一日の夜、アメリカ大統領は直ちに「テロへの報復を決意」と明言、「テロに対する戦争」を「無限な正義」と名づけた。そしてほぼ一カ月後の日本時間十月八日午前一時過ぎ、アフガニスタンに対する武力攻撃を開始した。

この九月一一日以降の事態に対して、メディアはなにを為し、なにを為しえなかったのか。

サイードの言葉にまず耳を傾けておこう。「全国テレビ網のリポートは、あらゆる家庭に向けて、翼のついた忌わしい怪物という恐怖を送りつけた。そう、絶え間なく、しつこく、必ずしもためにはならない内容で。たいていの解説は、ほとんどのアメリカ人が感じているであろうと予測されるわかりきったことを強調し、実際のところ誇張さえしている。つまり、おそるべき損失、怒り、憤激、弱点を攻撃されたという感覚、復讐とやりたい放題の報復に対する欲望だ。大手のテレビチャンネルでは、何が起こったのか、テロリストは誰か、いかにアメリカが攻撃されたかを確認することばかりしゃべり、それ以外には何もないのだ。政治家や著明な学者先生や専門家はといえば、誰もが悲嘆と愛国主義を型通りに表現しつつ、その上でわれわれは屈してはならない、思いとどまってはならない、テロを撲滅するまで立ち止まってはならないと、忠実にくり返してきた」(Said, 2001: 14)。

一四日、大統領はニューヨークの倒壊現場を訪問し、救助作業を行っている警察官や消防士を激励、自らも作業服を着て救助活動を続ける作業員と肩を組んでアメリカの団結を訴えたが、このシーンをテレビは繰り返し放送し、一五日には、CNNは「American's New War」、NBCは「American on

Alert」、CBSも「America Rising」といったサイドマークを呈示した。アメリカが「新しい戦争状態」にあること、「立ち上がるべきこと」を視聴者に強く印象づけるこうした報道内容は、アメリカのメディア監視団体が「テレビは愛国心をあおる報道が目立った」と指摘するほどであった。この両日を境にして、アメリカ国民は茫然自失の状態から愛国主義的な「集団的熱狂」(Said)に傾斜していく。

「戦争」の遂行には反対であるとしながらも、「武器による対応――複合的かつ周到に的を絞った反テロ作戦」が必要であり、それはまた「正当化しうる」と主張したソンタグは、この未曾有の事態に対するメディアの報道をどう見たのか。

「先日の火曜日の途方もない現実体験と、さまざまな公人やコメンテータが振りまいている独善的な虚言、あからさまな欺瞞。その乖離は驚くべきもので、気が滅入ってくる。あの事態を受けて堰を切ったように表明されてきた発言の数々はこぞって、民衆を子供扱いしているとしか思えない。これは、「文明」や「自由」や「人類」や「自由世界」に対する「臆病な」攻撃ではなく、世界の超大国を自称するアメリカがとってきた、もろもろの具体的な同盟関係や行動に起因する攻撃に他ならない。だがその認識はどこにいってしまったのか。いまだに続いているアメリカによるイラクへの爆撃を自覚しているアメリカ人は何人いるだろう」(Sontag, 2002: 14)。

ソンタグとサイードの論考をよく読めばただちに理解できることだが、この二人の主張には明らかに大きな相違がある。アメリカ国民が「このような憎しみを身に招くことになった歴史的な原因」を認識することをサイードが強く求めたのに対して、ソンタグは「この恐怖の事態をもたらしたのはアメリカだ、アメリカの領土内で起こった何千人の死の責任は一部アメリカにある、という見方」に「わたしはけっして与しない」と明言したことに、両者の違いがはっきりと示されている。ソンタグによれば、「アメリカや同盟諸国の全面戦争という対応で苦しむのは、あのテロリストたちではなく、より無辜の存在、今回の事態で言えば、アフガニスタン、イラク、その他の地の民間人」であり、その点で「戦争を起こしてはならない」。しかし、「ある種の戦争が起こっており、テロリズムが現実としてあるわけだから、それへの戦いは必要」(Sontag, 2002: 23) なのだ。

このようにサイードとソンタグとの間には事態の認識と今後の対応に関する見解に差異が存在する。だが、他方、かれらの間に、アメリカのメディアに対する「苛立ち」「怒り」が共有されていることも疑えない。ソンタグのいう「きわめて狭く焦点を絞った暴力」から、「国際法に基づいた様々な手段力」に至るまで、テロを根絶するために取りうる様々な努力」についての冷静な熟慮、実行可能な選択肢の呈示、そして世界の中でのアメリカの役割を理解するために必要な情報の呈示、これらメディアのもっとも重要な役割が機能しないままに終わってしまったからである。引用した二人のメディアに関する手厳しい評価を、われわれは、アメリカのメディアの現状に対する痛烈な批判とともにある種の「絶望感」の表明と見るべきだろう。

しかしながら、このように、九・一一以降のアメリカのメディアについてきわめて手厳しい評価がある一方で、アメリカの国民そして実際報道に携った関係者の間には一連の報道を評価する向きが強い。

たとえば、アメリカのPew Research Centerの世論調査によれば、九月の同時多発テロに関するテレビ放送について、「優れている」が56%、「よい」が33%、を占めて、ほぼ九割に近い人々が今回のテレビネットワーク報道を評価している。[1]また実際に報道に携った関係者の話では、このような未曾有の事態の中で、「冷静に対処できた」「事実を伝え得た」として局の内部にも今回の報道を評価する声が強く、International Press Center主催の国際会議でも九・一一のテロ報道について「世界のメディアは公平かつバランスのとれた客観的な報道を行った」との見解が出されたという。[2]今回の大惨事の最中、情報が錯綜し誤報も溢れた中で、報道関係者が冷静に対応しようとしたことは確かだ。だが、もしアメリカの報道関係者が自らの報道内容を本当に評価しているとするなら、それは、サイードが指摘するように、「危険な無自覚」と言わねばなるまい。

そうした中で、政府の政策に一部批判的な見解を提示し、大統領の行動や判断について冷静に判断すべきことを指摘した、ABCの代表的なアンカーマン、ピーター・ジェニングスのような人物もいる。だがその結果は、アンカーマンの職の解任であった。その背景に、ジェニングスの指摘にアメリカ国民の反発が募り視聴率が低下したことが指摘されている。あるいはごく穏やかな批判的見解を述べただけで何人かのジャーナリストが新聞や雑誌から解雇されたことも指摘されている。[3]これらの事態が意味するのは、政府に対する批判的なコメントすら許容しなかったアメリカ人の「集団的熱狂」とともに、この十五年程の間に急速に進展した規制緩和とグローバル化の下で、高収益化・効率化・視聴率重視をこれまで以上に進めてきた現代アメリカのメディアの構造的問題である。

九・一一の惨劇が現代社会に新しい局面をひらいたことは確かだ。しかし、衝撃的な映像がアメリカのみならず全世界の人々にもたらされて以降、その事態がなぜ起きたのか、その背景にある歴史的な原因がなにか、テロを根絶するために必要な緊急の施策がなにか、さらにテロを実行した「宗教的な狂人たち」への報復としてアフガニスタンの地を空爆することが生産的で問題を解決する方法なのか、そしてなによりも重要な、現在の国際法に照らしてアメリカの武力行使が違法行為ではないか、といった数多くの疑問や問題を冷静に理性的に考えるための情報が必要であったにもかかわらず、人びとがそう考えはじめる前に、事態を「アメリカが直面した新たな戦争」「アメリカ国民の悲劇」として表象し、アフガニスタン軍事攻撃を支持し容認するような認識枠組みを人びとの中に形成したのはメディアである。アメリカ政府の戦略に合致するかたちで、事件を、「犯罪」ではなく、それは「戦争」であり、従って必要なのは「法の裁き」ではなく「軍事行動」である、との理解の枠組みを与え、それに合うメタファーを構成するにあたって、もっとも大きな力を発揮したのがメディアであったことを看過すべきではない。

われわれが注意すべきは、九・一一の悲劇的な出来事そのものにもまして、その後のアメリカ国家の対応とそれに批判的見地を対置することなく押しながされたメディアの言説やイメージ自身が、世界のその後の有り様を大きく変えていったという事実だ。繰り返し指摘するなら、メディアは、九・一一を単に伝え、描写する、透明な媒体などではありえなかった。それは、絶えず事態を解釈する文化装置として、人々の社会的想像力を造形し、判断と行為を編み上げていく、係争的な空間として、機能したのである。

もちろんこうしたメディアの機能はアメリカだけの問題ではない。

十二日、ＡＢＣ、ＣＢＳ、ＮＢＣ、ＦＯＸ、ＣＮＮはテロ報道の映像共有についての協定に合意する。ＡＢＣと系列関係にあるＮＨＫとフジ、ＣＢＳと系列関係にあるＴＢＳ、ＮＢＣとその関係にあるＮＴＶとテレビ東京、そしてＣＮＮと系列関係にあるテレビ朝日は、この協定に従ってほぼ同一の映像を使って制作された米国発テロ関連ニュースを流し続けた。またホワイトハウス、国務省、国防総省筋の発表は文字情報のかたちで、瞬時に、そして繰り返し、画面に表示された。

その画面のなかで、何が映し出され、何が語りだされたのか。

これまで述べてきたことからも理解されるように、九・一一以降の事態が指し示したのは、グローバルに展開するメディアネットワークがこの十年足らずの間に劇的なスピードで構築されるなか、文字どおり世界的規模で情報が流通していること、そしてその結果として従来は国民国家を前提にしたブロードキャスティングもまた大きな変容に直面していることである。こうした情報テクノロジーを媒介としたグローバルなレベルでの相互依存の関係、しかも諸国家、諸メディア・エージェント間の階層関係を内在した関係が構築されるなかで、ナショナルな空間に、配備され、召還され続けてきた、オーディエンスの文化地政学的な位置もいま大きく組みかえられようとしている。

本章では、九・一一テロ事件以降の事態の変化のなかで、日本のテレビが何を映し出し、何を語りだしたのかを具体的に検証することを通じて、日本におけるオーディエンスの文化地政学的位置の転位を考究することにしたい。それは、対立や矛盾を含む係争的な空間としてのメディア・テクストに分析の焦点を合わせることで、オーディエンスが新たに召還されようとしているポジションを照射する作業としてとりあえず設定されるだろう。取り上げるのは、アフガニスタンへの地上軍投入を伝えた十月十九日、テロ対策特別法案採決が行われた十月十八日、夕方六時台に放送されたニュース番組である。従ってそれは、放送された番組全体の量からすればごく一部の資料に過ぎない。とはいえ、各局のニュースを比較することから見えてくる、ニュースの修辞学や共時的構造は、現在の日本のテレビの特質の一端を明らかにする十分な手がかりを与えている。[4]

1　グローバル化するメディアのリアリティ構成力

十月八日、アメリカとイギリス両国によるアフガニスタンに対する軍事攻撃が開始され、その十日後には地上軍特殊部隊が投入される。当日、日本のメディアの多くはその模様をトップで伝えた。Ａ局の夕方のニュース番組を見ておこう。

「アメリカ軍地上作戦開始」「特殊部隊投入」のテロップとともに、米軍から提供されたと思われる、深夜作戦行動をとる米軍兵士の映像が映し出される。その映像をバックに次のようなナレーションが流れた。

「ワシントンポストなどは、アメリカの地上部隊がタリバン政権の本拠地、アフガニスタン南部で地上作戦を開始したと報じました。」

「投入されたのは今のところ少人数の特殊部隊で、ＣＩＡが行っていたタリバンの分裂工作を支援するのが目的とみられています。」

「このため、湾岸戦争の時のような大規模な地上戦に直ちに発展することはないとみられます。」

続いて、画面は、ＡＰＥＣが開催された上海からの中継に切り替わり、「米中、反テロで結束」「超厳戒の中の上海ＡＰＥＣ」のテロップが入り、現地の記者の解説が流れた。

「ブッシュ大統領ですが、江沢民国家主席と、就任以来はじめて会談を行いました。」

「大統領は、テロ事件以来、中国がアメリカのテロとの戦いに支持をくれたことに感謝を表明し、江沢民国家主席も『テロにはあらゆる形で戦う』と協力の姿勢を示しました。」

「しかし江沢民主席は、『軍事攻撃で民間人の被害を出してはならない。国連も役割を果たすべきだ』などと釘をさしました。」

続いて画面はアフガニスタンからの中継にふたたび切り替わり、現地に派遣された記者からのレポートのシーンが流れた。かれは現地からVTRの映像と生中継を幾度も切り替えながら次のように伝えた。

「北部同盟の支配地域です。北部同盟は日々攻勢を強めています。これまで全土の5%から10%にすぎないと言われていた支配区も最近30%まで拡大したと発表しています。タリバンの逃亡兵や捕虜も日増しに増えています。」

「モジャジャパウニン市内にある捕虜収容所です。ここには一五〇〇名のタリバン兵が捕われています。一日三回の食事が出されると言うことで見た目には栄養状態は悪く無さそうですが、窓のない牢獄で皆顔が青白くなっています。タリバン兵は四万人から五万人と言われ、北部同盟と比べて三倍以上の兵力の差がありますが、地元の有力者らによって無理矢理徴兵された兵士も少なくなく、士気は高いとは言えません。」

「タリバン軍の軍事的劣勢は徐々に明らかになりつつあります。以上、アフガニスタン北部から中継でお伝えしました。」

B局のニュース構成も見ておこう。

トップニュースでは、アメリカで七人目の炭疽菌感染者が確認されたことを伝えた。アフガニスタン報道がそれに続く。アフガニスタン報道の内容は、A局とほぼ同様の、深夜作戦行動をとる米軍兵士の映像が映し出され、ナレーションもA局とほぼ同じ「タリバン分裂工作」「CIA支援」を指摘するものだった。その後に、これもA局と同様に、上海でのAPECで「ブッシュ大統領が中国の江沢民主席と会談し、テロ撲滅に向けて協力することで合意しました」とのスタジオアナのナレーションに合わせて上海からの中継映像が入る。現地の記者がブッシュ大統領と江沢民主席の発言を要約し伝える。

その後、画面は一転して、「地上部隊が投入されましたが、アフガニスタンへの激しい空爆も続いています。パキスタンのイスラマバードから中継です」とのスタジオアナのナレーションとともに、イスラマバードからの中継映像に切り替わる。現地リポーターが多少緊張した面持ちで伝える。

「アフガニスタンへの激しい空爆も続いています。タリバンの発表ではこれまでに四〇〇人以上が死亡しています」

「アフガン・イスラム通信は、昨日の夜から今日の朝にかけて、首都のカブールをはじめ、カンダハルやジェララバードでも激しい空爆があり、二二人が死傷したと伝えています。中でもジェララバードでは、空爆で町の中心部にあるデパートが崩れさったということです」

そして、

「特殊部隊による地上戦の様相を見せ始めたことで、パキスタン国内での反米感情もより高まるおそれがあります」との最後のコメントがふられ、

スタジオに画面が切り替わり、「次はアフガニスタンからです。首都カブールから北に三〇キロ、北部同盟の支配地域シャブルサラジにフリージャーナリストM氏がいます」とのスタジオアナの発言に続いて、画面はアフガニスタンからの中継になる。

「はい、えーと、タリバン兵が数千人程度、北部同盟側に寝返った兵がいると聞いています。北部同盟側の士気は高いように見えます。前線に行きますと、統制もとれているように見えました」

「そこに入っている情報、あるいはあなたが見た目で伝えることができることとありますか」（スタジオアナからの質問）

「こちらも地上軍が入ったらしいという情報はあります。このシャブルサラジはいたって平和で、時折銃声が聞こえる程度です。」

ほぼ数カ月間にわたって続いたこうしたニュースの編成に不自然さを感じる人はほとんどいないだろう。いまや、いつものこととなった、スタジオと上海とアフガニスタンとパキスタンなど国外の各地からの現地レポートを繋いで、日常化した編集作業の工程に従い、さながら大量生産の商品のように、ステレオタイプ化された映像や意味のセットが、なめらかに、流れるように、つくられているからである。

こうした一般的なニュースの構成からまず言えるのは、各局が空爆開始から十日ほど経過した時点で、現地に特派員や記者を派遣し、場合によってはフリーのジャーナリストのレポートも活用しながら、独自の取材を試みていることだ。パキスタン国内の反米デモやアフガニスタンの前線基地の様子そして空爆の被害の様子がかれらによって撮影されたビデオ映像も交えながら伝えられる。そこには、戦況には影響しない個別具体的な事柄を過大に取り上げた情報、後から見れば報道の視点や問題の掘り下げが不十分で状況の進展を読み切れなかった内容など、速報性に縛られたさまざまな問題があった。とはいえ、独自取材を通じて現地の状況を伝えようとしたことは確かだ。しかしそれにもかかわらず、そこには見過ごすことのできない問題がある。第一は、これら局自身の取材を重視したニュース報道においてさえ、決定的な部分で

アメリカによる情報の一極支配が貫徹されていることだ。

推測の域をでないとはいえ、米軍から提供された映像であることは間違いない、地上軍投入という事態を説明するために活用される映像は、いつの時点で、どこで、撮影されたのか、しかもその撮影主体は誰か、といった基本的な情報すら視聴者に知らされないまま、繰り返し流されることになる。「少数の特殊部隊」というコメントも米軍発表に従うしかない。空爆を撮影した映像にしても、その多くはきまって、湾岸戦争以降多用されることとなった米軍提供のわずかな写真とビデオ映像であり、空爆の被害を撮影した映像にしても、瓦礫を片付ける男たちを映し出したものがほとんどで、空爆直後の被害状況や被害者や死体が映し出されることはけっしてなかった。これら一切は、メディア報道がアメリカ政府と軍に完全にコントロールされたと指摘された湾岸戦争の際の情報統制以上に、情報管理が徹底したなかで生じた事態である。

カタールのアラビア語の二四時間衛星放送局「アルジャジーラ」がアルカイーダの主張を放送し続けたことに対して、アメリカ政府がメディアに「アルジャジーラ」の放送内容をそのまま伝えることに懸念を表明し、国家安全保障の見地から放送上の扱いに注意してほしい旨の要請を行ったことは記憶にあたらしい。このアラビア語のアフガニスタン報道がなければ、われわれが知りうるアフガニスタン情報はもっと限られたものになったことは間違いない。その意味では、アルジャジーラは確かに欧米のメディアによる情報独占の状態の一角を打破したといえる。だが、日本の文脈に照らして見るかぎり、今回の事態が示したのは、多くの情報が、アメリカの見地、アメリカの利害関心から発したものであり、グローバルなメディア・ネットワークの内部に、情報の生産と受容、つまり情報のエコノミーにおける圧倒的な、暴力的な不均衡が存在したということだ。岡が指摘するように、「私たちは何者の視点で世界を見」たのか。「偵察衛星の視点なのか、それとも爆撃によって慟哭する者の痛みを自らの痛みとして生きる者たちの視点なのか?」(岡 2001: 108)。

ところで、アメリカによる情報管理と管理された情報の過多という点にのみ、問題がとどまるわけではない。第二の問題は、アメリカ軍による「軍事介入」を「投入」と命名した上で、空爆によって引き起こされたであろう、深刻な事態の「現実」を、なめらかな意味と情報の流れのなかに押し込み、単純な物語につくりかえてしまう、テレビという情報メディアの強力な意味の編制力そのものの問題である。

上記した二つの番組の、三分から五分の時間枠のなかでよどみなく流れる情報と意味のセットから、われわれが印象づけられるのはいかなる事柄だろうか。

テロ事件の犯人も定かではない状況で、アフガニスタン政権が犯人を匿っているとの認識のもと、軍事侵攻したアメリカ軍は、あくまで少人数であって、限定された規模であること、ブッシュ大統領就任後厳しい関係にあった中国すら米国の軍事展開を「容認」「支持」していること、空爆は依然として行われてはいるもののその被害はたった？　二二名程度でしかないこと？　そんな印象だろうか。

そこには、明らかに、複雑な事態を単純な物語に変換する装置が作動していることが見て取れる。繰り返すが、テロ事件の犯人は「法で裁かれるべきである」こと、米国の軍事介入には批判も含め、各国で、各国の市民の間で、さまざまな意見が存在すること、米軍の空爆で使用された爆弾の多くは殺傷力を持った金属の破片が広範囲に飛び散る特殊なもので、米軍から提供された映像が映し出すピンポイント爆弾による攻撃はその一部であり、民間人に死傷者がでないなどということは絶対にあり得ないこと、これらもっとも肝心なことが本気で伝えられることはない。ましてや、レポーターが困惑し、うろたえ、身を斬られるような、圧倒的な「現実」、圧倒的な「悲惨」が伝えられることもなかった。もしかれらが、それを記録し、映像化し、言語化したとしても、われわれ視聴者に伝えられることはないだろう。スタジオでは、情報の流れを、フローを、つねに操作可能な、理解可能なものに立ち戻らせることに意を注いでいるからである。

このTV化された物語の形式が日常化し、ルーティーン化したなかでは、現地のレポーターも、スタジオのアナも、彼らの期待される役割をなんなく果たすことができる。そして、われわれ視聴者もTV化された物語をまったく自然なこととして受け止めていくだろう。レポーターの定型化された語り口、二二名もの多くの死傷者が出ているとの報告に、冷静に対応するスタジオアナのこれもまた定型化されたリアクション、これらステレオタイプ化したイメージと言説が堆積したメディア空間のなかで、われわれの思考自体がTV化してしまい、テレビ的現実以外のものを感知し思考する力を奪われてしまうかのようだ。テレビカメラのアングルから切り取られた「事態」を眺める無数の諸個人が、その「客観的」な映像からこぼれおちた「外部の世界」を想像することすら不可能にしてしまうほどの、メディアの暴力がそこにある。

現象学的社会学が明らかにしたように、現実とは、たがいに構成原理も時間の流れも異なる多層的な諸現実の積み重ねとして存在する。しかしテレビは、予定していない現実が紛れ込むことを極度に恐れ、画面に異質な現実が現れでることを力づくで押し込め、その異質さを、無臭化し、脱色化し、消しさってしまう。リビングルームで、何枚ものフィルターで濾過された「戦争」のシーンを、繰り返し見ることが定常化した「テレビ的リアリティ」の世界、それは透明であることを擬制することにおいて、凄まじい権力性を発揮しているというべきだろう。

2 メディアがつくる新たな文化の地政学
——「野蛮」と「文明」の境界設定

しかしながら、われわれは、ドゥルーズの指摘する〈シネマ〉的契機を一切欠いた（Deleuze, 1990=1992: 127）、こうしたテレビ的リアリティを構成する力が、もうひとつの側面も合わせ持つことに留意する必要がある。われわれの生きる時空間とは異質な構成原理によってつくられた、ゴツゴツした多層的な諸現実を、無臭化し、脱色化し、消しさる、テレビの権力は、他方で、まったく異なる意味での異質さを際立たせ、「正常」と「異常」、「われわれ」と「かれら」といった恣意的な文化的境界を設定する卓越した機能を果たすからである。C局のニュース番組は、このテレビ的権力のモードをあからさまに示している。

地上軍特殊部隊投入を伝える当日の番組は、他の局と同じく、深夜地上で作戦を開始した米軍の姿を映した映像に「いよいよアメリカ軍による本格的な地上作戦が始まったようです。複数のメディアが十九日一斉にアメリカがアフガニスタンの南部に特殊部隊を投入したと報じました」とのコメントを被せて、事態の展開を伝えた。映像は、他の局と同様、アメリカから提供された映像である。ところが、ニュース・ソースも明示されずに映し出されたその後に続く映像は驚くべき内容であった。

「さて、C局では、砂漠の裁判と呼ばれるタリバンによる裁判の実態を映したVTRを入手しました。スパイ容疑をかけられた被告に待っていたのは衝撃的な判決でした」

とのスタジオアナのコメント、その後に

「入手したタリバンの知られざる裁判の映像、両手を縄で繋がれ、連行される二人の被告人、ござの上に座らされる。」

とのナレーションとともに、「砂漠裁判」のシーンが映し出されたのである。

映像は、裁判官、証人と思われる三人の男、その周りで銃を構えて立つ男たち、そして二人の被告を映し出した。ワイドショー番組に繰り返し登場する「おどろおどろしい」声のナレーションがそこに挿入される。

「左側には裁判官らしき男たち」
「ござの上の分厚い本はコーランだろうか」
「それにパスポートのような書類。押収された被告の持ち物だろうか」

「音声は入っていないが被告に対する尋問が行われているようだ」（強調点は筆者）

その直後、突然アラビア語の音声が入り、それを翻訳したテロップが挿入される。

「正義は次のような判断を下す」

「公平な判断に基づいて被告人は有罪であります」

「手に入った証拠によると被告人の行為は死刑に当たります」

「死刑が確定」

「アラーよ、お許し下さい」（被告の声に合わせたテロップ）

「ひざまずけ」

「座れ」

「撃て」

その声と同時に、倒れている二人のアップシーンが映し出されたのである。

その後に、専門家が解説するシーンが続いた。内容は、現在イスラム刑法を適用している国でも処刑法としての銃殺は稀であること、タリバンが基礎にしているのはイスラム刑法であり、それはコーランから導きだされたもので、コーランが特に罰するように命じている犯罪は、姦通、中傷、窃盗、追い剥ぎ、飲酒の五つであることなどを指摘するものであった。画面に映し出されたシーンは、典型的なワイドショーの技法でつくられ、暗闇のなかにあるコーランに照明を当て次第にクローズアップしていく手法である。

この報道内容が「驚くべき」ものである、と指摘したが、それは、この映像内容自身が「驚くべき」ものであるという理由からだけではない。

たしかに「われわれ」の常識からすれば、「炎天下で」、「弁護人もなしに」、「スパイ容疑で死刑が求刑され確定し」、「その場で銃殺刑となる」、この映像は明らかに「驚くべき」「衝撃的な」映像である。しかし、問題は、アメリカが地上軍を投入したその日の報道内容と連動して、一連のアフガニスタンをめぐる報道に挟まれるかたちで、こうした映像が編集されたことだ。われわれはむしろこの事実に驚くべきだろう。

このVTRが作為的に制作されたものではなく、「砂漠裁判」というタリバンによる裁判方法を「ありのまま」に映像化したものである、との前提に立つこと自体、きわめて困難と言わざるをえない。いつ、だれが、どんな目的で、これを撮影したかさえ定かではなく、ニュース・ソースの出所も示されていないからである。もしその前提に立つとしても、映像説明のためのスタジオアナやナレーターの語りそのすべてが、強調点を付したように、「推論」の域を出ていないのはなぜか、そのことが問われねばならない。明らかなのは、それが局自身によって撮影されたものではなく、外部から提供され、映像の意味そのものも不確定で、検証作業も受けないまま流されたＶＴＲであるということだ。それにもかかわらず、その映像はアメリカの地上軍の展開が開始されたその日の報道に値する映像であると主体的に判断され、そして実際に報道されたのである。他の局では一切放送されなかったこの映像は、その意味から言えば、商品価値のある、視聴者を引き付ける魅力的な商品であったといえる。

この映像から視聴者はいかなるイメージを受容するだろう。非常識な、野蛮な、戦闘的な、タリバンというイメージだろうか。しかし、それだけだろうか。ＶＴＲの映像に続いて流された専門家のイスラム刑法とコーランについての解説によって、非常識な、野蛮な、戦闘的な対象のイメージは、タリバンにとどまらず、イスラム刑法を適用している地域、さらにはコーランを信仰する人びとにまで拡張していくことが十分想像できる。

サイードは『イスラム報道』のなかで、現代のアメリカのメディアが、イスラムを報道し、描写し、分析し、性格付けるなかで、「アメリカ人が、矮小化して、威圧的、対立的に見る以外に、イスラム世界を眺める機会を持たぬ」ようになっている現実を指摘し、メディアが事態をわかりやすく納得させるために一定のルールや慣習に従うことが往々にして存在し、こうした慣習やルールがしばしば伝えられる現実以上に、メディアが伝える内容を規定してしまい、そこから深刻な結果が帰結することに警告を発していた（Said, 1981=1996: 72）。これは、いま指摘した日本のメディアの事例が示唆するように、アメリカのメディアの問題として、すまされるような問題ではない。なるほど、「砂漠裁判」の映像は、たしかに衝撃的であり、衝撃的であるが故に報道する価値があるのかもしれない。しかし、このような映像と解説の連続した編成は、タリバン＝イスラム教徒＝戦闘的＝野蛮＝理解を超えた存在という単純化され、かつ極度に歪曲化された、既存のステレオタイプ的なイメージの流通を加速させるだけだろう。

さらにこのようなイメージの流通は、イスラム教徒＝戦闘的＝野蛮、それに対する「わたしたち」という単純化された構図を構成し、アメリカで起きた悲惨な出来事がアメリカと西欧そして日本を含めた「わたしたち」の出来事であると受け止め、受容し、記憶することに限り無く貢献することだろう。日本の、夕方の日常のニュース番組のなかで、あからさまなかたちで、しかし注意して見なければほとんど気付かれることもなく、こうしたイメージが構築されているのだ。

九・一一以降のアメリカのこの事件に対する報道と日本のメディアの報道の問題を指摘してきた。そこには、国際報道やジャーナリズムにかかわる数多くの問題があることがわかる。

しかしここで強調したいのは、これまで示した事例からも示唆されるように、アメリカと日本のメディアが相互に連携を深めるなか、アメリカ発の膨大な情報が日本国内のドメスティクなメディアを媒介にダイレクトに伝えられ、さらにはＣＮＮやＢＢＣワールドニュースといったチャンネルがダイレクトに受信できるメディア環境が成立する中で、オーディエンスの文化的な地政学的位置やアイデンティティが、そしてわれわれの生きられる空間が、劇的に変容していることである。言い換えるなら、地球的規模で情報を発信するメディアによって、しかもその多くが世界システムの中心に拠点をもつ巨大なメディア組織によって、グローバル／ナショナル／ローカルな空間が重層的に接合される過程が構造化されているという事実である。またその三つの空間がクロスする地点で個人や社会集団の位置や行為そしてアイデンティティが布置化される過程が急速に進展しているのだ。

この事態をどうわれわれは読みといていくことができるだろうか。

3　メディアがつくる政治的風景の遠近法

輸送と情報の分野で起きたテクノロジーの爆発的な進歩を基盤に、これまで国家を単位に活動してきた既存のメディアつまりブロードキャストが、トランスナショナルなネットワークを構築し、メディアのグローバル化が急速に進展した。もちろん衛星を介した情報の流れが以前から組織され、国家の枠組みを超えた電子情報の伝達がすでに一九六〇年代には開始されていたことを考えれば、こうした現象の成立がけっして新しい事態でないことは確かだ。しかし、ハーヴェイが「われわれが自分たち自身に世界を表象する仕方をときにはまったく根本的に変えざるをえないほど、空間と時間の客観的性格が根本的に変化する過程」と呼ぶ現代のこの二〇年足らずの間に起きた変化を、これまでの変化と同一視することは許されないだろう。「時間と空間の圧縮」とハーヴェイが指摘した、現代の世界が経験している電子情報を媒介にしたトランスナショナルで、しかも途切れることのない継続的な、金融や国際政治や軍事そして大衆的なイメージまで含めた膨大な電子情報の移動が、新たな秩序と関係、新たな文化の地政学的なスペースを構築しているからである。

「郊外のコミュニティあるいは国民共同体に対して提供されるものであると伝統的に考えられてきたブロードキャストの統一性がすでに崩壊しつつあり、少なくとも表面的には、地域文化や国民文化という支配的な制約を受けない、これまでとは異質なテレビジョンカルチャーを、衛星、ケーブル、ビデオが提供している」(Silverstone, 1999: 145)とシルバーストーンは指摘したが、問題は、すでに指摘したように、政府や企業など複数の社会的エージェントのパワーの重層的な作動を通じて、グローバルなフローの空間の国民国家の空間への接合/包摂、あるいは逆に言えば国民国家のメディア空間のグローバルな空間への接合/拡張という複雑なプロセスが、新たな集合的身体のふるまいやハビトゥスを編制していることだ。グローバルなフローの空間の拡張は、メディアの表象作用による「想像の共同体」としての国民国家のフレームの解体を促すといった単純なプロセスではない。グローバルなフローの空間の国民国家のメディア空間との交錯部分で、新たなシステム統合にむけた秩序化とそのための排除の機制、ナショナリティの新たな編制と世界システムへの包摂、といった一見すると矛盾した、相互に相反する、複雑でアンビバレントな事態が進行していると考えねばならない。テレビジョン・テクストの内部で、ナショナルな機制とグローバルな機制はいかに接合しているのか。[5]

テロ対策特別法案を可決した十月一八日、テレビは日本の戦後史の転換を画することになるかもしれないこの重要な法案の可決をどう報じたのか、その問題を通じて、日本の現在のコンテクストで、ナショナルな機制とグローバルな機制とのからまりあいを具体的に考察してみよう。

各局の夕方のニュースは次のように伝えた。

A局は五番目の扱いで七分。B局はトップニュースから数えて八番目の扱いで二一秒。C局は六番目のストレートニュースの扱いで五五秒。D局は報道なし。E局は一一番目の扱いで六分であった。

夜の時間帯で見てみよう。A局はトップニュースと別枠で二回取り上げ合計五分、B局は一四番目で四〇秒。C局は七番目で二二秒、D局は夕方のニュース番組と同様に報道なし。E局は九番目で一分五〇秒の扱いであった。

このように見れば、各局で、この法案に関して重視する度合いが明らかに異なっていることがわかる。もっとも重要視しているのはA局である。D局はこの法案採決にはニュース・バリューがないと判断したのであろう、夕方と夜のニュース番組双方でまったく報じなかった。無論、それ以前にこの法案について繰り返し報道してきた、とのテレビ局側からの主張があるかもしれない。しかし、明らかなのは、翌日の朝刊が各紙とも一面トップの扱いであることとの著しい対照をなしていることだ。ではこのニュースはテレビでどう「語られた」のか。

もっとも長い時間を当てたA局を見ておこう。

「アメリカの軍事行動を自衛隊が支援するためのテロ対策

特別法案が衆議院本会議で与党三党などの賛成多数で可決されました。」

国会収録ビデオがいつも通り画面に流れるなか、

「採決をめぐっては安保政策で意見が割れている民主党を揺さぶる目的もあって、記名採決にすべきであるという意見が与党内から出ていました。結局、起立採決となりましたが、記名投票を主張していたN氏とK氏の二人の幹事長経験者が採決直前に退席しました。」とのナレーションに合わせて二人の退場シーンが映し出される。

「民主党でも退席する議員や、保守系の一人が与党案に賛成するなど、自民党と民主党の修正協議決裂による余震が続いています。」

「この法案は実質六日間のスピード審議で衆議院から参議院に舞台を移しました。しかし、審議では、自衛隊がどこに派遣されるかなど、論戦は消化不良のままでした。Iさんどうぞ」とのスタジオアナのコメントに続いて、国会前中継、記者の解説が入る。

「はい、衆議院の審議では結局自衛隊がなにをするのか、というのが見えないままでした。というのは、この法案は何をできるのか、何をしていいのかというのを決めるだけで、実際の活動はその後に決めるということになっているからです。このため、審議では小泉総裁の答弁に、はぐらかすようなものが目立ちました。」

ここで、十月十一日と十六日の小泉答弁のビデオが流される。

「最初から決まっているんだから。武力行使はしないと。戦闘行為には参加しないと。そこはもう常識でやりましょう。」（小泉答弁）

「突き詰めて言えば、政府を信頼するしかない、そういうことだと思います。」（小泉答弁）

このVTRの映像を受けて、画面はふたたび国会前の中継に変わり、記者が、

「政府は、自衛隊は戦闘地域には入らない、と再三繰り返しましたが、ミサイルを撃っているアメリカの船のまわりは戦闘地域なのか、と突っ込まれると、それは発射後のミサイルの自動制御がそうでないかによって違ってくる、という奇妙な答弁もありました。」

「自衛隊がどこでなにをするか、という具体的な問題を避けないで、これから論議を進めることが参議院では求められます」と結んだ。

B局のニュースは、法案が可決されたことをスタジオアナが伝えた後、「この法案に抗議するため、国会前で市民団体が戦争反対のシュプレヒコールをあげました」とのナレーシ

ヨンとともに国会前でデモを行う人々の映像を流した。

この映像の後に、スタジオアナがあらためて「自衛隊のアメリカ軍などへの後方支援を可能にするテロ対策法案が今日、与党三党などの賛成多数で可決され、衆議院を通過しました」、「一方、採決の方法が記名でなくなったことについて、自民党の有力議員が反発し、採決の前に議場を退席しました」とA局と同様に国会から退場する映像を映し出し、それに続いてすぐに有力議員のひとりN氏のインタビューを収めた映像が流れた。その直後ふたたび画面はスタジオに戻り、「法案は来週二六日にも成立する見通しです」とのコメントが付され、このニュースは終わる。

五五秒の短い時間で報じたC局も、編成は他の局とほとんど同様で、国会の採決の様子を映したビデオをバックにして、法案が通過し、自民党の有力議員が採決の前に退場したことを伝えた。次にその議員のインタビューの映像とともに、「国家と国民に責任を持つのが国会議員」というかれの発言がテロップで流れ、野党民主党からも二名の造反議員が出ているとのコメントが挟まれ、最後は「法案は来週二六日にも成立する見通しです」という解説で終わった。

検証してみれば明らかなように、それぞれの局が伝えるべき内容を主体的に選択し、独自に編集作業を行っているにもかかわらず、不思議な程、同一のストーリーでこの「法案可決」が伝えられていることに、驚かざるをえない。第一は、「自衛隊のアメリカ軍などへの後方支援」という奇妙な修辞が登場し、このコンセプトを前提にニュースが組み立てられていることだ。アメリカ軍の支援のために海外に自衛隊を派遣するのであれば、もはや「自衛」の概念を放棄せねばなるまい。また「支援」という言葉の含意が、「善き行い」に対する「助け」「援助」であるとするなら、支援される側の正統性が確保されてはじめて語りうる言葉であるはずだ。その点から見れば、「支援」という概念（それが政府から発せられたものであれ、メディア自身が造形したものであれ）を用いるテレビジョンの発話の位置がどこにあるのか、おのずから明らかだろう。すべての局は、テロ事件以降、アメリカが描く世界像とそれにそった日本の国家の論理を前提にして、事態を定義付けるという点で共通しているのである。

構造的な共通性は他にもある。それは、この問題の中心的テーマとして、この法案自身の問題でなく、採決をめぐる方法の対立から与党の有力議員が退席したこと、そのことに焦点が設定されていることだ。そこに働いているのは、語るべき言説のコードを組み換え、政治の「風景」を「国会」「永田町」の内部の「風景」に微妙にずらす語り口である。そしてこの「退席」を伝えるナレーションと、「退席」した本人のインタビュー、そしてその映像という三点セットの饒舌な語りによって、この法案が、グローバル・パワーの頂点に立つアメリカと日本との関係の再編、アジアにおける日本の位置の組み換え、そしてなによりもそれらの問題と直接関係する「日本国家」の再定義という問題群と、どれほど深いかかわりをもつのか、という肝心の問題は語り出されることなく、沈黙を強いられてしまうのだ。それがすべての局に、そして夜のニュース番組でも、一貫しているのである。もちろん、そうした問題は、国会審議の過程ですでに報道してきた、という反論が寄せられるかもしれない。しかし、可決した当日に、あらためて論点を整理し、深めて、報道する価値が十分にあったはずである。

　政治を語る舞台装置としてテレビが選択する、「族議員」の立ち振舞い、政党間のかけひき、といったあまりに狭い「政治の風景」が前景する時、背後に退くものが何か、われわれは思いを馳せるべきだろう。

　他の局と比較すれば、長い時間をあてた二つの局は、法案審議の時間があまりに少ないこと、政府の強弁について指摘はした。しかしそのことが中心的な論点として提示されたわけではない。また、あまりに基本的な事柄ではあるが、この法案可決が、「テロ対策特別法案」「自衛隊法の改正案」「海上保安庁の改正案」の三つの法案の可決であることを正確に伝えたのはたったひとつの局であり、野党各党の談話を報じたのもたったひとつの局であったことを申し添えておこう。ましてや、「最初から決まっているんだから。武力行使はしないと。戦闘行為には参加しないと。そこはもう常識でやりましょう」「突き詰めて言えば、政府を信頼するしかない、そういうことだと思います」と言い放つ総理の答弁が、「常識」という名の下で、反論どころか、応答の義務も、応答の可能性すら強権的に拒否するものであり、こうした中で法案が採決されたことを指摘するメディアも一局のみであった。伝える側の問題関心も曖昧なまま、途切れることなく流し続けねばならない強力な工程のなかに、現在のニュースがある。

　前節で見てきたように、パターン化した編集、つまりパターン化した思考でつくられた、表層的な、なんらの抵抗感もなくよどみなく流れていく情報のなかで、政治の風景が描き出され、テレビのなかの「政治」が構築され、消費されているのだ。[6] そして今日、「政治」は、多くの人びとにとって、このTV化された「風景」のなかで演じられるものとして現象している。そして、もちろん、こうした〈TVのなかの政治〉の前景化は、否応無しに、メディアを意識した政治家のパフォーマンスと饒舌な語りによる、〈TV化された政治〉をも帰結していくだろう。[7]

　ブルデューは『メディア批判』と題された本の中で、「メディアによって供給される情報が、耳障りなことのない総花的なもの、均質化されたものになってしまうと、そこから政治的、文化的な効果が生じる。大変よく知られた法則がある。報道機関やあるいはなんらかの表現手段が、より広い公衆を捉えようとすればするほど、耳障りなこと、意見の分かれること、対立を引き起こすこと、こうしたことの総てがそこから失われてしまう。……人びとの精神構造を揺るがすようなことはまったくない、実に奇妙な生産物、つまり『ニュース』が作られるのだ」（Bourdieu, 1996=2000: 78）と指摘した。かれによれば、テレビとは、凡庸で、陳腐で、ありきたりの考え方で、リアリティを社会的に構築し、その構成する力で人びととの集合的行為を組織する、まさに象徴的暴力として機能しているのである。

4　メディアの政治的言説と召還される「主体」像

われわれは、一節、二節、そして三節を通じて、グローバルでもあり、ナショナルでもあるメディア空間が、今日、どのようなラウンドスケープを見せているのか、という問題に光を当ててきた。この限定された考察からも理解されるのは、グローバルなメディアシステムが外側から外在的にナショナルな空間を打ち砕いていくわけではなく、グローバルとナショナルな論理が時には相互に矛盾し、時には緊密に接合しながら、新たなメディアのラウンドスケープが構築されていることである。

明らかにした第一の点は、ネイションの境界を超えた地域と地域のネットワーク、第一世界と第三世界との間の相互依存の関係の強化と拡大が強調される一方で、世界システムの中心部に位置するグローバルなメディアシステムが発信する情報が圧倒的な力を発揮しはじめていること、情報の産出と受容のエコノミーにおける構造的な不均衡がグローバルなレベルでつくりだされていることである。第二は、この情報の産出と受容のエコノミーにおける構造的な不均衡がシステム化されるなかで、世界認識の単純化された枠組みがドメスティクなメディアを媒介にして受容されている状況を照らし出した。「野蛮」と「文明」、「テロ」と「正義」、「理解不能なもの」と「理解可能なもの」、というきわめて単純化された「野蛮な」構図がつくりだされ、その構図に従って新たな「われわれ」「わたしたち」の輪郭が描き出されている。第三は、アメリカと日本の関係の再定義、すなわち日本国家の再定義というもっとも重要な「政治」的課題に対して、日本が取りうるさまざまな可能性を、メディアは積極的にオーディエンスに知らしめるべきであるにもかかわらず、矮小化された「政治」の「風景」しか創出していない現状を指摘した。メディアは、自らが編制したこの「風景」の遠近法をリアルなものとして実体化させることによって、人びとの社会意識と身体を特定の回路に封印する文化装置として機能しているのだ。

では、こうした多様な、一見するとなんら関係のないと思われるメディア化された政治的風景を、重層化させ、重ね合わせてみる時、われわれに見えてくる光景とはいかなるものなのだろうか。メディアはいかなる光景をつくり出しているのか。

さらには、この三つのラウンドスケープのなかに、本書七章田仲論文が示した、「沖縄」というナショナルな論理とグローバルな論理の磁場が強烈に作用している特定のローカルな場にかかわるメディア表象の問題を重ね合わせてみる時、どのような光景が見えてくるだろうか。田仲が指摘するように、テロ事件と同時に米軍を守るべく本土から機動隊が派遣され、沖縄はすさまじいほどの緊張に入る。しかしそれらの事実は東京のメディアから伝えられることはなく、観光客の激減を食い止めるための「だいじょうぶさぁ～沖縄」と銘打ったスローガンの下で「沖縄は安全です」キャンペーンが張られていく。中央のメディアの視点からは不可視化されてしまう、日本の中の沖縄という異質な時空間が、ここでも脱色され、何ごともないかのように、均質な国家の時空間に回収されていく。不愉快な事柄や出来事と対峙することを忌避し、安楽な時空間を虚構するテレビのリアリティ。

とりあえずこうした構図から指摘できるのは、ローカルな、そしてナショナルな機制とグローバルな機制が交錯したメディアテクストの中に現れたある特定の「言説」とイメージが、日本の「いま」と「ここ」を明らかに照らし出しているということだ。そしてその言説とイメージが焦点を結ぶ地点に、特定のある主体が召還されようとしていることだ。

仮説的に言えば、メディアがまなざす地点に立たされた「われわれ」とは、日本を最終的に、つまり経済、政治の側面のみならず軍事の側面でもグローバルパワーの頂点に立つアメリカと一体化する共犯的な戦略を「支援」「支持」「合意」する主体として立ち現れているといえるだろう。それは、日本国家の再定義を完了するためにはなくてはならない主体なのだ。

矮小化された「政治」の前景化、それと接合された、あまりに単純化された世界認識のフレームの呈示、そして本来提示されるべき、多様な主張、多様な見方の消失あるいは後景化、こうしたメディアが造形する「政治」のラウンドスケープの遠近法は、端的にいえば、混乱し、壊れている。そしてこのメディア空間と相関的に編制される、平和は軍事力で保障されるべきだとする「国際通念」「国際的義務」（それは、誰が、いかなる位置から述べた、通念、義務なのか！）に従って「外の世界」に向かおうとする「われわれ」とは、コスモポリタンと形容されるような存在、世界市民ではありえない、とわたしは強く思う。

結びにかえて　メディアの新たな公共空間

わたしたちは、二〇世紀のメディア文化の中心を占めてきたブロードキャスティングという制度と文化を改めて問い直すべき時期にいる。みずからを、パブリック・サーヴィス、パブリック・コミュニケーションの機関として位置づけ、ナショナルな空間を前提として活動してきたブロードキャスティングの制度、産業、そして言語実践など、あらゆる側面の自明性を根底から問い直すべき地点にいる。最後にこの問題を、日本の制度とも関連が深いイギリスの制度に関する議論を参考に、パブリック概念が内包する意味の歴史的変化に照準しながら考えてみることにしよう。

よく知られるように、パブリック・サーヴィス、パブリック・コミュニケーションの概念に関する議論が展開され、国家から独立したパブリック・コーポレーションとしてＢＢＣが設立されたのは一九二七年である。こうした制度が形成された社会的条件について、スチュアート・ホールは次のような分析を行っている。第一は、第一次世界大戦後のイギリスが帝国主義の経済競争において相対的に弱体化しつつあったこと、第二に、こうした経済的地位の変化の下で、国内の政治的経済的バランスに変化が生じ、労働組織の新たな政治力が形成されたこと、第三に、この政治的発言力を強めた労働階級の合意を調達するヘゲモニーの問題が重要な争点となったこと、そして第四に、この課題に照らしてみた時、この新しいコミュニケーション・メディアが支配的な階級の指導性を発揮する上で効果的であると見なされたことである。つまり、ブロードキャスティングは、国民にとっての「普遍的利害」を提示する、積極的な役割を担いうると考えられたのである。（Hall, 1986: 37-47）ところで、実は、レイモンド・ウィリアムズも、ホールの指摘と同様の認識を示しつつ、もうひとつの重要な要因を指摘していた。それは、「普遍的利害」を提示しうると見なした支配的階級の、文化的政治的ヘゲモニーの相対的強さである。

ウィリアムズによれば、政府からの支持や強制を受けない独立したパブリック・コーポレーションとしてのＢＢＣに対する信頼は、「パブリックなインタレストに関する合意可能な見解が存在」し、しかもその「合意可能な見解」が「ナショナル・インタレスト」にかんする支配的階級の利害と直接結びつくはずである、との想定を現実的なものにしていた、当時の支配的階級の文化的政治的ヘゲモニーの相対的強さに基づいていたのである（Williams 1974: 17-25）。

ここで、重要なのは、「パブリックなインタレスト」、「ナショナル・インタレスト」、この両者が支配的階級の文化的政治的へゲモニーの相対的強さという第三の要因によって、問題なく接合しうると想定されるなかで、あるいはそれを前提として、パブリック・サーヴィス、パブリック・コミュニケーションとしてブロードキャスティングが組織されたという点だ。

ところで、イギリスの放送制度に関する優れた研究を公刊しているカーディフとスキャンネルによれば、このパブリック・コーポレーションの性格が次第に変化したという。それを、かれらは、「国民のために語る制度的な声の進展といった用語でしか特徴付けられないような、漸次的な変化」(Cardiff & Scannell, 1991: 165) であったと述べている。誤解を恐れずに言えば、支配的階級の文化的政治的へゲモニーの相対的強さに裏付けられたパブリック・コーポレーションから、より大衆化した国民のパブリック・コーポレーションへの変化、と位置づけうるような変容である。かれらは、この変化を、番組編制のモードやアナウンサーの「語り口」の変化から解き明かしている。かれらによれば、初期に放送された番組は、エリート文化と強い親和性をもつもので、「より高尚な事柄」(higher things) と結びついた趣味や価値観をオーディエンスに伝えることを主眼にしていたのであり、そこで送り手側によって想定されていたオーディエンスとはあくまで「教育されるべき存在」であった。しかし、パブリック・コーポレーションの位置と性格の変容は、メディアの送り手の語り口を変化させ、私的な空間の中で聴取／視聴する人びとの間に「あなた」と語りかけるような独自の語りかけのモードを生み出していく。いわば、メディアのパーソナリティーとオーディエンスが同一の地平に立っているかのような空間が次第に構成されたというのである。「国民のための」「国民の声を代弁する声」というフィクションの制度化である。

ここで留意する必要があるのは、「国民のために語る」という場合の、国民とは一体誰か、そしてまた誰によって名指された「国民」なのか、という問題だ。

カーディフとスキャンネルの議論を踏まえ、ラリーは次のような問題提起を行う。すなわち、カーディフとスキャンネルが析出した、「国民のために語る制度的な声の進展といった用語でしか特徴付けられないような、漸次的な変化」とは、実は、「さまざまに異なるグループ間の社会的、政治的差異が存在するにもかかわらず、その内部では、この差異や分割が『想像の共同体』のなかに解消されてしまうような、ナショナル・アイデンティティの感覚の創造をつくりだす」(Lury, 1992: 392) パブリック・コーポレーションの機能をむしろ強化するものではなかったか、との問題提起である。イエン・アングの主張も、このラリーの指摘に響きあうものだ。

アングは、「国民のために語る制度的な声」として自己規定するパブリック・コーポレーション概念の変化は、一見すると「民主的な変革」とみなされるかもしれないという。しかし、その「国民」の範疇には、西インド諸島やパキスタンからやってきた移民労働者が含まれていたのだろうか、あるいは同性愛者といった文化的社会的にマイノリティの位置を与えられてきた人びとが含まれていたのか。均質な国民という概念を設定し、かれらの声を代弁するというスローガンの下で、パブリック・コーポレーションはむしろ少数派の社会集団、マイノリティの人びとの声を、排除し、抑圧してきたのではないのか。また、そもそも、ここで指摘された「国民」とは、当事者性を欠いた、送り手側から名付けられた概念にすぎなかったのではないか。彼女は、「国民のために語る制度的な声」と自己規定するパブリック・コーポレーションの、権力性と政治性を正面から問い直そうとしているのだ。

その視点から、彼女は、従来のパブリック・コーポレーションあるいはパブリック・サーヴィスに解消されることのない、もうひとつのパブリック概念の可能性を示唆するのである。それは、ネイション、つまり国家、国民との楔から解き放たれたパブリック概念である。それは、多様な価値観、多様な言語、さまざまな階層の人びとの声、相互に対立する主張をもつ者の声が響きあう「異種混淆的な空間」としてイメージされるものだろう。

わたしたちに今問われているのは、こうしたアングやシルバーストーンの議論をふまえながら、従来の制度化されたテレビ＝メディアの自明性を疑い、文化権力として機能しているテレビの言説実践をひとつひとつ解きほぐしながら、テレビ＝メディアのオールタナティブを構想することだろう。だがこの課題を日本の文脈で構想するなら、いま言及したイギリスの状況以上の困難が待ち受けていると考えねばならない。すでに花田が明快に指摘してきたように（花田 1996: 129）、日本における「放送の公共性」とは、「電波資源の有限希少性」と「放送の社会的影響力の大きさ」という二点を根拠として、国家行政が「放送の公共性」の名の下で放送事業者に規制を課すための、他方、放送事業者も「放送の公共性」の名の下に国家行政に対して、そして他の外部勢力に対して組織の自己保存と自己利益の確保をはかるための、もっとも有力な言説として機能してきたからだ。[8] しかしこうした日本のブロードキャスティングの桎梏を内破し、言説の公開性と他者との応答可能性に拓かれた「異種混淆的な公共空間」をどうしてもつくりあげていく必要がある。その具体案は、十分とは言えないまでも、本書の各章で示唆されているのではないだろうか。テレビ＝メディアは新たなドキュメンタリーの手法と映像をいかに創造していくのか。ナショナルな「語り」

に回収されないスポーツ・ドキュメンタリーをいかにつくりうるのか。「沖縄」をどう伝えうるのか。ポストコロニアルな状況の下、旧「宗主国」としての責任を果たすためにテレビ＝メディアはなにをなしえるのか。異なる国籍、異なる言語をもつ人たちに拓かれたテレビ＝メディアであるために、障害を持つ人たちに開かれたテレビ＝メディアであるために、テレビ＝メディアはなにをなし得るのか。そして私たち自身、テレビ＝メディアに対してなにができるのか。さまざまな未知の可能性にテレビ＝メディアを位置づけることができるはずだ。山口が、「放送」たち、と複数形で呼んだように。そして北野が指摘した、さまざまな社会的想像力を喚起した映画のように。

　グローバル化とデジタル化そして規制緩和による商業主義への一層の傾斜が進む状況のなかで、今後もまた、均質であると想定された国民のための、単一の国家のための制度的な声であり続けようとするなら、そして従来の制度的枠組の中で、ステレオタイプ化された「語り」を続けていく限り、ブロードキャスティングにその未来はない。複数の異なる声が響きあう「異種混淆的な公共空間」にブロードキャスティングが自己改革できるのか、そのことが今問われている。

注

1　この点については、*World Journalists Issue on Media, War and Terrorism*, International Federation of Journalists (http://www.ifj.org)、ならびに奥田良胤（2001）、海部一男（2002）、松井芳郎（2001）、外岡秀俊／枝川公一／室謙二（2001）を参照されたい。

2　奥田良胤（2001）を参照。なお、日本でもＮＨＫ放送文化研究所主催で「同時多発テロとテレビ報道」と題するシンポジウムが三月二十五日に開催されている。本格的な検証作業が急務だろう。

3　オレゴン州グランツパスの「デイリークーリア」のコラムニストの解雇、テキサス州ガルヴェストンの「テキサスシティサン」の編集者の謝罪などが伝えられている。

4　この番組の検証作業は、民放キー局の四局（日本テレビ、ＴＢＳ、フジテレビ、テレ朝日）とＮＨＫの、それぞれ夕方六時のニュース番組（ＮＨＫに関しては午後7時のニュース番組）、また夜十時、十一時の時間帯の「報道」番組について行った。本稿は、その分析結果の一部である。なお、この作業には、早稲田大学教育学部の放送学演習（伊藤守ゼミ）と新聞学演習（林利隆ゼミ）を履修した学生の全面的な協力を仰いでいる。分析結果の詳細な報告は別の論考を用意したいと考えている。

5　メディアのグローバル化の視点からこの問題を検討したものとして、Kennedy & Danks（2001）、Price（1995）がある。

6　ここまで同一内容の情報が伝えられたことを、情報理論の立場から見れば、これらのニュースは情報ですらなかったと位置付けられる。ドゥルーズが、最大の情報量と、反対の極にノイズを置き、その中間に冗語法を設置する情報理論に対して、現実には逆のことがおこなわれていること、つまり「上のほうには指令や命令を伝達し、反復する冗語法が置かれなければならない」と指摘したことは、本文でふれたニュースで見るかぎり、まったく正しい指摘であると言える。それは、情報ではなく命令であり、指令

なのだ。（Deleuze, 1990=1992; 71）

7　日本のニュース番組を精緻に分析した研究が一層行われる必要がある。近年の成果として、Krauss（2000）がある。

8　ここで指摘したパブリック・サーヴィス機関の範囲を、「公共放送」の名が冠されるＮＨＫに限定して捉えるべきでないだろう。戦後の新しい放送体制が固まっていく時期から現在に至るまで、民間放送を含めて、「放送の公共性」が重要な論点として議論されてきたからである。「パブリック」概念については、斉藤純一（2000）、アーレント（1958=1994）、ハーバーマス（1961=1973）、さらに日本の放送制度にみられる「放送の公共性」概念の検討としてなによりも花田達朗（1996=1999）を参照されたい。

参照文献

Ang Ien (1991) *Despertely Seeing the Audience*, Routledge.

Arendt, Hannah (1958) *The Human Conditoin*, University of Chicago Press.（志水速雄訳『人間の条件』ちくま学芸文庫、一一九四年）

Bourdieu, Pierre (1996) *Sur la télévision: suivi de L'Emprise du journalisme*, LIBER Éditions（櫻本陽一訳『メディア批判』藤原書店、二〇〇〇年）

Cardiff, David & Scannell, Paddy (1991) *The Social History of British Broadcasting, Volume One 1922-1939: Serving the nation*, Blackwell.

Deleuze, Gilles (1990) *Pourparlers*, Les Editions de Minuit（宮林寛訳『記号と事件　一九七二―一九九〇年の対話』河出書房新社、一九九二年）

Ellis, Jone (1982) *Visible Fictions, Cinema, Television, Video*, Routledge.

Habermas, Jurgen (1962) *Strukturwandel der Öffenlichkeit: Untersuchungen zu einer Kategorie der Bürgerlichen Gesellscaft*, Suhrkamp.（細谷貞雄訳『公共性の構造転換』未来社、一九七三年）

Hall, Stuart (1986) "Popular Culture and the State", in Bennett, T. et al. (eds) *Popular Culture and Social Relations*, Open University.

花田達朗（1999）『メディアと公共圏のポリティクス』東京大学出版会。

花田達朗（1996）『公共圏という名の社会空間』木鐸社。

海部一男（2002）「『新しい戦争』と放送メディア」『放送研究と調査』一月号。

Kennedy, Paul & Danks, Catherine J (2001) *Globalization and National Identities: Crisis or Opportunity?*, Plagrave.

Krauss, Elliss (2000) *Broadcasting Politics in Japan: NHK and Television news*, Cornell University Press.

Lury, Celia (1992) "Popular Culture and Mass Media" in Bocock, R & Thompson, K (ed.) *Social and Cultural Forms of Modernity*, Open University.

松井芳郎（2001）「米国の武力行使は正当なのか」『世界』十二月号。

岡真理（2001）「私たちは何者の視点で世界を見るのか」『現代思想（臨時増刊）これは戦争か』vol. 29-13.

奥田良胤（2001）「同時多発テロとジャーナリズムの課題」『放送研究と調査』十二月号。

Price, Monroe E (1995) *Television, The Public Sphere and National Identity*, Clarendon Press.

Said, Edward W, (1981) *Covering Islam: How the Media and the Experts Determine How we see the Rest of the World*（浅井信雄・佐藤成文訳『イスラム報道』みすず書房、一九九六年）。

Said, Edward W, (2002)『戦争とプロパガンダ』みすず書房。

Silverstone, Roger (1994) *Television and Every Life*, Routledge.

Sontag, Susan (2002)『この時代に想う　テロへの眼差し』ＮＴＴ出版。

外岡秀俊／枝川公一／室謙二（2001）『九月一一日　メディアが試された日：ＴＶ　新聞　インターネット』本とコンピュータ編集室

Williamas, Raymond (1974) *Television: Technology and Cultural Form*, Fontana.

文献案内

メディア文化と権力作用に関心ある方々に向けて、巻末に本書の各執筆者からの推薦文献を一覧にした。カルチュラル・スタディーズ関連の多くの入門書には、既に包括的な文献目録が添付されており、それらとの重複を避けるために、本書の文献案内ではむしろ本書の各章で問題としてきた主題に基づく文献を中心に取り上げることにした。

項目は大きく、〈メディア・スタディーズ〉、〈メディア史〉、〈表象のポリティクス〉、〈文化の政治性——身体、アイデンティティ、ポストコロニアル〉の四つに区切ってある。前者二つは、「メディア」を一つの権力装置として捉え、社会文化的な文脈の中でのその権力作用について分析を試みた文献を選択している。それに対して後者二つのカテゴリーは、表象をめぐる個々の闘争が立ち現れる具体的な〈現場〉から、メディアやそれを取り巻く社会関係について書かれたものを中心にまとめてみた。分類作業は常に作意的なものとならざるをえない以上、これらの分類に対して異論もあるかと思うが、本書の流れと問題設定に合わせてこれらの四つのカテゴリーに区分したことを明記しておく。また、各項目内を、〈入門篇〉と〈応用篇〉の二段階に分けた。〈入門篇〉には初学者が手に取り易い基本書を、〈応用篇〉にはそれぞれの問題に対してより一層思索を深めるための本を選んである。

本書を手にとりこれらの文献に目を通された皆さんが、「メディア」を批判的に考え、また日常的な実践の場で様々な「メディア」を通して批判的な声を上げるための一助となれば、幸いである。

〈メディア・スタディーズ〉

既存のマス・コミュニケーション論の制約を超え、文化や表象をめぐるポリティクスを射程に納めようと試みるメディア・スタディーズの広がりを知るには、吉見俊哉編『メディア・スタディーズ』を。また、カルチュラル・スタディーズとコミュニケーション研究とを交差させた議論を知るためには、Angの《*Living Room Wars: Rethinking Audiences for a Postmodern World*》や Curran, Morley, Walkerdineらがまとめた《*Cultural Studies and Communications*》などが良いだろう。

〔入門篇〕

Barker, Chris (1999) *Television, Globalization and Cultural Identities*, Open University Press.

Barker, Chris (2000) *Cultural Studies: Theory and Practice*, Sage.

Storey, John (1996) *Cultural Studies & The Study of Popular Culture*, Edinburgh University Press.

Bourdieu, Pierre (1996) *Sur la television: suivi de L'Emprise du journalism*, Liber Raisons d'agir.（櫻本陽一訳『メディア批判』藤原書店、2000）。

Brunsdon, Charlotte, D'Acci, Julie and Spigel, Lynn(eds.) (1997) *Feminist Television Criticism: A Reader*, Oxford University Press.

Durham, Meenakshi Gigi and Kellner, Douglas M.(eds.) (2001) *Media and Cultural Studies: Key Words,* Blackwell.

Said, Edward W. (1981) *Covering Islam*, Pantheon Books.（浅井信雄・佐藤成文訳『イスラム報道』みすず書房、1996）。

McLuhan, M. (1964) *Understanding Media: The Extensions of Man*, McGraw-Hill Book Company.（栗原裕・河本仲聖訳『メディア論』みすず書房、1987）。

Silverstone, Roger (1999) *Why Study the Media?* , Sage.

Tuchman, Gaye (1978) *Making News*, The Free Press.（鶴木眞・櫻内篤子訳『ニュース社会学』三嶺書房、1991）。

伊藤守・藤田真文編『テレビジョン・ポリフォニー：番組・視聴者分析の試み』世界思想社、1999。

桜井均『テレビの自画像～ドキュメンタリーの現場から』筑摩書房、2001。

佐藤毅『マスコミの受容理論』法政大学出版局、1990。

鈴木みどり編『メディア・リテラシーの現在と未来』世界思想社、2001。

玉木明『ニュース報道の言語論』洋泉社、1996。

西垣通『マルチメディア』岩波書店、1994。

野中章弘(アジアプレス・インターナショナル代表)・(財)横浜市海外交流協会共編『ビデオジャーナリズム入門』はる書房、1996。

吉見俊哉『リアリティ・トランジット』紀伊国屋書店、1996。

吉見俊哉／大澤真幸／小森陽一／田嶋淳子／山中速人『メディア空間と多文化社会』青弓社、1999。

森達也『「A」撮影日誌』現代書館、2000。

〔応用篇〕

Ang, Ien (1996) *Living Room Wars: Rethinking Audiences for a Postmodern World*, Routledge.
Bennett, Tony, Mercer,Colin and Woollacott, Janet (eds.) (1986) *Popular Culture and Social Relations*, Open University Press.
Brester, Ben & Jacobs Lea (1997) *Theater to Cinema*, Oxford University Press.
Curran, James and Gurevitch, Michael (eds.) (1996) *Mass Media and Society* (2nd edition), Arnold.
Curran, James, Morley, David and Walkerdine, Valerie (1996) *Cultural Studies and Communications*, London: Arnold.
Fairclough, Norman (1992) *Discourse and Social Change*, Polity.
Fairclough, Norman (1995) *Media Discourse*, Arnold.
Featherstone, Mike and Lash, Scott (eds.) (1999) *Spaces of Culture; City, Nation, World*, Sage.
Fiske, John (1987) *Television Culture*, Routledge.（伊藤守他訳『テレビジョン・カルチャー：ポピュラー文化の政治学』梓出版社、1996）
Gomery, Douglas (ed.) (1998) *Media in America*, revised edition, The Woodrow Wilson Center.
Kenneth Thompson(ed.) (1997) *Media and Cultural Regulation*, Sage.
Krauss, Ellis S. (2000) *Broadcasting Politics in Japan: NHK and Television News*, Cornell University Press.
Morley, David and Robins, Kevin (eds.) (1995) *Spaces of Identity: Global Media, Electronic Landscapes, and Cultural Boundaries*, Routledge.
Queau, Philippe (1993) *Le Virtuel*, Institut National de l'Audiovisuel. (嶋崎正樹訳『ヴァーチャルという思想：力と惑わし』NTT出版株式会社、1997)
Silverstone, Roger and Hirsch, Eric (1992) *Consuming Technologies: Media and Information on Domestic Spaces*, Routledge.
吉見俊哉編『メディア・スタディーズ』せりか書房、2000。

〈メディア史〉

近代化とメディア環境の変遷の中での表象システムの編制を歴史的に捉え、メディア史の領域を再構成するものとして、Kittler の《*Grammophon Film Typewriter*》(『グラモフォン・フィルム・タイプライター』)、《*Draculas Vermachtnis*》(『ドラキュラの遺言: ソフトウェアなど存在しない』) をお薦めする。

〔入門篇〕

Williams, Raymond (1992=1974) *Television: Technology and Cultural Form*, Wesleyan University Press.
Chartier, Roger (1987) *Lectures et Lecteurs dans la France d'Ancien Régime*, Editions du Seuil.（長谷川輝夫他訳『読書と読者：アンシャン・レジーム期フランスにおける』みすず書房、1994）。
Crowley, David J., Heyer, Paul (1991) *Communication in History: Technology, Culture, Society*, Longman.（林進他訳『歴史のなかのコミュニケーション：メディア革命の社会文化史』新曜社、1995）。
Innis, Harold A. (1951) *The Bias of Communication*, University of Toronto Press.（久保秀幹訳『メディアの文明史：コミュニケーションの傾向性とその循環』新曜社、1987）。
Ong, Walter J. (1982) *Orality and Literacy: The Technologizing of the Word*, Methuen.（桜井直文他訳『声の文化と文字の文化』藤原書店、1991）。
Silverstone, Roger (1994) *Television and Everyday Life*, Routledge.
Spigel, Lynn (1992) *Make Room for TV: Television and the Family Ideal in Postwar America*, University of Chicago Press.

紅野謙介『書物の近代』筑摩書房、1992。
津金澤聰廣編『近代日本のメディア・イベント』同文舘出版、1996。
永嶺重敏『雑誌と読者の近代』日本エディタースクール出版部、1997。
エルウィン・パノフスキー『「象徴（シンボル）形式」としての遠近法』木田元、川戸れい子、上村清雄訳、哲学書房、1993。
前田愛『近代読者の成立』岩波現代文庫、2001。
山本武利『近代日本の新聞読者層』法政大学出版局、1981。
吉見俊哉編『一九三〇年のメディアと身体』青弓社、2002。
水越伸『メディアの生成：アメリカ・ラジオの動態史』同文舘、1993。
〔応用篇〕
Crary, Jonathan (1992) *Techniques of the Observer: on Vision and Modernity in the Nineteenth Century*, MIT Press.（遠藤知巳訳『観察者の系譜：視覚空間の変容とモダニティ』十月社、1997）
Dayan, Daniel, Katz, Elihu (1992) *Media Events: The Live Broadcasting of History*, Harvard University Press.（浅見克彦訳『メディア・イベント：歴史をつくるメディア・セレモニー』青弓社、1996）
Edgerton, Gary R. & Rollins, Peter C. (ed.) (2001) *Television Histories: Shaping Collective Memory in the Media Age*, The University Press of Kentucky.
Hansen, Miriam (1991) *Babel and Babylon: Spectatorship in American Silent Film*, Harvard University Press.
Jauss, Hans Robert (1973) *Literaturgeschichte als Provokation; Die Theorie der Rezeption-Ruckschau auf Ihre Unerkannte Vorgeschichte*, Suhrkamp.（轡田収訳『挑発としての文学史』岩波書店、2001）。
Kittler, Friedrich (1986) *Grammophon Film Typewriter*, Brinkmann &Bose.（石光泰夫・石光輝子訳『グラモフォン・フィルム・タイプライター』筑摩書房、1999）。
Kittler, Friedrich (1993) *Draculas Vermachtnis*, Reclam Verlag Leipzig.（原克 他訳『ドラキュラの遺言: ソフトウェアなど存在しない』産業図書、1998）。
Morley, David (2000) *Home Territories*, Routledge.
Scannell, Paddy (1996) *Radio, Television & Modern Life*, Blackwell.
Scannell, Paddy, & Cardiff, David (1991) *Social History of British Broadcasting*, Blackwell.
Stokes, Jane (1999) *On Screen Rivals: Cinema and Television in the United States and Britain*, Macmillan Press.

〈表象のポリティクス〉

メディアの内容分析に留まらず、社会制度・オーディエンス・歴史性などの絡まりの中で編制されるものとしてのメディア表象とそのシステムとを考えるために、Barthes の《*Mythologies*》（『神話作用』）、Stallybrass, White らの《*The Politics and Poetics of Transgression*》（『境界侵犯　その詩学と政治学』）といった本をまずは読んでみてほしい。

〔入門篇〕
Barthes, Roland (1957) *Mythologies*, Seuil.（篠沢秀夫訳『神話作用』現代思潮社、1967）。
Barthes, Roland (1966) *L'Analyse Structurale du Récit*, Seuil.（花輪光訳『物語の構造分析』みすず書房、1979）。
Barthes, Roland (1980) *La Chambre Claire: Note sur la Photographie*, Cahiers du cinema.（花輪光 訳『明るい部屋：写真についての覚書』みすず書房、1997）。
『ベンヤミン・コレクション1　近代の意味』浅井健二郎編訳、ちくま学芸文庫、1995。
Brooks, Peter (1995) *Melodramatic Imagination*, Yale University Press.（四方田犬彦・木村慧子訳『メロドラマ的想像力』筑摩書房、2002）。
Hall, Stuart (1986) "Cultural Studies: Two Paradigms", Collins, R., et al. (eds.) , *Media Culture & Society*, Sage.
Hall, Stuart (ed.) (1997) *Representation: Cultural Representations and Signifying Practices*, Sage.
hooks, bell (1994) *Outlaw Culture: Resisting Representations*, Routledge.
Stallybrass, Peter and White, Allon (1986) *The Politics and Poetics of Transgression*, Methuen（本橋哲也訳『境界侵犯　その詩学と政治学』ありな書房、1995）。
Tisseron, Serge (1999) *Mystère de la Chambre Claire: Photographie et Inconscient*, Flammarion.（青山勝訳『明るい部屋の謎：写真と無意識』人文書院、2001）。

ロラン・バルト『第三の意味：映像と演劇と音楽と』沢崎浩平訳、みすず書房、1998。
ヘイドン・ホワイト『物語と歴史』海老根宏・原田大介訳《リキエスタ》の会、2001。
カーラ・フレチェロウ『映画でわかるカルチュラル・スタディーズ』ポップカルチャー研究会訳、フィルムアート社、2001。

〔応用篇〕

Barrett, Michele (1999) *Imagination in Theory: Essays on Writing and Culture*, Polity Press.
Carroll, Noel (1996) *Theorizing the Moving Images*, Cambridge University Press.
Curti, Lidia (1998) *Female Stories, Female Bodies: Narrative, Identity and Representation*, Macmillan Press.
Deleuze, Gilles (1990) *Pourparlers*, Editions de Minuit.（宮林寛訳『記号と事件：1972-1990年の対話』河出書房新社、1992）
Hartman, Geoffrey H (1997) "The Cinema Animal", Yosefa Loshitzky (ed.) *Spielberg's Holocaust*, Indiana University Press.
Hall, Stuart (1980) "Popular-Democratic vs. Authoritarian-Populism; Two Ways of Taking Democracy Seriously", Hunt, A., (ed.), *Marxism and Democracy*, Lawrence & Wishart.
Hall, Stuart (1996) "On Postmodernism and Articulation: An Interview with Stuart Hall" , Morley, D, and Chen, Kuan-Hsing (eds.) *Stuart Hall; Critical Dialogues in Cultural Studies*, Routledge.
Hobsbawn, Eric and Ranger, Terence (ed.) (1983) *The Invention of Tradition*, Cambridge.
Kennedy, Barbara M. (2000) *Deleuze and Cinema: The Aesthetics of Sensation*, Edinburg University Press.
Kroker, Arthur & Cook, David (1988) *The Postmodern Scene: Excremental Culture and Hyper- Aesthetics*, Macmillan.（大熊昭信訳『ポストモダン　シーン』法政大学出版局、1993）
Minh-ha, Trinh T (1991) *When the Moon Waxes Red: Representation, Gender and Cultural Politics*, Routledge.（小林富久子訳『月が赤く満ちる時』みすず書房、1996）
Rose, Jaqueline (1986) *Sexuality in The Field of Vision*, Verso.
Rose, Jaqueline (1996) *States of Fantasy*, Oxford University Press.
Said, Edward W (2000) "Invention, Memory, and Place", *Critical Inquiry*, Volume 26. Number 2.
Slack, Jennifer Daryl (1996) "The Theory and Method of Articulation in Cultural Studies", in Morley, D. and Kuan-Hsing Chen (eds.) *Stuart Hall; Critical Dialogues in Cultural Studies*, Routledge.
Young, James E (1988) *Writing and Rewriting the Holocaust; Narrative and the Consequences of Interpretation*, Indiana University Press.
Young, James E (1993) *The Texture of Memory; Holocaust Memorials and Meaning*, Yale University Press.

〈文化の政治性――身体、アイデンティティ、ポストコロニアル〉

今日の社会において、文化の領域は政治的なるものをめぐるバトルフィールドと化している。そうした状況を読み解くために、Hall, Stuart, Paul du Gayらの《*Questions of Cultural Identity*》（『カルチュラル・アイデンティティの諸問題』）、Tomlinsonの《*Cultural Imperialism: A Critical Introduction*》（『文化帝国主義』）などが助けになるだろう。

〔入門篇〕

Bourdieu, Pierre (1998) *Contre-Feux*, Liber-Raison d'agir.（加藤晴久訳『市場独裁主義批判』藤原書店、2000）。
Butler, Judith (1990) *Gender Trouble: Feminism and the Subversion of Identity*, Routledge.（竹村和子訳『ジェンダー・トラブル：フェミニズムとアイデンティティの攪乱』青土社、1999）。
Chow, Rey (1993) *Writing Diaspora: Tactics of Intervention in Contemporary Cultural Studies*, Indiana University Press.（本橋哲也訳『ディアスポラの知識人』青土社、1998）。
Du Gay, Paul(ed.) (1997) *Production of Culture / Culture of Production*, Sage Publication.
Field, Norma (1993) *In the Realm of a Dying Emperor*, Vintage Books.（大島かおり訳『天皇の逝く国で』みすず書房、1994）。
Foucault, Michel (1975) *Surveiller et Punir: Naissance de la Prison*, Editions Gallimard.（田村俶訳『監獄の誕生：監視と処罰』新潮社、1977）。
Hall, M. Ann (1996) *Feminism and Sporting Bodies: Essays on Theory and Practice*, Human Kinetics Pub-

lishers.（飯田貴子・吉川康夫訳『フェミニズム・スポーツ・身体』世界思想社、2001）。

Hall, Stuart and Paul du Gay (1996) *Questions of Cultural Identity*, Sage Publications of London.（宇波彰他訳『カルチュラル・アイデンティティの諸問題』大村書店、2001）。

Loomba, Ania 1998 *Colonialism / Postcolonialism*, Routledge.（吉原ゆかり訳『ポストコロニアル理論入門』松柏社、2001）。

Said, Edward W. (1978) *Orientalism*, Routledge & Kegan Paul Ltd. (板垣雄三・杉田英明監修、今沢紀子訳『オリエンタリズム 上・下』平凡社、1993)。

Tomlinson, John (1991) *Cultural Imperialism: A Critical Introduction*, Pinter Publishers Ltd.（片岡信訳『文化帝国主義』青土社、1997）。

Tomlinson, John (1999) *Globalization and Culture*, Polity Press Ltd.（片岡信訳『グローバリゼーション』青土社、2000）。

岩渕功一『トランスナショナル・ジャパン：アジアをつなぐポピュラー文化』岩波書店、2001。

小笠原博毅「文化と文化を研究することの政治学：スチュアート・ホールの問題設定」、『思想』873号、岩波書店、1997。

姜尚中 編 『ポストコロニアリズム』作品社、2001。

酒井隆史『自由論』青土社、2001。

坂本康博『権力装置としてのスポーツ』講談社メチエ、1998。

テッサ・モーリス＝鈴木『辺境から眺める：アイヌが経験する近代』大川正彦訳、みすず書房、2000。

平井玄『暴力と音：その政治的思考へ』人文書院、2001。

複数文化研究会 編『〈複数文化〉のために』人文書院、1998。

三浦信孝 編 『多言語主義とは何か』藤原書店、1997。

吉野耕作『文化ナショナリズムの社会学』名古屋大学出版会、1997。

リサ・ゴウ、鄭暎惠『私という旅：ジェンダーとレイシズムを越えて』青土社、1999。

酒井直樹『死産される日本語・日本人』新曜社、1996。

〔応用篇〕

Bell, Vikki (1999) *Feminist Imagination: Geneologies in Feminist Theory*, Sage.
Bhabha, Homi K. (1994) *The Location of Culture*, Routledge.
Butler, Judith (1993) *Bodies That Matter: On the Discursive Limits of "Sex"*, Routledge.
Field, Norma (1997) *From My Grandmother's Bedside: Sketches of Postwar Tokyo*, University of California Press.（大島かおり訳『祖母のくに』みすず書房、2000）。
Gilroy, Paul (2000) *Between Camps: Nations, Cultures and The Allure of Race*, Penguin Books.
Merleau-Ponty, Maurice (1964) *Le Visible et l'Invisible: Suivi de Notes de Travail*, Gallimard.（滝浦静雄・木田元訳『見えるものと見えないもの』みすず書房、1989）。
Morley, David, & Chen, Kuan-Hsing(eds.) (1996) *Stuart Hall: Critical Dialogues in Cultural Studies*, Routledge.
Horkheimer, Max and Adorno, Theodor W. (1947) *Dialektik der Aufklarung: Philosophische Fragmente*, Queride Verlag.（徳永恂訳『啓蒙の弁証法: 哲学的断想』、岩波書店、1990）。
Jameson, Fredric (1991) *Postmodernism, or the Cultural Logic of Late Capitalism*, Duke University Press.
Lury, Celia (1996) *Consumer Culture*, Rutgers University Press.
McRobbie, Angela (1991) *Feminism and Youth Culture: From Jackie to just Seventeen*, London: Routledge.
McRobbie, Angela (1994) *Postmodernism and Popular Culture*, London: Routledge.
Spivak, Gayatri Chakravorty (1988) "Can the Subaltern Speak? ", Nelson, Cary and Grossberg, Lawrence(eds.) *Marxism and the Interpretation of Culture*, University of Illinois Press.
酒井直樹・西谷修『〈世界史〉の解体－翻訳・主体・歴史』以文社、1999。
丸川哲史 『台湾、ポストコロニアルの身体』青土社、2000。
『現代思想：総特集　スチュアート・ホール：カルチュラル・スタディーズのフロント』1998年3月、臨時増刊、青土社。

（作成：田中東子）

執筆者紹介

伊藤　守（いとう　まもる）
1954年生まれ。早稲田大学教育学部教授。社会学、メディア・スタディーズ専攻。ブロードキャスティングによるメディア空間の歴史的構成とオーディエンスの視聴のあり様を再検討したいと思っている。

山口　誠（やまぐち　まこと）
1973年生まれ。関西大学社会学部専任講師。近代メディアと集合的リアリティの相関関係を歴史的に記述する方法を模索している。著書に『英語講座の誕生——教養とメディアが出会う近代日本』など。

北野圭介（きたの　けいすけ）
1963年生まれ。新潟大学人文学部助教授。専門は、映画理論、映画史論、映像メディア論。映画研究の枠にとどまらず、映画を広い視野から考察し直すことに関心がある。

丹羽美之（にわ　よしゆき）
1974年生まれ。大阪大学大学院人間科学研究科博士課程在学中。日本学術振興会特別研究員。専門は文化社会学、メディア研究。現在は、ドキュメンタリー映像の方法論を歴史的・実践的に研究している。

阿部　潔（あべ　きよし）
1964年生まれ。関西学院大学社会学部助教授。専攻はメディア／コミュニケーション論。日常的なメディアとの関わりを通じて形成される権力関係を、カルチュラル・スタディーズの視点から読み解くことに関心を持っている。

田中東子（たなか　とうこ）
1972年生まれ。早稲田大学大学院政治学研究科博士課程在学中。現在関心があるのは、ありあわせの言葉と実践で、別の空間地図を創造するための方法を理論化すること。

田仲康博（たなか　やすひろ）
1954年生まれ。沖縄国際大学・琉球大学非常勤講師。社会学専攻（Ph.D.）。専門は社会学理論・知識社会学・メディア論。今一番の関心事は、文化研究の視点から近代／現代沖縄社会に光を当て、沖縄をめぐる〈知〉の状況に風穴を開け得るような理論的枠組みをつくること。

黒田　勇（くろだ　いさむ）
1951年大阪市生まれ。関西大学社会学部教授。放送論担当。放送メディアが「国民」形成に果たしてきた役割に関心を持ってきた。最近は、ワールドカップやオリンピックといったメガイベントとテレビの関係をテーマにしている。著書『ラジオ体操の誕生』（1999年）ほか。

メディア文化の権力作用

2002年6月10日　第1刷発行

編　者　伊藤　守
発行者　佐伯　治
発行所　株式会社せりか書房
　　　　東京都千代田区猿楽町2-2-5　興新ビル303
　　　　電話 03-3291-4676　振替 00150-6-143601
印　刷　信毎書籍印刷株式会社
装　幀　工藤強勝

ISBN4-7967-0240-7